W0353112

Yukiko Tominaga

Vermissen auf Japanisch

Roman

Aus dem amerikanischen Englisch
von Juliane Zaubitzer

mare

Die Originalausgabe erschien 2024 unter dem Titel
See: Loss. See Also: Love. bei Scribner, einem Imprint von
Simon & Schuster, LLC, New York.

Copyright © Yukiko Tominaga, 2024

Der Verlag behält sich die Verwertung der urheberrechtlich
geschützten Inhalte dieses Werkes für Zwecke des Text- und
Data-Minings nach § 44b UrhG ausdrücklich vor.
Jegliche unbefugte Nutzung ist hiermit ausgeschlossen.

1. Auflage 2025
© 2025 by mareverlag, Hamburg
Typografie Iris Farnschläder / mareverlag
Schrift Caslon
Druck und Bindung CPI books GmbH, Germany
ISBN 978-3-86648-716-1

FSC www.fsc.org
MIX
Papier | Fördert
gute Waldnutzung
FSC® C083411

www.mare.de

Für meine Bubbe

Inhalt

破裂 (haretsu):
Bruch

Vermisst: Adjektiv; abwesend – siehe: verloren

Im Japanischen gab es keine richtige Übersetzung für »Ich vermisse dich«. Die wörtliche Übersetzung war ausgestorben, nicht länger Bestandteil unserer Kommunikation, sie existierte nur noch in Liebesromanen. Stattdessen benutzten wir die Formulierung: »Ich werde ohne dich einsam sein.« Allerdings ließen wir im Sprachgebrauch »ich« und »ohne dich« weg, sodass nicht eindeutig war, wer von uns durch die Abwesenheit des anderen einsam war. Den Rest überließen wir der Luft, als ob das Freisetzen der Worte genügte, um einander zu verstehen. Die Worte schwebten wie Seifenblasen zwischen zwei Menschen, bis die Blasen zerplatzten und sich mit der Welt vermischten.

»Ich werde ohne dich einsam sein« war falsch übersetzt, denn jemanden zu vermissen bedeutete nicht unbedingt, dass man einsam war. Jemanden zu vermissen kam von außen. Es ging vorbei. Während die Einsamkeit in einem blieb wie ein Virus. Sie mutierte, und nur Ablenkungen ermöglichten uns das Überleben.

Als ich dies meiner Schwiegermutter Bubbe erklärte, schüttelte sie den Kopf und sagte: »Japaner – so spezifisch und doch so vage.«

»Wenigstens machen wir zuverlässige Autos«, sagte ich.

»Autos haben nichts mit menschlichen Gefühlen zu tun.«

Ich lachte und sagte, ich würde unser Gespräch in die Geschichte einfließen lassen, die ich für meinen Kurs schrieb.

»Vermisst du mich manchmal?«, fragte sie.

»Ja, natürlich.«

»Oh, bitte. Du bist nach fünf Monaten von Boston nach San Francisco gezogen. Du wolltest lieber allein sein, als uns um dich zu haben. Du hast es hier nicht ausgehalten. Du kannst mir ruhig die Wahrheit sagen.«

»Dann nein, ich vermisse dich nicht«, sagte ich.

Sie führte eine Hand an die Stirn, ihre typische dramatische Geste.

Ich lachte laut und klatschte in die Hände. Wir sahen uns auf ihrem Bett Wiederholungen ihrer Lieblingskrimiserie an und aßen Trüffel aus dunkler Schokolade. Es war nach zwei Uhr morgens. Wir hatten schon vier Folgen und zwei Schachteln geschafft.

Mein Sohn schlief auf der Schlafcouch im Wohnzimmer und wartete darauf, dass ich mich neben ihn legte. Er war alt genug, allein einzuschlafen, aber noch klein genug, um sich nach meiner Wärme zu sehnen. Jede Winterferien besuchten wir meine angeheirateten Verwandten. Gestern und heute waren wir bei Bubbe in Lynn, nördlich von Boston. Morgen würden wir zu meinem Schwiegervater und seiner Frau fahren, noch weiter nördlich, nach New Hampshire.

»Wirst du mich morgen vermissen?«, fragte sie.

»Darüber muss ich nachdenken.«

»Du hattest acht Jahre Zeit, um diese Frage zu beantworten. Wie viel Zeit brauchst du noch?«

»Bis du nicht mehr da bist.«

»Soll das heißen, bis ich tot bin?«

»Ja.«

»Wie kannst du es wagen! Ich sollte dir Manieren beibringen.«

»Nein, ich bin lieber ehrlich.« Ich unterdrückte ein Lächeln.

»Komm. Nimm mich in den Arm«, bat sie, also nahm ich sie in den Arm und klopfte ihr auf den Rücken. »Nein, nein, nein, das ist doch keine Umarmung. Hör auf, mich zu streicheln. Ich bin nicht dein Hund. Halt die Arme still, leg den Kopf an meine Schulter und bleib fünf Sekunden so. Umarme mich, als hättest du mich lieb.«

»Ich kann nicht«, sagte ich.

»Warum? Hast du mich nicht lieb? Nicht mal ein bisschen?«

»Das ist es nicht. Ich kann niemanden so umarmen.«

»Wie lange bist du schon ein Teil dieser Familie?«

»Na gut«, sagte ich und nahm sie erneut in den Arm. Diesmal hielt ich still, die flachen Hände an ihrem Rücken. Sie trug ein Nachthemd aus dünner Baumwolle, und ich konnte ihre schlaffe Haut zwischen meinen Fingern spüren. Sie hielt mich, und ich hielt sie. Ihr Haar kitzelte mich an der Wange, und aus dem Fernseher hörte ich Jazz aus den 1920ern, ein Kornett-Solo. Ich wusste nicht, ob ich die Augen schließen oder wo ich hinschauen sollte.

»Siehst du«, sagte sie und löste die Umarmung. »Gar nicht so schwer.«

»Weißt du, was«, sagte ich, »in unserer Sprache gibt es auch keine ›Umarmung‹.«

»Kein ›Ich vermisse dich‹ und keine Umarmungen. Wie erkennt ihr Liebe?«

»Wir lesen die Luft«, sagte ich.

In der Grundschule meines Sohnes sehe ich den Vater jeden Tag im rechten Augenwinkel, wenn sich Eltern und Schüler zum Frühsport aufstellen. Er hat Zwillinge – einer von ihnen bleibt an seiner Seite, bis die Glocke läutet, der andere geht an mir vorbei. So weiß ich, dass der Vater da ist. Ich kannte auch seine Frau;

sie starb vor einem Jahr: Krebs. Ich erinnere mich, dass ich sie bei den Fußballspielen der Kinder gesehen habe. Zum Saisonauftakt trug sie eine Strickmütze. Es war September, Altweibersommer, sechsundzwanzig Grad. Ihre Augenbrauen waren zu perfekt gemalt, und ihre Augen wirkten nackt und irgendwie unvollständig. Sie war extrem blass, so blass, dass ich grüne Adern unter ihrer Haut sehen konnte.

»Ihr Krebs ist wieder da«, flüsterte eine Mutter neben mir.

Ich wusste nicht, dass sie Krebs gehabt hatte. Unsere Kinder gingen nicht in dieselbe Klasse.

Im Laufe der Fußballsaison verschlechterte sich ihr Gesundheitszustand, und ab Mitte der Saison saß sie in einem mitgebrachten Campingstuhl, mit Skijacke, Strickmütze und zwei Schals, während die anderen Eltern leichte Sweatshirts trugen. Ich hatte immer eine Decke dabei, nur falls sie eine brauchte, aber es stand immer jemand bei ihr, der sie mit einem Heißgetränk aus einer Thermoskanne versorgte. Also legte ich die Decke auf den Rasen und schaute meinem Sohn zu, allein.

Kurz nach Ende der Fußballsaison erhielt ich eine E-Mail von einer der Mütter, in der stand, dass Patty Langton im Kreis ihrer Familie verstorben war. Man konnte sich in eine Liste eintragen, um am Wochenende das Kochen für Pattys Ehemann zu übernehmen. Ich trug mich nicht ein. Die Schichten waren bereits fünf Monate im Voraus vergeben. Außerdem wusste ich, dass die schwierigste Zeit erst anderthalb Jahre nach ihrem Tod kommen würde. Im ersten Jahr sind wir zu sehr damit beschäftigt, uns an unsere neue Realität anzupassen, emotional und überhaupt. Die Trauer kommt nach drei, vier Jahren, viel später, zum Beispiel im Auto auf dem Weg zur Arbeit, nachdem wir die Kinder zur Schule gebracht haben. Erst in den winzigen Lücken in unserem Leben merken wir, dass etwas mit uns nicht stimmt.

Ich spreche nicht mit ihm. Ich beobachte ihn nur aus dem Augenwinkel, wie er mit seinem Jungen Hampelmänner macht. Als die Glocke ertönt, mische ich mich unter die Menge und gehe hinter dem Vater her, den Blick auf zwei tiefe horizontale Falten in seinem gebräunten Nacken gerichtet. Am nächsten Tag tue ich dasselbe. Der Junge geht an mir vorbei. Ich sehe, wie der Vater und sein anderer Junge Hampelmänner machen, entdecke weitere Falten an seinem Hals und gehe.

Der Tod des Fisches

Am Tag nach Alex' fünftem Geburtstag fragte er mich, ob er zu seinem sechsten Geburtstag einen Fisch haben könne. Ich sagte Ja. Da Jungs in seinem Alter ihre Wünsche stündlich ändern, nahm ich an, er würde es sich bis zu seinem nächsten Geburtstag anders überlegen. Er erinnerte sich nicht nur daran, sondern begann auch, in seinem Schulheft über den Fisch zu schreiben. Der erste Satz war schlicht: »Ich wünsche mir einen Fisch.« Während sein Geburtstag näher rückte, wurde daraus eine Geschichte mit dem Titel »Wie man einem Fisch Gitarre beibringt«. Mit dieser Geschichte gewann Alex einen Schreibwettbewerb der Schule.

An dem Wochenende, an dem Alex sechs wurde, gingen wir in eine Zoohandlung.

In weniger als fünf Minuten entdeckte er einen Fisch und sagte: »Ich will den.«

Er zeigte auf einen leuchtend blauen Fisch mit einem langen, breiten roten Schwanz. Auf dem Schild stand BETTA: SIAMESISCHER KAMPFFISCH. In der Beschreibung hieß es, allein in einem Fischglas gehalten, könne er ohne viel Pflege lange leben. Bevor mein Sohn seine Meinung ändern konnte, legte ich den Fischbehälter in meinen Korb. Wir schlenderten durch den Laden, suchten ein kleines Fischglas, Murmeln, Wasseraufbereiter und Fischfutter aus und gingen zur Kasse.

»Ich will ihn tragen«, sagte Alex zur Kassiererin, die den Behälter gerade in eine Plastiktüte packen wollte.

»Natürlich«, sagte sie und reichte ihm den Behälter.

Alex hielt den Fischbehälter, als wäre es ein Kätzchen.

»Er ist doch pflegeleicht, oder?«, fragte ich.

»Oh ja. Das ist ein Kampffisch. Die müssen allein sein, um zu überleben. Ansonsten muss man nur aufs Wasser achten. Sie mögen es lauwarm«, sagte die Kassiererin, während sie die restlichen Sachen in die Tüte packte.

Der Fisch hieß Coodybug und stand mitten auf dem Esstisch. Er schien die einzige Pflanze in seinem Glas sehr zu lieben. Er verkroch sich oft in den aufgerollten Blättern. Alex meinte, dass Coodybug mit uns Verstecken spiele.

Bevor Alex zur Schule ging, verabschiedete er sich von dem Fisch, und wenn er nach Hause kam, gab er ihm fünf winzige Futterbrocken. Wir sahen zu, wie der Fisch die schwimmenden Brocken nacheinander aufsaugte wie ein Staubsauger, während wir gemeinsam unseren Nachmittagssnack aßen.

Nach drei Wochen war das Wasser schmutzig, und ich schlug vor, es zu wechseln. Alex schöpfte den Fisch vorsichtig mit einem leeren Joghurtbecher ab und kippte das restliche schmutzige Wasser ins Waschbecken. Ich reinigte das Fischglas mit einem nagelneuen Schwamm und füllte es dann mit warmem Wasser. Alex gab genau sieben Tropfen des Wasseraufbereiters hinzu. Wir warteten fünf Minuten, dann setzten wir den Fisch wieder ins Glas. Er schwamm dreißig Sekunden fröhlich umher, dann sahen wir, wie er auf den Boden sank. Ich schüttelte das Glas, aber das beeindruckte den Fisch nicht mehr. Er schaukelte mit dem Wasser hin und her. *Unmöglich*, dachte ich. Ich krempelte meinen Ärmel hoch und steckte meine Hand ins Glas. Das lauwarme Wasser war nicht *lau*, sondern warm.

»Ist er tot?«, fragte Alex.

Ich betrachtete den pochierten Fisch in meiner Handfläche und überlegte, wie ich das meinem Sohn erklären sollte.

In dem Sommer, als er vier wurde, war es eine himmelblaue Blume. An die Pflanzenart kann ich mich nicht mehr erinnern, aber Alex nannte sie Fluffy. Er hockte oft auf dem Boden und versuchte, an Fluffy zu riechen. Er gehorchte meiner Ermahnung, die Blume nicht zu berühren: »Wenn du die Blume berührst, geht sie ein.« Seine Nasenspitze kam ganz nah, aber er hatte nie versucht, die Blume zu berühren. Nach einem Urlaub bei meinen Eltern in Japan fanden wir Fluffy im Garten vertrocknet vor.

»Ist sie tot?«, fragte er.

Ich nickte und sah ihm ins Gesicht.

Alex und ich vergruben Fluffy in der Erde. Wir sprachen ein kurzes buddhistisches Gebet.

In dem Herbst, bevor Alex zwei wurde, besuchten wir meine Eltern das erste Mal in Japan. Mein Mann Levi musste arbeiten, deshalb blieb er zu Hause in San Francisco. Levi, der es sonst keinen Tag aushielt, ohne mit uns zu sprechen, rief drei Tage lang nicht an. Er ging weder ans Haustelefon noch ans Bürotelefon oder sein Handy, deshalb rief ich meine Schwiegermutter an, und sie rief die Polizei. So haben sie ihn gefunden, unter dem 1964er Chevy Impala. Ich werde nie erfahren, was Levi unter dem Auto zu suchen hatte. Der Wagenheber rutschte ab, und der zwei Tonnen schwere Chevy zerquetschte ihm die Brust.

»Er verlor sofort das Bewusstsein. Innerhalb von drei Minuten war er tot. Er hat nicht gelitten«, sagte mir meine Schwiegermutter am Flughafen, wo seine gesamte Familie auf unsere Rückkehr aus Japan wartete. Nach der Autopsie riet der Gerichtsmediziner davon ab, Levi in seinem jetzigen Zustand zu sehen. Trotzdem bat ich darum. Alex ließ ich bei meiner Mutter, die mit uns in die USA geflogen war, um mich zu unterstützen.

Der Gang mit den grauen Wänden erstreckte sich weiter, als ich sehen konnte. Dann tauchte eine kalte Metalltür vor mir auf: Zimmer 4. Ich öffnete die Tür und sah in der Ecke einen Körper, der mit einem weißen Laken bedeckt war. Abgesehen von dem blauen Fleck auf dem linken Augenlid war er in guter Verfassung. Vielleicht war er eingeschlafen, dachte ich. Mit meinem Ringfinger berührte ich seine Wange. Er war kalt. Es war nicht die Kälte, die einem in die Knochen kriecht, und auch nicht die Kälte, die Kinder mitbringen, wenn sie von einer Schneeballschlacht nach Hause kommen. Es war eine Kälte, die ich nie wärmen konnte.

Ich habe keine Worte gefunden, um dieses Gefühl zu beschreiben, doch wenn ich an diesen Moment denke, spüre ich noch immer die Kälte in meinem Finger.

»Auch wenn er noch ein Kind ist, ist es immer besser, die Wahrheit zu sagen«, sagte meine Therapeutin, und so erklärte ich Alex, was mit seinem Vater geschehen war. Ein paar Mal habe ich ihn sogar zu meiner Therapeutin mitgenommen. Alex liebte die kleinen Figuren im Sandkasten so sehr, dass er sie mit nach Hause nehmen wollte und sich weigerte, die Praxis zu verlassen. Die Therapeutin gab ihm an der Tür einen roten Lolli. Ich fragte sie, ob das eine Medizin gegen seine Traurigkeit sei. Sie sagte Nein. Ich leckte einmal daran, nur um sicherzugehen, bevor ich ihm den Lolli gab.

»Alex, das Wasser war zu heiß. Ich habe Coodybug getötet. Es tut mir so leid.« Ich sagte die Wahrheit.

»Ja …«

»Du darfst böse auf mich sein. Du darfst mich anschreien oder mich schlagen. Egal was.«

»Okay«, sagte Alex und betrachtete den Fisch in meiner Handfläche.

»Was willst du tun?«

»Ihn ins Wasser zurückwerfen.«

»Ins Meer?«

»In die Toilette. Das macht man so. Hab ich in einem Film gesehen.«

Wir gingen gemeinsam ins Bad, warfen Coodybug in die Toilette und sprachen ein kurzes Gebet.

»Mach's gut, Coodybug.« Wir winkten ihm in den wirbelnden Wellen.

»Bist du traurig? Du weißt, du darfst traurig sein«, sagte ich.

Er nickte.

»Komm, ich les dir was vor.« Ich nahm sein Gesicht zwischen die Hände und küsste ihn auf die Stirn.

Das heiterte ihn auf. »Au ja!« Er hüpfte zweimal. Bücher haben ihn immer getröstet.

Ich holte ein Buch, das meine Therapeutin ihm geschenkt hatte. Wir setzten uns zum Lesen auf mein Bett. Die Geschichte handelte von einem Blatt an einem Baum, das im Winter seinen

Freund verliert, aber allmählich den Tod seines Freundes akzeptiert und sich glücklich in sein Schicksal fügt, als es selbst an der Reihe ist.

Es war eine schöne Geschichte, die ich auch oft allein las, nachdem Alex ins Bett gegangen war. Sie handelte von der Kraft des Lebens, den Gesetzen der Natur, von den Dingen, die wir so durchmachen. Wir waren alle Teil des großen Baums. Ich konnte es glauben. Ich empfand eine neue Milde der ganzen Menschheit gegenüber.

»Kennst du meine Freundin Sophia? Sie kann mit der Zungenspitze die Nase berühren«, sagte Alex und streckte die Zunge so weit raus, wie er konnte. Dann ließ er sich auf den Rücken fallen, Arme und Beine ausgestreckt, und begann, die Arme auf und ab zu bewegen.

»Sieh mal, Mama!«, sagte er.

Er machte einen Schnee-Engel auf dem Bett.

Mein Vater

Mein Vater ist Angestellter der Stadt und kontrolliert das gesamte Abwassersystem Tokios. Meiner Mutter zufolge ist er der glücklichste Mann, den sie kennt.

Ganz selten, wenn er betrunken war, aber nicht besinnungslos betrunken, kritzelte er in die Luft, um nach Notizblock und Stift zu verlangen. Wir hüpften auf und ab, denn das bedeutete, dass er uns etwas zeichnen würde. Mein jüngerer Bruder und ich waren damals etwa drei und sechs Jahre alt.

»Was wollt ihr?«, fragte er, und ich sagte: »Einen Koala!«, und mein Bruder sagte: »Nein, einen Roboter!« Dann zeichnete er einen Koala-Roboter auf einem Gebäude, das wie ein Baum aussah. Danach bat er um mehr Papier, fragte uns aber nicht mehr, was wir wollten. Er zeichnete einfach ein Tier nach dem anderen, während meine Mutter neben ihm saß und mithilfe eines Lineals Postwurfsendungen in Viertel riss, um daraus Notizblöcke zu machen. Eine Giraffe auf einem Trampolin. Einen Jaguar, der mit drei schwarzen Bällen jongliert. Die drei weisen Affen, die in einem Whirlpool Bier trinken und von Hunden bedient werden. Schlangen, die sich als Drachen verkleiden und sagen: *Es ist nicht leicht, so zu tun, als sei man stark.* Wenn ihm schließlich das Papier ausging, hatten wir eine Collage aus Tier-Cartoons. Mein Bruder und ich dachten uns Geschichten zu jeder Zeichnung aus, während mein Vater lächelnd seine schiefen Zähne zeigte, sich eine Zigarette anzündete und noch mehr Sake trank.

»Es gibt nichts, was er nicht zeichnen kann«, sagte meine Mutter, wenn sie ihm eine weitere Flasche heißen Sake brachte. Ich erinnere mich an den staubigen orangen Lampenschirm an der Wohnzimmerdecke, an die verrauchte Luft und den zärtlichen Blick, mit dem meine Mutter meinen Vater ansah.

»Das war's für heute«, sagte er und sammelte die Cartoons ein, bevor er sie in den Mülleimer warf. Und das war's. Wir gingen ins Bett.

Als ich meinem Vater sagte, dass der Dampf aus der Kaffeetasse wie eine tanzende Ballerina aussah, sagte er, ich solle ein Gedicht schreiben.

Wir hatten keine Kunst in unserem Haus. Unser Haus war zu klein, um es mit Luxus zu füllen. Das eine Bild im Flur war schon immer da gewesen, aber es fiel mir erst auf, als ich schon auf der weiterführenden Schule war.

»Dein Vater hat es gemalt. Er hat früher viel gemalt«, erzählte meine Mutter.

Ein Dorf vor einem Berg, die verschiedenen Grüntöne, die roten Häuser und ein Fluss – typisch für die nordjapanische Landschaft –; ein Bild, das man eher auf der Toilette eines heruntergekommenen Restaurants vermutet hätte. Weder besonders schön noch bemerkenswert.

Damals war ich unschlüssig, ob ich in einem Kernkraftwerk

arbeiten, Blindenhunde ausbilden oder einfach aufhören sollte zu leben.

»Wo sind seine anderen Bilder?«, fragte ich meine Mutter.

»Weg. Sie haben zu viel Platz gebraucht. Wir haben sie entsorgt.«

Zweimal entdeckte ich die alten Tagebücher meiner Eltern. Einmal, als ich fünfundzwanzig war, fand ich das meiner Mutter mit einer Liste für uns, auf der das Versteck für den Schließfach-Code stand, die Telefonnummer der Lebensversicherungsgesellschaft und die Adresse der medizinischen Einrichtung, der sie ihren Körper spenden wollte. Das andere Mal war direkt nach meinem Schulabschluss. Im Badezimmer lag ein kleines blaues Notizbuch auf dem Boden. Wenn man ein Loch in der Wand sah, schaute man hindurch. Wenn man ein unbeschriftetes Notizbuch fand, schaute man hinein. Also hob ich es auf und schaute hinein, wie es meinem Instinkt entsprach. Mein Vater hatte geschrieben: *Tag 1: Ich habe die College-Prüfungen zwei Jahre in Folge nicht bestanden. Draußen ist es kalt. Ich bin dazu bestimmt, auf diesem Berg umherzustreifen und zu malen. Keine Arbeit, kein Geld, keine Liebe, nur ich und ein Bleistift.* Mein Vater war zwanzig Jahre alt und allein auf einem kalten Berg im Winter. Ich klappte das Notizbuch zu und setzte mich auf die Toilette. *Warum liegt es hier?* Ich überlegte, ob ich es noch einmal aufschlagen sollte, um mich zu vergewissern, dass ich mich nicht verlesen hatte, dass er nicht als Abwasserspezialist geboren worden war, doch mir fehlte der Mut, mich dieser Realität zu stellen, also schob ich das Heft mit den Zehen zur Seite und zählte bis dreihundert, bevor ich die Toilettenspülung betätigte.

Im Wohnzimmer hielt mein Vater in der einen Hand eine Zeitung und zupfte mit der anderen an seinen Nasenhaaren.

Zehn Tage vor meinem Abschluss wurde ich für eine Woche von der Schule suspendiert. Ich hatte nichts Falsches getan, außer ohne Erlaubnis meinen Führerschein zu machen. Meine Lehrerin fand es heraus, weil ich sie versehentlich anrief, in der Annahme, es sei meine Klavierlehrerin, und ihr die Nachricht hinterließ, dass ich wegen der Führerscheinprüfung eine Stunde ausfallen lassen musste. Wir hatten sowieso keinen Unterricht mehr, nur noch einen Übungstag für die Abschlussfeier. Trotzdem suspendierte mich meine Lehrerin und gab mir einen fünfseitigen Aufsatz auf, in dem ich mein Bedauern ausdrücken sollte. Ich war immer gut in der Schule gewesen, ein Vorbild, eine Streberin, und dann das. An jenem Abend, während ich auf meine tränenverschmierten Buchstaben auf dem Papier starrte und dachte, dass ich keine Zukunft haben würde, saß mein Vater mir gegenüber und trank wie immer seinen Sake. Er klaute mir eine der Seiten und zeichnete einen japanischen Affen, den klassischen reumütigen Affen mit gesenktem Blick, die Hände auf den Knien und die Schultern gebeugt wie unter dem Gewicht von einem großen Sack Reis.

»Der Schlüssel zum Überleben in dieser Welt ist, *so zu tun*, als wäre man wie dieser Affe«, sagte mein Vater und nickte mir aufmunternd zu. Er leerte seinen Sake mit einem Schluck und schrieb den Aufsatz für mich.

»Nimm dir das nicht so zu Herzen. Suspendiert vor dem Schulabschluss! Braves Mädchen! Schreib den Aufsatz ab und gib ihn deiner Lehrerin, sie wird beeindruckt sein.«

Ich sagte meinem Vater nichts, als ich herausfand, dass ich schwanger war, und beschloss, Levi zu heiraten, einen Mann, den er noch nie gesehen hatte, in einem Land, in dem er noch nie gewesen war. Ich sagte meiner Mutter, sie solle es meinem Vater sagen und mir von seiner Reaktion berichten. Zwei Wochen später kam ein Brief von zu Hause.

> *Es ist mir egal, ob er Jude oder Moslem ist. Es ist mir egal, ob er der Präsident der Vereinigten Staaten ist oder Bauarbeiter. Solange er arbeitet und für Dich und Dein Baby sorgt und Du glücklich bist, freue ich mich für Dich.*
> *Dein Vater*

Am Ende des Briefes war das Bild eines schlafenden Babys in den Armen seiner Mutter. Zum ersten Mal hatte er mein Gesicht gezeichnet.

Ich sitze im Hochgeschwindigkeitszug von der Stadt meiner besten Freundin in meine Heimatstadt. In der rechten Hand halte ich ein warmes Reisbällchen, in der linken zwei Zehntausend-Yen-Scheine, die mir meine Freundin gegeben hat. Mein Sohn und ich sind zum ersten Mal seit seiner Geburt in Japan. Aber ich war nicht bei meinen Eltern, als meine Schwiegermutter meine Mutter aus Amerika anrief, um mir von Levis Unfall zu erzählen.

Meiner Mutter zufolge ist mein Vater der glücklichste Mann, den sie kennt. In den letzten sechsunddreißig Jahren hatte er alle

Probleme des gesamten Abwassersystems von Tokio gelöst, oft mit einem Kater. Er bekam von seinem Job weder Magengeschwüre noch Krebs oder Nierensteine. Der Job sei so einfach wie das Kämmen seiner Glatze, behauptete er.

Der Zug hält, und ich höre, wie der Name meiner Stadt angesagt wird. Meine Eltern und mein Sohn werden am Eingang warten. Als ich die Rolltreppe betrete, stelle ich mir das Gesicht meines Vaters vor, wenn er mich in der Menge entdeckt. Ich werde eine Unebenheit im Boden finden, über die ich stolpere, direkt vor ihm, um ihn zum Lachen zu bringen, damit er vergisst, warum er hier ist, und damit er mich in den Arm nehmen kann, ohne dass wir uns in die Augen sehen müssen.

Würdest du mir sagen, was ich will?

Meine Mutter, Bubbe und ich saßen auf dem roten Sofa, dem Sofa, das Levis Freund in zwei Tagen abholen würde. In zwei Tagen würde ich dieses Haus verlassen, um in Boston bei Bubbe und der Familie meines Schwagers zu leben. Wir waren mit Levis Leiche nach Massachusetts geflogen, nach der Beerdigung nach San Francisco zurückgekehrt, und nun war alles gepackt und bereit für die Zwangsvollstreckung.

»Wir haben es geschafft! Das Haus ist leer und sauber. Wir haben uns eine Belohnung verdient«, sagte Bubbe. »Sag mir, Kyoko, was willst du tun? Was würde dich glücklich machen?«

»Ich will in San Francisco bleiben«, sagte ich.

»Nein, das nicht, aber alles andere. Irgendwas. Was willst du *wirklich*?«

»Nichts«, sagte ich.

»Gut, ich sage dir, was *ich* will. Ich möchte zu einer Wahrsagerin. Ich möchte wissen, wie glücklich wir alle sein werden, denn das werden wir sein. Wir wissen nur noch nicht, wie.«

Ich sagte ihr, dass ich eine in der Ocean Avenue kenne. Das machte sie glücklich.

»Was ist mit dir? Was willst du, Masako?«, fragte sie meine Mutter, die neben ihr auf der Sofakante saß. Ich dolmetschte für meine Mutter. Meine Mutter, die sonst immer kichernd die Hand vor den Mund hielt, wenn Bubbe sie etwas fragte, blieb stumm.

»Sie fragt dich, Mutter. Was willst du?«

Im Bruchteil einer Sekunde stand meine Mutter plötzlich vor mir und schrie auf Japanisch: »Ich will doch nur, dass du dich schminkst! Du hast dich nie geschminkt, als Levi noch lebte! Nicht einmal deine Augenbrauen!« Dann begann sie so sehr zu schluchzen, dass ihr ganzer Körper unkontrolliert zitterte.

Meine Schwiegermutter, die meine Mutter selten hatte sprechen sehen, erstarrte. Aus dem Augenwinkel sah ich, wie Bubbes Blick zwischen meiner Mutter und mir hin- und herhuschte. Ich sah Bubbe flehend an: *Hilfe! Meine Mutter verliert den Verstand.*

Bubbe warf mir ihren *Ich pass auf dich auf. Lass Bubbe machen!*-Blick zu, auf den ich mich nach Levis Tod so oft gestützt hatte. Ja, sie würde wissen, was zu tun war.

Bubbe stand langsam auf, griff nach der Hand meiner Mutter und sagte: »Ja, ich weiß, Masako, wir alle vermissen Levi.« Dann umarmte sie meine Mutter sehr lange.

Ich ließ mich auf mein Bett fallen und federte einmal nach. Mein schwarzes Kleid glitt langsam über die Oberschenkel, der seidige Stoff fühlte sich kühl an. Die Kälte kroch mein Steißbein hinauf, meine Wirbelsäule, meinen Nacken. Eine Gänsehaut jagte die Kälte über meine Arme, und gleichzeitig stieß die Klimaanlage kalte Luft aus, sodass ich mich in die nagelneue Bettdecke wickelte, die mir mein Schwager gekauft hatte. Bett und Bettwäsche waren ein Geschenk von ihm, damit ich mich als Teil dieser Familie fühlte. Mein Schwager hatte seinen massiven alten Eichenschreibtisch, die weiße Leder-Chaiselongue und seine Münzsammlung aus dem Bürgerkrieg aus seiner Bibliothek entfernt und sie durch dieses Bett und das Kinderbett für meinen Sohn ersetzt. Die Chaiselongue und der Tisch standen vorübergehend im Flur, die Münzsammlung lag in einer Plastiktüte unter dem Tisch. Er hatte keine Zeit gefunden, die Möbel in den Keller zu räumen. Ich wollte weinen und von seiner rücksichtsvollen Geste gerührt sein, aber mein Körper war zu ehrlich, um Tränen zu produzieren. Ich schämte mich so sehr, dass ich überlegte, wie ich mich bestrafen könnte. Sein Essen nicht mehr anzurühren wäre eine Möglichkeit, meine Wertschätzung zu zeigen. Ich könnte auch sein Dienstmädchen spielen, seine Toiletten schrubben, seine Mädchen zum Geigenunterricht bringen oder für seine Familie kochen. Aber im Moment hatte ich nicht einmal die Kraft, aufzustehen, also biss ich mir auf die Zunge, kniff mir fest in den Innenschenkel und inhalierte den giftigen Geruch der nagelneuen Bettdecke.

Ich warf einen Blick auf die Uhr. In zwanzig Minuten würde meine Schwiegermutter uns abholen, mich und meine Mutter, mit Alex, und wenn sie kam, musste ich mich vor Hunderten von Menschen zeigen.

Meine Mutter stand vor dem Badezimmerspiegel.

»Du hast es gut«, sagte meine Mutter, »alle lieben dich.«

Vom Bett aus sah ich ihr ungeschminktes Gesicht im Spiegel. Sie berührte ihre Haut, um ihre Altersflecken zu untersuchen. Sie versuchte, sie abzurubbeln, dann drückte sie daran herum.

»Egal, was du tust, die gehen nicht weg«, sagte ich.

Sie sagte, das wisse sie, und öffnete ihre Gesichtscreme.

»Weißt du, warum du es noch gut hast? Weil du noch jung bist«, sagte sie, während sie die Creme auf ihre Wangen, ihr Kinn, ihre Nasenspitze und ihre Stirn tupfte. Sie beugte sich näher an den Spiegel und verrieb sie mit kräftigen, kreisenden Bewegungen. Dann nahm sie Concealer und verteilte ihn mit einem kleinen Pinsel auf die Flecken. Danach trug sie Foundation auf, zuerst auf Wangen, Nasenflügel, Augenlider, dann auf Kinn und

Stirn. Ihr Ritual, ihr makelloses Gesicht im Spiegel zu betrachten, hatte auf mich dieselbe tröstende Wirkung wie vor zwanzig Jahren. Ich wollte ihr weiter zusehen, aber meine Sicht begann zu verschwimmen. Die Tränen flossen und flossen, bildeten einen Strom von einem Auge zur Nase. Als meine Nase die Tränen nicht mehr halten konnte, liefen sie zu meinen Lippen. Ich leckte die salzige Flüssigkeit ab. Die Tränen aus meinem anderen Auge tropften einfach direkt auf die Bettdecke.

»Hast du dich schon geschminkt?«, fragte meine Mutter, als sie aus dem Bad kam.

Ich schüttelte den Kopf.

»Beeil dich, Bubbe kommt bald.«

Wieder schüttelte ich den Kopf.

»Es ist die Beerdigung deines Mannes. Alle werden zu dir kommen, also musst du hübsch aussehen.«

»Mir egal.«

»Na gut, dann mal dir wenigstens die Augenbrauen nach. Du siehst aus wie ein Gespenst.«

»Was hat das mit Levi zu tun? Das fällt doch nur dir auf.«

Ich wollte aufstehen, doch meine Mutter, eine zierliche Japanerin, schubste mich zurück aufs Bett. Ich fiel nach hinten und sah den Kronleuchter an der Decke glitzern. Als ich mich gerade aufgeben wollte, zog sie an meinen Armen, zwang mich, mich aufzusetzen, und setzte sich auf meinen Schoß.

»Das ist für niemanden. Weder für Levi noch für mich. Okay?« Sie nahm ihre Gesichtscreme und begann, sie auf meinem Gesicht zu verteilen, doch sie löste sich in meinen Tränen auf. Meine Mutter wischte sie mit Taschentüchern ab und trug die Creme erneut auf, und als sie sich wieder auflöste, wischte sie mein Gesicht ab und trug sie ein weiteres Mal auf. Ich saß da wie eine seelenlose Puppe.

»Es ist nicht für ihn. Er ist nicht meine Tochter.« *Meine Tochter, meine Tochter,* wiederholte sie und trug Puder auf mein Gesicht auf. »Vertrau mir, du wirst dich besser fühlen, wenn du geschminkt bist. Ich weiß es.«

»Sag mir die Wahrheit. Magst du Oldtimer?«, fragte Levi. Wir waren auf dem Weg zu einer Autoausstellung.

Ich antwortete: »Nicht wirklich.«

»Dann lass uns etwas machen, was du magst. Was willst du *wirklich*?«

»Das hier: neben dir in unserem Falcon sitzen. Mir ist egal, wohin wir fahren. Das ist alles, was ich will«, sagte ich.

Er sah mich an, als hätte ich etwas Lustiges gesagt. Seine Augen waren hinter der Sonnenbrille versteckt, doch ich sah, wie sich seine Augenbrauen zusammenzogen, sein Mund ein kleines O formte und er den Kopf zur Seite neigte. Ich streichelte sein Knie und lächelte. Ich wollte es in die Welt hinausschreien: *Zeigt mir jemanden, der glücklicher ist!*

Er startete den Motor und begann, ein Lied im Radio mitzusingen. Es fühlte sich an, als würde gleich etwas Aufregendes passieren. Ich lachte und trommelte auf das Armaturenbrett. Ich mochte es, wie er den Rücken krümmte, wenn er versuchte, einen hohen Ton zu treffen. Der Lärm hat Alex nie gestört. Er war sechs Monate alt, noch ein Baby, und ich war sechsundzwanzig, frisch verheiratet.

Mein jüdischer Flaschengeist

Wir fuhren nach Cape Cod, weil es dort Surfspots und Wahrsagerinnen geben sollte. Es war ein verschneiter Weihnachtsmorgen, der Verkehr spärlich, und die wenigen Autofahrer, die unterwegs waren, überholten Bubbes langsames Auto hupend. Aber das war uns egal. Wir waren Trauernde im ersten Jahr. Wir konnten tun und lassen, was wir wollten.

Ich war keine Jüdin wie Bubbe. Ich war nicht einmal Amerikanerin. Ich war Japanerin, aber laut Bubbe war ich in einem früheren Leben Jüdin gewesen.

Wie sonst ließe sich erklären, dass wir wie Schwestern sind?, sagte sie einmal.

Wir sind keine Schwestern. Wir sind Schwiegermutter und Schwiegertochter, unsere Verbundenheit nicht freiwillig, sondern durch Verlust erzwungen, erwiderte ich.

Da mein eigentliches Ziel bereits tot war, wünschte ich mir zumindest, dass meine Gemeinheit seine Mutter brach.

Sie sagte nur: *Dann segne ihn, er hat uns zusammengebracht.*

»Hier, iss was.« Während Bubbe fuhr, griff sie nach einer Tüte Chips und legte sie mir in den Schoß. »Die sind gut für dich, wenig Salz. Nur das Beste für meine Schwiegertochter.«

Ich bedankte mich, aber statt der Chips knabberte ich an der Haut meines Daumens. Wenn ich etwas anderes als meine Haut in den Mund steckte, dann waren es entweder Alex' Reste oder der verbrannte Rand vom Kugel, an dem nicht mal der Hund meines Schwagers schnüffelte. Ich liebte den Kugel meiner Bubbe. Früher aß ich einen ganzen Teller mit Schlagsahne, und alle lachten, weil keiner von der Familie je gesehen hatte, dass jemand Schlagsahne dazu nahm. »Ich begründe eine neue Tradition«, sagte ich lachend. Das war zu einer Zeit, als ich noch lachen konnte, bis mir die Tränen kamen. Vor drei Monaten, als Alex und ich bei der Familie meines Schwagers eingezogen waren, hatte ich aufgehört zu lachen, zu essen und zu weinen.

Das Telefon klingelte, und ich schnappte mir Stift und Klemmbrett.

»Hallo, Neighbors' Hardware hier«, meldete ich mich.

Ein Mann, immer ein Mann, schrie mich durchs Telefon an: *Wo sind meine Schrauben? Ich zeige Sie beim Verbraucherschutz an!*

Ich zuckte zusammen.

»Es tut mir sehr leid. Sobald Ihre Bestellung verschickt ist, werde ich Sie informieren«, sagte ich.

Neulich war ein Mädchen am Telefon. Die hat keinen vollständigen Satz rausgebracht. Was seid ihr? Zwei chinesische Mädchen, die mich über den Tisch ziehen wollen? Ihr storniert meine Bestellung gefälligst. Beim Verbraucherschutz melde ich euch trotzdem!

»Ja, Sie haben völlig recht. Wir können … Natürlich können wir Ihre Bestellung stornieren«, sagte ich. Der Mann brüllte mich weiter an, und ich katzbuckelte. »Ich entschuldige mich für die Verzögerung. Die Wahrheit ist, dass der Besitzer dieser Firma bei einem Unfall ums Leben gekommen ist, und wir versuchen gerade, eine Lösung zu finden.«

Seine Stimme änderte den Tonfall und wurde leiser. Nach einer letzten Verbeugung beendete ich das Gespräch und warf das Telefon auf das Armaturenbrett.

»Du warst perfekt, als würde dir das Geschäft schon ewig gehören«, sagte Bubbe.

»Er hat mich als Mädchen bezeichnet.«

»Weil er ein Schmock ist! Was hat er bestellt?«

»Eine Schachtel Schrauben.«

»Das ist alles? Siehst du, ich hab doch gesagt, er ist ein Schmock.«

Das Telefon klingelte erneut.

»Kyoko, geh nicht ran. Um Himmels willen, es ist Weihnachten.«

Ich wiederholte meinen Text für den Anrufer, wieder ein Mann.

»Noch mal Schrauben«, sagte ich, als ich auflegte.

»Noch ein Schmock. Kyoko, gib mir das Telefon.« Bubbe nahm mir das Telefon ab, schaltete es aus und stopfte es ins Handschuhfach.

Ich sank tief in meinen Sitz. Die Chipstüte fiel raschelnd zu Boden.

»Iss etwas Schokolade. Die hat zweiundsiebzig Prozent Kakao. Gut fürs Herz.« Bubbe holte die Schokolade aus ihrer Tasche und legte sie mir auf den Schoß. Ich zog eine Pinzette aus Alex' Wickeltasche, zupfte an meinem Niednagel und aß ihn.

Bubbe tätschelte mein Knie und sagte: »Solange wir uns haben, ist alles gut.«

Ich lehnte mich ans Fenster und betrachtete Bubbe, dann sah ich schnell weg. Bubbe bemerkte es nicht. Ihr Blick war auf die Straße gerichtet; wie immer konzentrierte sie sich auf das, was vor ihr lag.

Ich streckte meinen Arm nach Alex auf dem Rücksitz aus und drückte seine Füße. Er war fast zwei, niedlich und still, solange das Auto in Bewegung war.

Ich hatte in San Francisco nicht gesurft – obwohl ich es mir vorgenommen hatte –, und Bubbe hatte es bereits bei einer Hellseherin in der Ocean Avenue versucht. Was also wollten wir jetzt in Massachusetts? Wir waren Trauernde im ersten Jahr, wir brauchten keinen Grund.

»Ich habe beschlossen«, verkündete Bubbe, »dass heute unser Tag ist. Kein Zaydeh, kein Levi, kein Ben und kein Neighbors' Hardware. Männer machen nur Ärger. Heute geht es nur um Bubbe und Kyoko.«

»Und Alex?«, fragte ich.

»Er darf mit, aber nein, es ist nicht *sein* Tag. Jeder Tag ist sein Tag. Heute ist nur für uns. Wir können essen, was wir wollen: Eis, chinesische Rippchen, Sushi. Wir können sagen, was wir wollen: *Schmock, Trottel, ich liebe dich*.«

»Kannst du Radio anmachen, Bubbe?«

»Natürlich kann ich das. Ich kann das Radio für dich anmachen. Ich kann sogar für dich tanzen. Die Leute denken, ich kann nicht tanzen. Ha! Was wissen die schon! Ich bin die Einzige in dieser Familie mit Rhythmusgefühl. Seht her, hier kommt die Dancing Queen.«

Bubbe fing an, Verrenkungen zu machen. Ihr Kopf wippte auf und ab, während sie sich von links nach rechts bewegte.

»Okay, was noch, Kyoko? Ich bin dein Flaschengeist, aber nicht so ein knauseriger wie bei *Aladdin*. Ich bin ein jüdischer Flaschengeist. Ich kann dir mehr als drei Wünsche erfüllen.«

»Ich will nicht mehr.« Ich sprach zum Fenster. »Alex ist noch so klein, er wird den Unterschied nicht bemerken. Es wird sich nichts ändern, wenn ich nicht mehr da bin.«

Bubbe hielt meine Hand. Ich zog meine Hand nicht weg, aber sie blieb schlaff.

»Auf Jiddisch«, sagte Bubbe, »sagen wir *baschert*. Das bedeutet ›gottbestimmt‹. Du bist dazu bestimmt, zu leben. Ich habe meinen Sohn verloren, aber eine Tochter gewonnen. Ich hab dich lieb.«

»Danke«, sagte ich.

»*Ich hab dich auch lieb, Bubbe*, solltest du sagen.«

Ein Lächeln zeichnete sich auf meinen Lippen ab.

»Jetzt darf ich sagen, was ich will: Kyoko, du bist mein jüdisch-japanischer Flaschengeist. Ich will zu einer Wahrsagerin, die mir mein Liebesleben voraussagen kann. Ich will einen Mann, der mir Schmuck kauft und *uns* in ein chinesisches Restaurant einlädt, wann immer ich will.«

Mein Lächeln wurde ein bisschen breiter.

»Hier kommt mein dritter Wunsch, mein jüdischer Flaschengeist«, sagte ich. »Ich wünsche mir, bei Levi vorbeizufahren.«

»Natürlich. Dein Wunsch wird dir erfüllt.«

Laut Bubbe war mein Schwager das beste Baby, das man sich wünschen konnte, und weinte höchstens, wenn er hungrig war. Wenn Bubbe ihn in sein Bettchen legte, gab er keinen Mucks von sich, während sein Blick dem Mobile folgte. Wenn Bubbe draußen Wäsche aufhängte, saß er auf seiner Decke und sah ihr zu. Wenn Bubbe kochte, saß er in seinem Hochstuhl und lutschte an einer Gurke. Wenn es so einfach war, ein Baby zu haben, warum dann nicht noch eins bekommen?, dachten sich Bubbe und Zaydeh. Fünfzehn Monate nach Bens Geburt ergänzte mein Mann Levi die Familie. Bubbe und Zaydeh hatten nicht mit einem Baby gerechnet, das sich schneller bewegen konnte als seine Eltern. Mit sieben Monaten konnte Levi laufen, während Ben noch unsicher watschelte. Dann begann er aus seinem Bettchen in das seines Bruders zu klettern, um zu schlafen oder zu spielen. Laut Bubbe war es Levi, der seinem Bruder beibrachte, wie man den Wäschetrockner öffnete und hineinstieg.

Als Levi sechs war, wurden Paula und Laura geboren. Die Brüder schoben die Mädchen in ihren Kinderwagen umher. »Ich wette, ich bin schneller«, sagte einer der Brüder und raste die abschüssige Einfahrt hinunter wie bei einem Schlittenhunderennen. Zweimal gewann Ben mit Paula. Sonst gewann immer Levi – bis Laura sich die Nase brach. Wenn Laura die Geschichte erzählt, berührt sie dabei ihre verbogene Nase und strahlt: »Ich habe wilde Brüder, die mich sehr lieben.«

Im Alter von sechs Jahren trug Ben Hemd und Krawatte und Levi T-Shirts und von Motoröl verschmutzte Jeans. Im Alter von dreizehn Jahren war Ben damit beschäftigt, sein Bar-Mizwa-Geld zu investieren, während Levi im selben Jahr dreizehn Mal nachsitzen musste. Aber laut Bubbe waren sie unzertrennlich. Morgens lieferten sie sich einen Wettstreit, wer in dreißig Sekunden die meisten Froot Loops essen konnte, und nachmittags fuhren sie mit dem Fahrrad zum Schrottplatz. Während Ben im Inneren eines verlassenen Autos lernte, suchte Levi nach Autoteilen.

Zehn Jahre lang wohnten die beiden Brüder zusammen in Sharon. Mit zwanzig Jahren kauften sie ein Haus gegenüber ihrer Synagoge und wohnten dort, bis Levi nach San Francisco zog. Ich frage mich, ob die Brüder, wenn Levi in Sharon geblieben wäre, immer noch Froot Loops zum Frühstück und zu Abend essen würden, Ben in seinem Maßanzug und Levi in Jeans und T-Shirt. Ben würde lachend einen nassen Froot Loop nach Levi werfen, während sie gemeinsam *Star Trek* sahen.

Vor ein paar Monaten, im September, kehrte Levi in die Stadt zurück, in den Sharon Memorial Park, kalt und tot.

Ich frage mich, ob Ben vielleicht nicht beschlossen hätte, in den Irak zu gehen, wenn Levi lebend zurückgekehrt wäre. Levi hätte hundert Gründe gefunden, um ihn davon abzuhalten. Und hätte das nicht funktioniert, hätte er einen Weg gefunden, mit ihm ins Flugzeug zu steigen. Würde Levi noch leben, müsste

Bubbe sich nicht auf einen weiteren möglichen Verlust vorbereiten. Ja, das war ihr *basshert*. Es sollte so sein. So gesprächig sie sonst auch war, darüber sprach sie nicht, und ich wagte nicht, sie danach zu fragen.

Bubbe nahm die Ausfahrt 23A, bog links ab und dann noch einmal links in die Dedham Street zum Sharon Memorial Park. Auf jüdischen Friedhöfen gibt es keine Grabsteine, nur Gedenktafeln. Wenn man es nicht wusste, konnte man es für einen Park halten, und das war auch so gewollt. Bubbe hat mal zu mir gesagt: *Es gab schon genug Angriffe auf uns. Lasst uns wenigstens in Frieden ruhen.*

»Würdest du Levi einen Stein von mir dalassen? Es ist zu glatt für meinen Stock«, sagte Bubbe.

Es gab noch keine Gedenktafel auf seinem Grab, nur eine kleine rote Fahne, die aus dem Schnee ragte. Ich stand eine Weile neben ihm, dann trat ich auf sein Grab ein.

»Du verdienst keine Steine. Du verdienst es nicht mal zu sterben«, sagte ich. Mein weißer Atem ging im selben Rhythmus wie meine Tritte. »Der Tod ist ein Privileg, weißt du. Er ist ein Privileg!«

Von Sharon aus fuhren Bubbe und ich zum Haus der Wahrsagerin. Es lag nicht an der malerischen Straße, die im Sommer vermutlich die Touristen anzog, sondern zwischen einem Spirituosenladen, einem Pfandleihhaus und einem Sexshop. Auf dem Neonschild stand SPYCHICK, und unter dem dumpf blinkenden Schild hing ein Zettel: »Bestes Kartenlesen und Kautionsbüro auf Cape Cod«. Das Klebeband auf dem Zettel war vergilbt und hatte an den Rändern Staub angesetzt. *Spychic* stand hinter einer vergitterten Tür.

»Das ist es!«, sagte Bubbe.

»Bist du sicher, dass du da reingehen willst? Da steht Kautionsbüro. Nicht gerade vertrauenerweckend.« Ich klammerte mich fester an Alex' Babytrage, bereit, ohne Bubbe die Flucht zu ergreifen.

»Kyoko, vertrau mir. Echte Hellseher verstecken sich immer dort, wo man es am wenigsten erwartet. Wo könnte es außerdem sicherer sein als in einem Kautionsbüro?«

Ich konnte ihrer Logik nicht wirklich folgen, ließ es aber auf sich beruhen, und wir klingelten.

Ein Mann mittleren Alters, dessen Brusthaar aus seinem weißen Unterhemd quoll, öffnete die Tür. Er trug keinen Schlagstock, nicht mal einen Gürtel, sondern eine Hose mit Gummizug.

»Was wollen Sie, Kaution oder Kerze?«

»Hellseher«, sagte Bubbe.

»Kunden!«, rief der Mann jemandem zu, dann ging er eine Treppe hoch. Durch eine halb geöffnete Tür sah ich einen Jungen, etwa in Alex' Alter, in einem riesigen Laufstall, der ausdruckslos auf einen Fernseher starrte, der an der Wand hing. Das Licht des Fernsehers überzog das Gesicht des Jungen mit einem schwachen blauvioletten Schimmer.

»Hier herrscht eine schlechte Aura, Bubbe. Das ist ein deprimierender Ort. Und wenn *ich* schon sage, es ist deprimierend, ist es wirklich deprimierend«, flüsterte ich ihr ins Ohr.

»Keine Sorge, lass Bubbe machen«, flüsterte sie zurück.

Wir gingen hinein.

Ich befreite Alex aus seinem Tragesitz. Er ging sofort zum Laufstall und leistete dem Jungen Gesellschaft. Beide waren fasziniert von dem sprechenden lila Dinosaurier auf dem stummgeschalteten Bildschirm. Bubbe und ich setzten uns aufs Sofa. Im Zimmer roch es nach Katzenpisse und nassen Windeln.

»Hallo? Hallo? Sind Sie da?« Eine Frau, die wie die alte Dame auf dem ›Junge Frau, alte Frau‹-Kippbild aussah, kam die Treppe runter. Mit der einen Hand hielt sie sich am Geländer fest, die andere schob sie an der Wand entlang, als würde sie sich an jede Stufe herantasten. Die Art, wie sie die Stufen nahm, und die Art, wie sie sprach, erinnerten mich an meinen blinden Großvater.

»Ich bin Ethel, und das sind meine Tochter und mein Enkel«, sagte Bubbe.

»Ethel … ja, ja, ich hab Sie schon erwartet! Mein Name ist Maria. Sollen wir anfangen?«

Ja, sagte Bubbe. Hier entlang, sagte die Wahrsagerin, und sie verschwanden in dem kleinen Raum hinter dem Laufstall, der in einem anderen Leben wahrscheinlich mal ein begehbarer Kleiderschrank gewesen war. Es gab keine Tür, nur einen Vorhang.

»Bevor wir anfangen, möchte ich Ihnen erklären, wie meine Kräfte funktionieren«, sagte die Wahrsagerin zu Bubbe, während sie den Vorhang schloss.

Jetzt war ich allein mit zwei Kleinkindern, die einem psychedelischen Dinosaurier an den Lippen hingen.

Ich schlug das Buch über Trauerbegleitung auf, das ich dabeihatte, geschrieben von einem Therapeuten, der in Colorado buddhistische Psychologie studiert hatte. Obwohl ich selbst Psychologie studiert hatte, bevor ich Mutter wurde, verstand ich überhaupt nicht, worauf dieser Therapeut hinauswollte. Was er sagte, klang logisch, aber meine Gefühle sträubten sich dagegen. Wo war meine Intelligenz geblieben?

Früher hatte ich einen Traum. Ich dachte, dass ich, am Tag nachdem der Arzt die fremde Person aus meinem Bauch gezogen hatte, wieder zur Uni gehen würde und Levi dem Baby das Fläschchen gab. Ich war bereit, mich von meinem Kind zu trennen, zumindest dachte ich das. Doch als ich das kleine Wesen sah, das nicht wusste, wo sein eigener Körper aufhörte und meiner anfing, schmiss ich das Studium. *Ja, du bist hier, und ich bin hier.* Meine Karriere, mein Wissen, mein Schlaf – all meine Wünsche fortgespült mit meiner Plazenta. Mit der Ankunft meines Sohnes habe ich einen Teil von mir verloren, und das war gut so.

Mutter zu werden war mein *baschert* – mein Schicksal. Aber *baschert* garantierte keine finanzielle Sicherheit. *Bitte schön, viel Glück. Baschert* setzte mich und meinen Sohn im Kolosseum nackt einem hungrigen Löwen aus. Ich hätte nichts dagegen gehabt, gefressen zu werden, wäre es nur um mich gegangen. Aber ich würde kämpfen, damit mein Sohn am Leben blieb. Der Verrat, den Levi an mir begangen hatte. Neighbors' Hardware, von ihm allein geführt, versank in Schulden und Auftragsstornierungen, und die Gläubiger waren hinter ihm her. Es war nur eine Frage der Zeit, bis die Firma zerbrach. Der Tod war ein Privileg, und sogar das hatte Levi mir genommen.

»Ihre Schwiegertochter?«

Plötzlich hörte ich die Stimme der Wahrsagerin. Ich kam mit dem Gefühl zu mir, dass Zeit vergangen war. Ich musste eingeschlafen sein. Alex? Sofort drehte ich mich zum Laufstall um und sah die beiden Jungs immer noch am Fernseher kleben. Es war etwa zwanzig Minuten her, dass Bubbes Sitzung begonnen hatte, stellte ich mit einem Blick auf die Uhr an der Wand fest.

»Ihre Schwiegertochter? Hmm, Ethel, Sie haben kürzlich jemanden verloren … jemand sehr Wichtiges.«

Je mehr ich versuchte, nicht zuzuhören, desto deutlicher verstand ich, was sie sagten.

»Ja. Meinen anderen Sohn«, sagte Bubbe mit ihrer gewohnt klaren Stimme.

»Ah, die Schwiegertochter, von der Sie sprechen, war seine

Frau, ja? Hmmm, ich traue ihr nicht. Ihr Sohn war nicht glücklich mit ihr. Ich sehe, dass Ihr Sohn noch hier ist. Er will mir sagen … Warten Sie! Er sagt: *Ich hab dich lieb, Mom.*«

»Nein, nein. Das ist es nicht«, sagte Bubbe lauter als zuvor.

»Ja, er ist noch da!«, sagte die Wahrsagerin. »Aber Ihre Schwiegertochter … Ja, der würde ich nicht trauen. Sie hat ein schlechtes Karma.«

Ich stellte mir vor, wie die Wahrsagerin überzeugt mit dem Kopf nickte.

»Ich weiß, dass mein Sohn noch hier ist! Was ich wissen möchte, ist, ob meine Schwiegertochter eine neue Liebe findet. Ich möchte, dass sie glücklich ist«, sagte Bubbe.

Mein Glück?

»Glück für Ihre Schwiegertochter? Mal sehen«, sagte die Wahrsagerin, als würde sie sich mit telepathischen Kräften auf meine innere Stimme konzentrieren. Wahrscheinlich zog sie gerade mit ihrem Mittelfinger Bubbes Handlinien nach. Gut fünf lange Minuten vergingen. »Ich spüre kalte Energie von ihr, Ihrer Schwiegertochter. Sie ist überwältigend. Ihre warme Energie wird nicht über ihre Kälte siegen«, sagte sie. »Aber sie kann mit *meinem* Gebet und *meiner* Kerze erwärmt werden. Auf diese Weise kann sie ihr Glück finden. Die Kerze kostet hundertzehn Dollar, aber für Sie, meine Liebe, hundert Dollar.«

»Danke, aber nein, danke«, sagte Bubbe.

Ich hörte, wie sie ihren Stuhl zurückschob.

Ich schloss schnell meine Augen und drückte mein Gesicht in das modrige Kissen. Als sich der Vorhang öffnete, hob ich den Kopf und gähnte.

»Hast du unser Gespräch mitbekommen?«, fragte Bubbe.

»Nein, ich glaube, ich bin eingeschlafen.«

»Gut. Wir sind fertig. Wir können jetzt an den Strand.«

»Das war keine halbe Stunde.«

»Ich sagte, ich bin fertig.«

Bubbe gab der Wahrsagerin zwei Zwanzig-Dollar-Scheine. Ich schnappte mir Alex und hängte Bubbes Stock an meinen Arm. Sie nahm meinen Arm, und wir gingen langsam zur Tür.

»Hier ist der Strand. Such dir einen gut aussehenden Surfer, Kyoko, hoffentlich ist er reich.«

Bubbe parkte am Strand. Sie war die ganze Fahrt über still gewesen.

»Bubbe, ich hasse deinen Sohn.«

Bubbes Gesicht verhärtete sich. Sie musterte mich vom Kopf bis zur Taille und zurück. Ihr Brustkorb hob und senkte sich mit einem Seufzer, dann hob er sich wieder, und sie hielt den Atem an. Ich wusste, dass sie gleich etwas sagen würde. Die Wahrsagerin hatte recht. Ich war keine gute Schwiegertochter. Und es war mir egal. Unsere Trauer war nicht dieselbe. Ihre kam aus der Vergangenheit, meine aus der Zukunft. Sie war seine Mutter, und wir waren uns fremd. Wir verstanden einander nicht. Ich war ihr nichts schuldig.

»Liebst du deinen Sohn?«, fragte Bubbe.

Ich nickte.

»Gut. Ich liebe meinen Sohn auch, aber deinen Mann hasse ich auch. Er hat dich verlassen.«

Ich klammerte mich an sie und sagte: »Ich will nach Hause, nach San Francisco.«

Ich hatte noch mehr zu sagen, doch ich schwieg.

»Umi, umi«, schrie Alex und schlug gegen das Fenster, als er das Meer sah. Ein Protestlaut – er mochte es nicht, wenn das Auto anhielt. Ich schob Bubbe sanft von mir weg, um ihn aus dem Autositz zu nehmen.

»Es ist unser Tag. Er kann warten.« Sie zog mich wieder an sich und drückte mich. »Dein Wunsch wird erfüllt, Kyoko. Ich bin dein jüdischer Flaschengeist, schon vergessen? Ich bin nicht so knauserig wie der in *Aladdin*. Ich kann dir nicht sagen, wie, aber vertrau mir, du wirst nach San Francisco zurückkehren, weil ich es sage.«

Alex' Schuh traf mich am Kopf.

»Okay«, sagte ich.

Keines unserer Probleme war gelöst. Mein Mann war tot. Seine Firma ging bankrott, und ich wusste nicht, wie ich mich in dieser teuren Stadt durchschlagen sollte. Was Bubbe anging, so war ihr Sohn tot, ein anderer vielleicht auch … und sie hatte eine Schwiegertochter mit schlechtem Karma.

»Jetzt erzähle ich dir, was Maria mir in ihrer Besenkammer über den Mann in meiner Zukunft erzählt hat. Du glaubst gar nicht, was auf dieses zweiundsechzigjährige Prachtweib zukommt. Es ist ziemlich aufregend.«

»UUUUUUMIIIIIII!«, schrie Alex wieder. Er konnte noch fünf Minuten warten, während Bubbe ihre erfundene Geschichte über ihren Seelenverwandten zu Ende erzählte. Wir waren Trauernde im ersten Jahr. Wir konnten tun und lassen, was wir wollten.

渦 (uzu):
Strudel

Ich werde dich bei deiner Beerdigung vermissen

Die Eigentumswohnung meiner Eltern wurde Anfang der Achtziger gebaut, auf dem Höhepunkt des japanischen Wirtschaftswachstums. Vierundzwanzig schlichte weiße fünfstöckige Gebäude, das Symbol japanischer Träume, ragten wie Bambus in den Himmel; *nur vierzig Minuten von Tokio entfernt, ein perfekter Ort, um Kinder großzuziehen*. Sie wurden für Familien gebaut, deren Väter in Tokio arbeiteten, es sich aber nicht leisten konnten, dort zu wohnen.

In der Anlage gab es zwei Parks, einen Tennisplatz, eine Kindertagesstätte und – wer weiß, warum – ein Detektivbüro. Die Fahrt nach Tokio dauerte mit Bus und Bahn eine Stunde und zwanzig Minuten, doch es war tatsächlich der perfekte Ort, um ein Kind großzuziehen.

Wir hatten drei Schlafzimmer. Eines nannten wir das Tatami-Zimmer. Es befand sich neben unserem Wohn- und Esszimmer. Im Alter von drei bis elf Jahren schlief ich mit meiner Mutter und meinem kleinen Bruder im Tatami-Zimmer. Jeder hatte ein eigenes Kissen und eine eigene Decke, aber es war nicht genug Platz für drei Futons, also teilten wir uns zu dritt zwei. Drei Papierschiebetüren trennten das Wohn- und Esszimmer vom Tatami-Zimmer, und meine Mutter schloss sie um halb neun, wenn wir ins Bett gingen. Morgens falteten mein Bruder und ich den Futon zusammen, den wir uns teilten, und wenn wir in die Schule gingen, hängte meine Mutter die Futons bis 15 Uhr auf die Veranda. Ein Geschenk der Natur, eingefangen von meiner Mutter für ihre Kinder. Wenn wir uns konzentrierten, konnten wir abends das Sonnenlicht im warmen Futon riechen.

Tagsüber verwandelte sich das Tatami-Zimmer in die Werkstatt meiner Mutter. Sie entgratete die Kappen von Permanentmarkern, für 0,1 Yen pro Stück. Ich half ihr nach der Schule, wenn ich nicht verabredet war.

Außerdem stand dort der Frisiertisch meiner Mutter mit dem Triptychon-Spiegel. Ich erinnere mich, wie ich ihr zusah, wenn sie sich sorgfältig schminkte und ihr gekämmtes Haar von allen Seiten begutachtete, nur um in den Supermarkt um die Ecke zu gehen. Nachdem sie gegangen war, setzte ich mich vor den Spiegel und tupfte mir ihre Gesichtscreme ins Gesicht. Ich mochte den Geschmack ihres Lippenstifts nicht besonders, also trug ich stattdessen meinen Lippenbalsam mit Kirschgeschmack auf. Ich beugte mich zum mittleren Spiegel, klappte die beiden Seitenteile nach vorne und ließ mich von den vielen lächelnden *Ichs* verzaubern.

Mein Vater schlief in einem anderen Schlafzimmer, das sich in der nördlichen Ecke der Wohnung befand. Mein Bruder und ich hatten irgendwie Angst vor diesem Zimmer. Wir nannten es das Geisterzimmer. Das Geisterzimmer war kalt und dunkel, und aus der Wohnung nebenan, die zu dieser Zeit leer stand, war ein geheimnisvolles Zischen zu hören. Tagsüber, zwischen 16 und 17 Uhr, diente der Raum meinem Bruder als Arbeitszimmer. Wegen der Geister verbrachte er dort so wenig Zeit wie irgend möglich. Infolgedessen entwickelte mein Bruder eine hohe Konzentrationsfähigkeit. Selbst später, als er das Zimmer übernahm, lernte er nie länger als eine Stunde pro Tag. Bis heute machen wir vier darüber Witze: »So hat er es auf die beste Hochschule Japans geschafft: der Geist. Dadurch war er gezwungen, strategisch zu lernen.«

Mein Bruder, der drei Jahre jünger war als ich, schlief bei meiner Mutter, bis er in die fünfte Klasse kam. Dann überließen meine Eltern ihm das Geisterzimmer. Die Gespenster waren da längst verschwunden. Ein junges Paar mit Drillingen war nebenan eingezogen, und das Schreien und Lachen der Kinder lullte ihn in den Schlaf.

Das dritte Zimmer, in dem niemand schlief, wurde Western Style genannt, da es mit Teppichboden ausgelegt war. Ich nutzte dieses Zimmer, um meine Hausaufgaben zu machen. Zwei mattgraue Metallregale säumten die Wände. Sie waren mit den Mangas meines Vaters vollgestopft, alles Erstausgaben, die er als Teenager gesammelt hatte, sodass für meine Bücher kein Platz war.

Zu meinem elften Geburtstag bat ich meine Eltern, mir das Western Style zu überlassen. Aus irgendeinem Grund glaubten wir, dass ein Futon auf dem Teppich Bettwanzen anlockt, also bestellten sie ein schwarzes Hochbett aus einem Kaufhauskatalog, und mein Vater baute es für mich zusammen. Wir fuhren zu viert nach Tokio, um mir einen Kleiderschrank auszusuchen. Ich entschied mich für einen, der für mich so aussah, als könnte er der britischen Königsfamilie gehören. Auf die rechte Seite hängte ich meine Uniformen und meinen Mantel, auf die linke hängte meine Mutter die Anzüge meines Vaters. Morgens betrat meine Mutter mein Zimmer, während ich noch schlief, um die Anzüge meines Vaters vorzubereiten. An den Wochenenden öffnete mein Vater morgens unangekündigt die Tür, um sich einen Manga zu holen. Es machte mir aber nichts aus. Das Western Style hieß jetzt Kyokos Zimmer, und es bestand aus meinem Bett, meinem Schreibtisch und dem Kleiderschrank der britischen Königsfamilie.

Jedes Mal, wenn ich aus Amerika nach Hause kam, fand ich

Sachen meines Vaters in meinem Zimmer, ein weiteres Bücherregal, Flugzeugmodelle aus Plastik, elektrische Rasierapparate. Mein Kleiderschrank roch nicht mehr nach meinem billigen Teenager-Körperspray, sondern nach den Zigaretten eines alten Mannes. Er nahm auch die Schubladen meines Schreibtisches für seine Skizzenbücher und Farben in Beschlag. Meine Mutter sagte, dass er jetzt in meinem Zimmer schlafe.

In gewisser Weise hatte keiner von uns ein eigenes Schlafzimmer. Der Oshiire-Schrank im Geisterzimmer diente der Aufbewahrung von Campingausrüstung, Skikleidung und Plastik-Weihnachtsbaum. Das Fotoalbum unserer Kindheit lag in der Kimono-Kommode meiner Mutter im Tatami-Zimmer. Als ich achtzehn war, fand ich auf der Suche nach meiner Yukata eine Schachtel mit Kondomen in der Kommode. Sie war ungeöffnet und seit zehn Jahren abgelaufen. Wenn ich so darüber nachdenke, kann ich mich nicht erinnern, wo meine Eltern in den fünf Jahren geschlafen haben, in denen mein Bruder und ich unsere eigenen Zimmer hatten. Es muss das Tatami-Zimmer gewesen sein, aber ich kann mir gar nicht vorstellen, dass sie dort zusammen geschlafen haben.

Mein Vater war ein Ordnungsfanatiker und ging methodisch vor. Oft predigte er meiner Mutter, wie man Fisch grillt, ohne eine Sauerei zu machen. Er beobachtete uns, wenn wir mit Stäbchen aßen. »Nehmt nicht zu viel. Stochert nicht im Essen herum.« Wenn er selbst Sojasoße auf den Tisch tropfte, schlug er sich so fest auf die Wange, dass sie rot wurde.

Einmal im Monat machten wir einen Familienausflug. Er wusste, dass wir eines Tages das Haus verlassen und unsere eigenen Familien gründen würden. Er wollte Erinnerungen schaffen. Für diese Wochenendausflüge entwarf er auf die Minute genaue Zeitpläne. Normalerweise fand der Ausflug am Sonntag statt, aber für meine Mutter begann er schon am Samstagnachmittag, weil sie bei der Eisenbahngesellschaft anrufen musste, um jeden Fahrplan zu bestätigen und die Fragen meines Vaters zu beantworten: *Was nehmen wir als Proviant mit? Haben Daichi und Kyoko ihr Knabberzeug eingepackt? Müssen wir noch Taschentücher kaufen?* Wenn wir zu spät zum Zug kamen, weil mein Bruder noch auf die Toilette musste, wurde mein Vater sauer, nicht auf meinen Bruder, sondern auf meine Mutter, weil sie ihn nicht vorher zur Toilette geschickt hatte. Zwei Minuten vor Beginn des Zeitplans versuchte ich, jeden Tropfen aus meinem Körper zu pressen, um meine Mutter vor den stummen Vorwürfen meines Vaters zu bewahren. Es war ein Drahtseilakt. Solange wir uns auf dem Seil hielten, war meine Mutter sicher.

Zum Glück ging er unter der Woche oft mit Freunden trinken. Wenn er abends nicht da war, gingen wir drei manchmal essen. Auf dem Weg zum Restaurant hielten mein Bruder und ich unsere Mutter an der Hand und sangen mit schwingenden Armen Lieder, die damals beliebt waren.

Wenn mein Vater nüchtern war, las er Geschichtsbücher, während das Geschichtsprogramm lief. Doch wenn er betrunken war, sprach er über japanische Künstler des 19. Jahrhunderts.

»Die wenigen Westler, die Japan besuchten, kauften Keramik als Mitbringsel, und da es so viele von Hokusais Holzschnittdrucken gab, verpackten die Töpfer ihre Waren oft in seinen Bildern. So entdeckte van Gogh Hokusai. Es waren nicht die Shogun oder die Samurai, die Japans Kunst verbreiteten. Es waren *wir*, das Volk«, sagte mein Vater stolz und zeigte auf sich selbst.

Er lehrte uns, nicht nur das zu glauben, was wir im Geschichtsunterricht gelernt hatten. »Es ist wie ein Puzzle, das man zusammensetzen muss«, sagte er – um es wirklich zu verstehen, müssten wir alle möglichen Bücher von verschiedenen Autoren lesen, vor allem Bücher über das Leben der einfachen Leute. »Und dann setzt *ihr selbst* die Geschichte zusammen«, sagte er.

Es war sehr selten, dass mein Vater es bis zur zehnten Tasse schaffte. Meistens schlief er nach der siebten ein. Bei der fünften Tasse wurde er übertrieben zärtlich zu meiner Mutter, die vor dem Fernseher saß, kroch hinter sie und begann, sich an sie zu schmiegen.

»Hör auf, mich anzufassen«, rief sie und stieß ihn weg.

»Bitte. Ich will dich. Ich kann ohne dich nicht leben. Ich liebe dich«, sagte mein Vater. Dann machte er einen Karpfenmund und versuchte, meine Mutter zu küssen.

Meine Mutter wand sich aus der Umarmung meines Vaters und schlug mit den Fäusten auf seinen Rücken ein.

»Lass mich in Ruhe«, schrie meine Mutter, und das war unser Zeichen, es mit meinem Vater, alias Mr. Evil Hand, aufzunehmen wie amerikanische Comic-Helden. Mein Bruder und ich setzten uns rittlings auf den Rücken meines Vaters, schlugen ihn und traten ihn mit den Fersen, so fest wir konnten. »Autsch«, sagte er und rieb sich die Stelle, wo einer von uns einen besonders schmerzhaften Treffer gelandet hatte, aber seine Augen waren immer noch auf meine Mutter gerichtet. Wir lachten, und mein Vater wurde nie böse, egal, wie hart wir schlugen, traten und bissen. Meine Mutter war ernst, mein Vater auch, aber für uns war es ein Spiel. In diesen Nächten war es ihnen egal, wie lange wir aufblieben. Sie konzentrierten sich auf etwas Wichtigeres – mein Vater auf die Liebe meiner Mutter und meine Mutter auf ihre Einsamkeit.

Irgendwann wurden die Arme meines Vaters schlaff, und er begann zu schnarchen.

»Er ist so eine Nervensäge«, sagte sie zu sich selbst, schob seine Arme zur Seite und wandte sich wieder ihrer Fernsehsendung zu. Mein Bruder und ich verzogen uns ins Nebenzimmer und krochen unter die Decke.

Ich kann mich nicht erinnern, dass meine Eltern sich jemals geküsst, umarmt oder auch nur berührt hätten, um Fusseln von der Schulter des anderen zu entfernen. Sie hielten meinen Bruder und mich an der Hand, küssten und liebkosten uns ununterbrochen, bis wir zu alt dafür waren. Doch einander berührten sie nie. Auch als ich Levi verlor, umarmten sie mich, aber nicht einander.

Ich bin mir ziemlich sicher, dass mein Vater nie eine Geliebte oder Affäre hatte. Nicht nur, weil er sich keine leisten konnte, er wollte auch nur meine Mutter, keine andere. Ich konnte mich nicht auf seine Versprechungen verlassen, wenn er betrunken war, aber ich glaubte, was er zu meiner Mutter sagte. *Ohne dich kann ich nicht leben.*

Jeder Yen, den er verdiente, ging direkt auf das gemeinsame Konto, und meine Mutter verwaltete das Geld. Solange er sein monatliches Taschengeld von ihr bekam und zu Hause Sake und meine Mutter auf ihn warteten, war es ihm egal, wofür das Geld ausgegeben wurde. Meine Mutter beschwerte sich nie über das Gehalt meines Vaters, und mein Vater beschwerte sich nie über sein Taschengeld. Meine Mutter musste für 0,1 Yen pro Stück die Kappen der Permanentmarker entgraten, Etiketten auf die Rückseite von Herrenkrawatten nähen und drei Tage in der Woche die Treppen hoch- und runterlaufen, um Immobilienanzeigen in jeden Briefkasten der vierundzwanzig Gebäude zu werfen. Alle meine Freundinnen unterhielten sich mit Jungs über die schnurlosen Telefone in ihren Zimmern, während ich im Wohnzimmer vor meiner Familie in das Telefon mit Wählscheibe flüstern musste. Ich wusste, dass wir nicht arm waren, aber wir waren ärmer als meine Freundinnen in unserer Wohnanlage.

Und doch waren wir glücklich. Ich wusste und fühlte, dass wir es waren. Meine Mutter saß uns gegenüber, und wir unterhielten uns über den Tag, während wir unseren Nachmittagssnack aßen. Mein Vater brachte uns oft Windbeutel mit, ob er nun betrunken war oder nicht. Jeden Winter machten wir einen dreitägigen Skiausflug in die Hütte eines Freundes meines Vaters. Trotz der neurotischen Anweisungen meines Vaters freuten wir uns so sehr, dass wir am Abend davor unsere Kleidung für den nächsten Tag neben dem Futon bereitlegten.

Eines Tages unterhielten meine Mutter und ich uns über die Feier im Büro meines Vaters zum Antritt seiner Altersteilzeit.

»Sie sagten: *Masako-san, dein Mann ist wie ein Kind, seine Augen leuchten immer vor Begeisterung. Er kümmert sich nicht um Status oder Geld. Wir lieben es, mit ihm zu arbeiten und zu trinken. Wir werden ihn behalten. Er braucht nichts zu tun, er muss nur ins Büro kommen und bei uns sein!* Siehst du, Kyoko. So ist dein Vater. Ich möchte, dass mein Körper für medizinische Zwecke gespendet wird, um dir Geld und Zeit zu sparen. Keine Beerdigung für mich. Aber dein Vater muss eine bekommen. So viele Menschen haben ihn geliebt und werden ihn vermissen.«

Dann zog sie eine Kleenex-Box zu sich. »Ich habe noch nie jemanden getroffen, der so naiv und frei von Habgier ist. Dieser Mann hat sich nicht verändert, seit ich ihn geheiratet habe.«

Wir zogen abwechselnd Taschentücher aus der Box und weinten, während wir uns die Beerdigung meines Vaters ausmalten.

Meine Mutter hatte die seltene Gabe, jeder Situation etwas Positives abzugewinnen. Nach Levis Tod hat sie oft gesagt: »Ohne Mann ein Kind zu haben, ist das Beste, was man sich für sein Leben wünschen kann, wenn man es sich leisten kann. Man muss nicht darüber nachdenken, was man für ihn kochen soll, oder versuchen, in seinem Gesicht zu lesen, was ihm nicht passt.

Wenn du keine Lust hast zu kochen, kannst du mit deinem Kind essen gehen. Wenn dein Kind aus dem Haus ist, musst du nur noch genug Geld für dich selbst verdienen.«

Sie hatte recht. Ich musste mich nicht mehr mit Levis Kochanweisungen oder seinen Liebesattacken rumschlagen. Ich konnte die Dusche ausfallen lassen oder beim Einkaufen sparen, um mir Flugtickets nach Japan leisten zu können, und niemand würde sich über meine Prioritäten beschweren. Mein Sohn kommt mitten in der Nacht zu mir ins Bett und schläft bei mir weiter. Am Wochenende gehen wir, wann wir wollen, wohin wir wollen – ohne Toilettenkontrolle, ohne Zeitnot, ohne Plan.

Aber wo sind meine Tränen, wenn ich an die Beerdigung meines Mannes denke?

Wenn ich könnte, würde ich ihn ausgraben und erdolchen. Ich würde ihm immer wieder ins Herz stechen, bis es Hackfleisch ist. Ich würde ihm alle Knochen brechen und ihn zu einer Marionette machen. Ich würde ihn zu einem Ball zusammenquetschen und zurück in seinen Sarg schießen. Ich würde ihn mit Steinen bewerfen, mit Stöcken, mit der Schaufel, mit der ich ihn ausgegraben habe, mit all den Geschenken, die er mir gemacht hat. Dann würde ich ihn fragen: »Warum musstest du ausgerechnet *mich* lieben?«

Traumland

Eines Morgens rief Zaydeh, mein Schwiegervater, ein halb pensionierter Pilot, vom Flughafen in Austin, Texas, an und sagte, dass er nach San Francisco fliegen würde. Er legte auf, bevor ich ihm mitteilen konnte, ob es uns zeitlich überhaupt passte. Fünf Stunden später stand er mit einem kleinen Koffer vor unserer Tür.

Er bat mich, ihm die Gegend zu zeigen, und so nahmen wir Alex an die Hand. Es war Winter in San Francisco, einundzwanzig Grad und sonnig.

»Was für ein schöner Tag! Ich glaube, in Boston schneit es gerade«, sagte Zaydeh.

Das Wort »Klimawandel« kam mir in den Sinn, aber ich schluckte es runter. Mein Schwiegervater glaubte nicht an den Klimawandel. Er glaubte nicht an ein soziales Gesundheitssystem. Und er war dagegen, dass Einwanderer nach Amerika kamen, obwohl ich selbst Japanerin war. Während ich versuchte, mir ein Gesprächsthema auszudenken, schaute ich auf Alex' Füße. Mein vierjähriger Sohn tat sein Bestes, um mit uns Schritt zu halten. Ich fragte Zaydeh, ob mein Mann als Kind auch Sichelfüße hatte. Nein, sagte er, aber Levi hätte Beine gehabt, so lang und dünn wie die einer Giraffe. Das gefiele Japanern, sagte ich. Er lachte. Alex hörte auf zu laufen und zog die Beine an wie ein Affe, sodass mein Schwiegervater und ich ihn gemeinsam hielten und schaukelten.

Alex spielte weiter Affenschaukel, und obwohl mein Arm müde wurde und ich anfing, mir Sorgen zu machen, dass wir ihm die Arme ausreißen, hörte ich nicht auf, und mein Schwiegervater auch nicht.

Er erzählte mir, dass ein kleiner Flughafen in der Nähe seiner Stadt einen japanischen Kundenbetreuer suchte und dass ich dort ein schönes Leben haben könnte. Ich nickte und sagte, dass sich das nach einem tollen Job anhöre.

Langsam ging die Sonne unter, und die Luft wurde kälter. Schließlich erreichten wir das Haus, das früher meinem Mann gehört hatte. Mein Schwiegervater blieb stehen und sah nach oben. Ich sah ebenfalls nach oben. Das Licht war an, und hinter den durchsichtigen Vorhängen sahen wir einen etwa zehnjährigen Jungen, der auf seinem Bett lag und einen Ball gegen die Wand prallen ließ.

»Für mich ist die einzige Möglichkeit, darüber hinwegzukommen, mich an ihn zu erinnern«, sagte mein Schwiegervater.

Der Junge hinter dem Vorhang stand auf und ging, wobei er das Licht anließ. Mein Schwiegervater stand mit einem einsamen Gesichtsausdruck da und starrte durch das Fenster in das leere Zimmer.

»Trag mich, Zaydeh.« Alex streckte die Arme aus. Zaydeh hob Alex hoch und nahm ihn huckepack. Wir gingen zurück nach Hause. Ich beobachtete die beiden, während ich zwei Schritte hinter ihnen ging.

Seit fast acht Jahren kämpfte mein Schwiegervater mit der Stadt, in der er lebte, um das Land hinter seinem Haus. Er sagte, sein Traum sei es, für jedes seiner Kinder ein Haus zu bauen und als große, glückliche Familie zu leben. Seine Idee berührte mich so sehr, dass ich der erstbesten Person davon erzählte.

»Wer würde schon mit ihm zusammenleben wollen?«, fragte Paula, meine Schwägerin, und streckte die leeren Hände aus, um ihre Meinung zu unterstreichen.

»Keine Ahnung«, antwortete ich.

»Eben«, sagte Laura. Die Zwillinge bedachten mich mit einem lächelnden Stirnrunzeln, dann gingen sie ihren Kindern hinterherjagen.

Jeden ersten Weihnachtstag packte Alex im Haus von Zaydeh alle seine Geschenke aus und stapelte sie zu einem Turm. Der Turm reichte ihm bis ans Kinn, egal, wie groß er wurde, und das brachte ihn immer zum Lächeln.

»Aber wir sind doch Juden!«, sagte meine Schwiegermutter, die sich vor dreißig Jahren von Zaydeh hatte scheiden lassen, wenn sie das Foto von Alex betrachtete, der neben dem höchsten Geschenkestapel der Welt stand, im Hintergrund der Weihnachtsbaum. »Und Zaydeh ist immer noch Jude«, fügte sie hinzu und hielt dramatisch die Hand an die Stirn, als hätte sie hohes Fieber. Das spielte sich jeden 30. Dezember in Alice' chinesischem Restaurant ab, bei roten Schweinerippchen und süßer Entensoße.

Im Grunde seines Herzens waren die Geschenke für Alex zweitrangig. Das wusste ich, weil er jeden Heiligabend die letzten wachen Minuten in seinem Bett damit verbrachte, an den Fingern all seine neun Cousins und Cousinen mit ihrem jeweiligen Alter aufzuzählen. Zwei Kinder und drei Enkelkinder von Zaydehs neuer Frau, vier Kinder und sieben Enkelkinder von seiner Seite – mehr Verwandte, als seine Finger fassen konnten. Auch Zaydeh waren die Weihnachts- beziehungsweise Chanukka-Geschenke egal. Genau wie Alex freute er sich einfach, seine Kinder, seine Enkel und mich um sich zu haben.

Das Weihnachtsessen begann um sechs Uhr, aber er bat seine Kinder immer, schon um halb fünf zu kommen. Gegen zehn vor begann Zaydeh die Kissen auf dem Sofa aufzuklopfen. Der Staub eines ganzen Jahres tanzte durchs Wohnzimmer, während seine Frau ihn anschrie, er solle aufhören, und sich den Mund mit dem Ellbogen zuhielt, um nicht auf ihr Kartoffelpüree zu niesen.

Was hatte dieses Ritual mit dem Besuch seiner Kinder zu tun? Vielleicht nichts, außer dass es ihn von seiner Aufregung oder Enttäuschung ablenkte. Um Viertel nach fünf, wenn es im Haus nach Truthahn zu riechen begann, tauchte die Familie seiner Frau auf. Sie brachten kalte Luft von draußen herein und auch die Gerüche aus ihren eigenen Häusern. Um halb sechs ging Zaydeh in den Vorgarten. Ich wischte das beschlagene Fenster ab und sah, wie er sinnlos Laub von der vereisten Auffahrt kratzte und gelegentlich zur Einfahrt schielte. Um zehn nach sechs kamen die Familien seiner Töchter mit ihren vier Kindern. Jede von ihnen umarmte Zaydeh, hauchte einen Kuss auf seine Wange und drückte dann Alex. Fast jedes Jahr bekam eines der Kinder, entweder Sophie oder Isaac, einen Wutanfall und rannte zu Zaydehs Frau, weil ihm jemand das knallrote Gewehr weggenommen hatte oder weil es einfach Hunger hatte. Das geschah gegen Viertel nach sieben, deshalb begannen wir ohne meinen Schwager mit dem Abendessen. Wir setzten uns alle auf kalte Klappstühle, und bis die Stühle warm waren, hatten wir schon aufgegessen. Paula und Laura rührten Zaydehs Weihnachtsessen nicht einmal an. Beide standen mit einer Tasse Kaffee in der Hand hinter Alex, kämmten sein Haar mit den Fingern und schauten ihn zärtlich an. Ich stellte mir vor, dass sie in Alex' Strubbelhaar ein Überbleibsel ihres Bruders sahen, etwas, das nur Geschwister verstehen. Wenn drei verschiedene Torten mit Fertigboden auf dem Küchentresen standen, traf die Familie meines Schwagers ein. Inzwischen bebte das Haus, die Kinder rannten im Flur auf und ab, die Erwachsenen unterhielten sich über Football, sodass niemand seine Ankunft bemerkte, außer meinem Schwiegervater, der seit fünf Uhr morgens oder vielleicht schon das ganze Jahr auf seinen Sohn wartete. Er hörte das Auto in der Einfahrt. Er öffnete seinem Sohn nicht die Tür. Er stand einfach da und wartete geduldig darauf, dass er hereinkam.

Es gab einundzwanzig DVDs, die die Zeit von der Geburt seines ersten Enkels, der jetzt siebzehn war, bis zum ersten Geburtstag meines Sohnes abdeckten. Zaydeh liebte es, sie anzuschauen, nachdem alle ihren Kuchen gegessen hatten. »Setzt euch alle ins Wohnzimmer!«, rief seine Frau. Der Ton ihrer Stimme duldete keinen Widerspruch, und so drängten sich alle Erwachsenen ins Wohnzimmer. Sobald Alex' Vater auf dem Bildschirm auftauchte, ging mein Schwager in den Keller, angeblich, um sich eine Limonade zu holen, gefolgt von meinen Schwägerinnen. Wenn Zaydeh sich von seiner Frau, den Kindern seiner Frau, den Schwiegerkindern, mir und zehn Enkelkindern umgeben sah, kam er zu mir und flüsterte: »Wo sind denn alle hin?«

———

Mein Mann war zehn, als er eine ganze Flasche Hustensaft trank. Sein Bruder erwischte ihn und rief einen Krankenwagen. Das stellte sich als Glücksfall für meinen Mann heraus, denn so musste er an diesem Wochenende bei seinem Vater nicht das Treppenhaus putzen. Es war weniger das Putzen, das er hasste, als Zaydehs Inspektionen, die er fürchtete. Die sichelförmigen Kratzer an der linken Schuhspitze der Arbeitsstiefel seines Vaters und die dreckigen weißen Handschuhe. *Nicht gut genug, nie gut genug.* Mein Mann beendete die Geschichte mit einem Lächeln und erklärte mir, dass die weißen Handschuhe wahrscheinlich schon vorher schmutzig gewesen seien, damit er lernte, seinen Vater niemals anzulügen, aber er lernte nur, was für ein Vater er niemals werden wollte.

Mein Schwiegervater kaufte alles im Dreierpack: Seife, Shampoo, Cornflakes, Kondensmilch, Autos, Motorräder, Häuser. Bei einem der letzten Besuche hatte ich vergessen, Zahnseide mitzubringen. Ich fragte Zaydeh, ob er mir aushelfen könne. Er brachte mir etwa fünfzehn Zentimeter Zahnseide und versicherte mir, ich solle mir keine Sorgen machen, er könne mir morgen mehr geben. Ich schnitt sie in zwei Hälften, um sie mit Alex zu teilen, aber als ich versuchte, seine Zähne mit der Zahnseide zu reinigen, rutschte sie mir immer wieder aus den Fingern. Nach einigen Versuchen gab ich auf und bat Zaydeh um mehr. Er reichte mir eine nagelneue Packung Zahnseide und wartete, bis ich zwei Fäden abgeschnitten hatte. Wieder versicherte er mir freundlich, ich solle mir keine Sorgen machen, morgen gäbe es mehr.

Für den Sarg meines Mannes wünschte sich mein Schwiegervater eine Kiefernkiste, den traditionellen jüdischen Sarg, der zusammen mit dem Körper meines Mannes verwittern und wieder zu Erde werden würde. Mir gefiel die Vorstellung, zur Erde zurückzukehren, aber es war rein zufällig auch der billigste Sarg im Katalog.

Paula und Laura stürmten zur Tür hinaus, gefolgt von meiner Schwiegermutter, meinem Schwager, Zaydeh und dem Bestattungsunternehmer. Ich blieb allein zurück und blätterte durch den Sargkatalog: ein pinkfarbener Sarg mit Rosenstickerei in der Samtpolsterung, ein türkisfarbener Sarg aus extradickem Stahl mit Kupferverzierungen, ein Pappelsarg mit rotem Samt, wie ihn Vampire zum Schlafen benutzen. Nach all den Jahren erinnere ich mich immer noch an diese Särge aus dem Katalog, aber nicht mehr an die Farbe des Sarges, in dem mein Mann schließlich lag. Als die Familie meines Mannes und der Bestatter zurückkehrten, fragten sie mich, welchen Sarg ich mir für meinen geliebten Mann wünschte. Aus sechs Augenpaaren wurde plötzlich ein Paar. Ich konnte mich nicht entscheiden, deshalb wählte ich die Person aus, die am traurigsten aussah. Mein Schwager kaufte den teuersten Sarg, einen mit Zementisolierung. Mit diesem Sarg, so wurde mir gesagt, würde mein Mann niemals von der Erde verschwinden.

An Weihnachten war ich wieder bei Zaydeh. Ohne aus dem Fenster zu schauen, wusste ich, ob es über Nacht genug geschneit hatte, um im Garten eine Schneeburg zu bauen. Es war dann morgens viel stiller als sonst, als würde der Schnee mich von mir selbst und dem Augenblick trennen. In diesem Augenblick wusste ich nicht mehr, wo und wer ich war, und ein seltsamer Frieden ergriff mich. Ich schob den Vorhang beiseite und sah, wie die Schneeflocken auf mein Fensterbrett fielen, und in der Ferne konnte ich im Dunst Zaydehs Traumland erkennen, das langsam im Schnee versank.

Im Winter lächle ich im kalten Regen

Ich wachte feucht auf, eine Feuchtigkeit, die auf meinem Körper nachklang. Meine Brustwarzen waren erigiert, und als sie gegen mein T-Shirt stießen, spürte ich meine Vergangenheit in der unteren Körperhälfte. In meinem früheren Leben hatte ich mich wegen dieses Gefühls nach der Haut eines Mannes gesehnt, mich ihr hingegeben, mich an sie geklammert. Damals, als ich eine Frau war.

Alex schlief fest neben mir, unsere Beine ineinander verschlungen. Ich ließ ihn los und kniff mir in den Oberschenkel. Ich versuchte, das Gefühl zu verscheuchen, indem ich fester kniff. Mein Herz pochte weiterhin zwischen meinen Beinen.

Ich lasse die linke Seite meines Bettes, die zum Bad, immer frei. Noch als Achtjähriger kam Alex zu mir ins Bett, nachdem er mitten in der Nacht auf die Toilette gegangen war, und wenn er kam, klemmte er seine Füße zwischen meine Beine. Sein Gesicht war weicher, unschuldiger als im Wachzustand. Ich wachte immer schon im Morgengrauen auf, bevor der Wecker klingelte, und nutzte es aus, dass Alex noch schlief. Ich schaute auf seinem Kopf nach Läusen, untersuchte seine Augen, zählte seine Sommersprossen. Ich strich über seine Stirn, seine Augenlider und seine Nase, die sich wie eine Porzellanrutsche anfühlte. Immer wieder ließ ich den Finger über den Nasenrücken gleiten. Dann legte ich meine Wange an seine und bewegte sie sanft im Rhythmus seines Atems. Ich dachte an den Sommer in Japan, an die Nächte, in denen ich meiner Mutter dabei zusah, wie sie die flaumige Haut eines weißen Pfirsichs pellte und der Saft zwischen ihren Fingern hindurchrann.

Jedes Jahr am 21. September, dem Todestag meines Mannes, rufe ich meine Schwiegermutter an. Ich beginne unser Gespräch mit einem Schniefen, gerade so laut, dass sie mich hören kann. Obwohl meine Nase eigentlich frei ist, gelingt uns ein rhythmisches Schnief-Duett. Dann putzt sie sich dreimal die Nase und beendet das Gespräch mit den Worten: »Kyoko, es ist Zeit, dass du dein Glück findest. Du hast dein Leben lange genug geopfert.«

Ich sage ihr die Wahrheit: »Danke, aber ich bin glücklich, so wie es ist.«

Meine Schwiegermutter bricht in Tränen aus. Wenn sie mir dafür dankt, dass ich ihren Sohn so glücklich gemacht habe, spüre ich, wie sich eine weitere Schicht Schuld auf mein Herz legt.

Am Geburtstag meines Mannes kaufe ich bei der italienischen Bäckerei in der Mission Street einen Erdbeerkuchen und lade Nachbarn und einige seiner Freunde ein. Am Esstisch blättern sie in Fotoalben. Im gedämpften Licht lachen sie über die Geschichte, wie mein Mann in unserer Garage einmal den Motor eines 1970er Nova zusammengebaut hat. Ich sitze abseits auf einem Hocker neben dem Herd und kratze Pfannkuchenteig von der Arbeitsfläche, während ich darauf warte, dass das Wasser kocht. Als meine Gäste anfangen, schweigend den Rest Schlagsahne von ihren Kuchenstücken zu naschen, fürchte ich, dass sie mich fragen könnten, wie es mir geht. Noch mehr fürchte ich, umarmt zu werden, so fest gedrückt, dass ich ihre Körperwärme spüre, denn dann könnten sie bemerken, dass ich nicht leer bin, oder schlimmer noch, dass ich zufrieden bin.

An dem Morgen, an dem ich erfuhr, dass ich mit Alex schwanger war, trafen Levi und ich uns im St. Francis. Ich sagte ihm, er solle sich keine Sorgen machen, es sei für alles gesorgt, die Abtreibung, das Geld, sogar die anschließende Rückfahrt. Alles unter Kontrolle. Wir waren erst ein paar Monate zusammen, gerade lange genug, um meine Zahnbürste bei ihm zu lassen.

»Hunger?«, fragte ich und winkte lächelnd einer Kellnerin zu. Ich bestellte Kaffee und eine Waffel.

Levi schüttelte den Kopf und schickte sie weg. Er sah sie nicht an, sein Blick war die ganze Zeit auf mich gerichtet.

»Welchen Film wollen wir heute Abend sehen?«, fragte ich.

Er sagte: »Hast du daran gedacht, dass ich das Baby vielleicht will? Hast du nie auch nur daran gedacht, dass ich dich heiraten will? Du und ich?«

Der Lärm des beliebten Restaurants half, die Lücken in unserem Gespräch zu füllen. Ich beobachtete, wie Levi seine Serviette entrollte, das Besteck herausnahm, es wieder in die Serviette legte und sie wieder zusammenrollte. Dann presste er die Finger in die inneren Augenwinkel.

Ich nahm seine Hand und sagte: »Doch, natürlich, Schatz.«

Vielleicht log ich aus Liebe. Wenn ja, stimmte meine Theorie – Liebe stört den Frieden.

Im zweiten Trimester der Schwangerschaft lag ich oft auf dem Bett und stellte mir vor, wie ich mir die Pulsadern aufschneiden, wie mein Blut auf den Boden tropfen, wie mein Fötus langsam verenden würde, bevor er je den Härten des Lebens und einer Mutter, die ihn nicht liebt, ausgesetzt wäre. *Was, wenn der Fötus nicht nur meine Nahrung, sondern auch meine Gefühle aufgenommen hat? Was, wenn meine Tagträume bei meinem Kind Verlustängste geschürt haben?* Statt Blut befleckten Tränen mein Kopfkissen. Ich drehte mich zu Levi um, legte meine Hand auf seine Rippen, fühlte, wie sie sich ausdehnten und zusammenzogen, und stellte mir vor, wie er reagieren würde, wenn er mich leblos neben sich fand. Also ließ ich den Fötus leben. Nicht für das Baby. Nicht für Levi. Ich behielt ihn für mich selbst.

Bei seiner Geburt sah Alex aus wie ein berühmter japanischer Boxer, der später Slapstick-Komiker wurde. Sein Gesicht war rot und zerschlagen, sein Körper grün und blau. Als ich ihn zum Stillen an die Brust legte, konnte er kaum seine Augen öffnen, seine Lider noch geschwollen, wie bei einem Alien … kein Weiß in seinen Augen.

»Er ist da! Ich halte ihn im Arm!«, rief ich meiner Mutter in Japan durchs Telefon zu. »Er ist so rot wie ein Pavianhintern und sieht aus wie Guts Ishimatsu. Mutter, er ist hier bei mir, und wenn ich meinen Finger unter seine Nase halte, spüre ich, wie die Luft entweicht. Er lebt!«

Meine Mutter lachte oder weinte oder beides und sagte: »Er klingt bezaubernd!«

»Ja, obwohl es keinen Sinn ergibt.«

»Warum muss es Sinn ergeben?«, fragte meine Mutter.

Zwei- oder dreimal im Winter, als mir mein Bett zu kalt ist, klettere ich auf Alex' Hochbett und wecke ihn.

»Alex, Lex, Alek, Lexy, Lulu. Lala. Komm zu mir ins Bett«, sage ich und kitzle ihn unter dem Arm. Er murmelt etwas im Schlaf und dreht sich weg. »Alex, komm und schlaf bei Mama«, wiederhole ich. Er rührt sich nicht, sein Körper ein schwerer Klotz. Nachdem ich ihn ein paarmal geschüttelt und ihm ins Ohr geflüstert habe, steht er auf, die Augen immer noch geschlossen, und klettert die Leiter hinunter. Ich halte ihm den Rücken, damit er nicht fällt, und als er unten ist, trage ich ihn in mein Bett. Unsere Füße sind ineinander verschlungen, seine schlaffe Hand liegt auf meiner Wange, und mir ist nicht mehr kalt.

Ich habe chinesische Neujahrskarten gesammelt. Bis jetzt habe ich fünfzehn geschrieben und in einen braunen Umschlag gesteckt. Mein Bruder ist ein guter Mensch, der Geheimnisse für sich behält. Außerdem ist er ein Weltenbummler, der jede freie Minute außerhalb Japans verbringt. Wenn Alex aufs College geht, gebe ich den Umschlag meinem Bruder und sage ihm, dass er Alex jedes Jahr eine Karte aus einem anderen Land schicken soll. Ich male mir aus, wie Alex sagt: *Meine Mutter! Sie ist die glücklichste Frau, die ich kenne. Letztes Jahr wurde die Karte in Frankreich abgestempelt und dieses Jahr in Brasilien.* Und ich lächle im kalten Regen bei dem Gedanken an sein Lächeln.

Heute Morgen lasse ich Alex in Ruhe und gehe in die Küche. Ich heize den Ofen vor, schlage zwei Eier in eine Schüssel, gebe etwas Milch dazu, verquirle sie und gieße die Mischung in die Pfanne. Ich schiebe gefrorene Rösti in den Ofen und werfe zwei Scheiben Brot in den Toaster. Dann mache ich mir selbst Frühstück, damit Alex beim Essen Gesellschaft hat. Nur einsame Kinder frühstücken allein. Mein Sohn ist nicht einsam. Das lasse ich nicht zu. Ich weiß, dass ich es nicht verdiene zu essen, aber wenn ich nicht esse, wer ist dann noch übrig, um ihn zu lieben? Ich schäle eine Orange, damit er sie isst und nicht nur den Saft heraussaugt. Ich gieße Milch in unsere Tassen. Kaffee gibt es bei mir nicht. Alex ist noch zu klein dafür, und ich selbst gönne mir diesen Luxus nicht. Ich nehme die Rösti aus dem Ofen, lege sie ihm auf den Teller und frage mich, was ich falsch gemacht habe.

Der Wecker klingelt, und es ist Zeit, ihn zu wecken. Seine Lippen sind leicht geöffnet, ich atme seinen Atem ein. Seinen Seetang-Atem. Ich kann nicht widerstehen.

»Baby, Zeit aufzustehen«, sage ich.

Er reckt sich, zieht mich aufs Bett und legt den Kopf in meinen Schoß. Ich erstarre.

»Noch fünf Minuten«, fleht er.

»Nein, die Zeit ist um.«

Er murrt, rollt sich aber aus dem Bett und geht ins Bad. Ich sehe seinen Rücken, als er vor der Toilette steht, dann höre ich das Tröpfeln. »Was gibt's zum Frühstück?«, fragt er, während er sich die Hände wäscht.

»Dasselbe wie gestern«, antworte ich.

Es gibt niemanden in diesem Haus, außer ihm und mir. Er begegnet niemandem in diesem Haus, außer mir. Und ich begegne niemandem in diesem Haus, vor der Tür oder sonst wo, außer ihm. Wer sollte ihn lieben, wenn nicht ich?

Wir sitzen uns gegenüber. Das Essen ist noch warm, perfekt. »Hast du mich lieb?«, frage ich ihn.

»Ja, warum?«

»Weil ich glücklich bin«, sage ich.

Er zuckt die Schultern.

Es tut weh, glücklich zu sein.

»Miss Smith hat uns gestern vom Himmel und von der Hölle erzählt«, sagt er. »Sie glaubt nicht daran, weil ihre Lehrerin in der Sonntagsschule damals gesagt hat, dass ihr Hund nicht mit in den Himmel kommen kann, sondern nur Menschen.«

»Das ist lustig«, sage ich. »Woran glaubst *du* denn?«

»Ich glaube an alles, an den Himmel, an die Hölle, an Wiedergeburt, an Tartaros und den Asphodeliengrund. Und du?«

»Ich glaube an nichts davon.«

Wir essen zu Ende. Er putzt sich die Zähne, zieht sich an und nimmt seinen Rucksack. An der Tür dreht er sich noch mal um und sieht mich an. Er sagt: »Doch, Mama, das tust du. Ich weiß, dass du an etwas glaubst.«

Stell mich ein

Mein verstorbener Mann besuchte mich im Traum, wieder einmal, diesmal um mich zu küssen.

Ich hielt den Mund geschlossen. »Ich wusste nicht, dass du mich heute besuchen kommst«, sagte ich und schloss den Mund gleich wieder. Seine Zunge berührte meine Lippen, und ich schloss den Mund noch fester. Er bedrängte mich nicht. Er leckte meine Lippen und wartete darauf, dass ich ihn einließ. Er lächelte amüsiert. Er wirkte unschuldig, nicht gekränkt von meinem Verhalten, und das widerte mich noch mehr an.

Ich ertrug das Gelecke meines Mannes, bis ich aufwachte. Er war immer noch vierzig, das Alter, in dem er starb. Ich war jetzt noch nicht ganz vierzig, fühlte mich aber älter als er.

Männer sind nur eine Ablenkung vom Leben. Sie bezirzen dich, injizieren dir einen Liebestrank, dann sterben sie und hinterlassen ihre Nachkommen und Kreditkartenschulden. Wenn ich eine Gottesanbeterin wäre, könnte ich ihm wenigstens den Kopf abbeißen und ihn essen, um mich am Leben zu erhalten, bis das Kind alt genug ist, um allein zu überleben. Dann wäre sein Tod keine Verschwendung. Aber ich war ein Mensch; außerdem, wie gut konnte ein männliches Gehirn schon sein?

Im Wachzustand kam mir nie jemand so nah, dass ich Hass empfand. Aber in meinem Traum weckte seine Zunge meinen Hass. Wie konnte ich ihn jetzt hassen, wenn ich es nicht getan hatte, als er noch lebte? Im Traum konnte ich es, ohne mich schuldig zu fühlen.

Der ganze Traum dauerte vielleicht eine Minute, aber er kam mir länger vor. Und wie im echten Leben verging die Zeit wie im Flug, wenn ich mich amüsierte, doch wenn ich litt, hielt mich die Zeit gefangen. Im Traum ist der Ort immer definiert, aber wenn man versucht, ihn im Wachzustand zu definieren, verschwindet er. Der Traum hätte in meinem jetzigen Schlafzimmer spielen können, wo ich allein schlafe, oder in unserem alten Haus. Er hätte überall und nirgends spielen können. In Träumen waren solche Klischees erlaubt.

»Ich liebe dich. Ich sorge für dich«, pflegte er zu sagen, als er noch lebte. *Ich sorge für dich.* Das von einem Mann zu hören, fühlte sich immer wie ein Privileg an. »Du hast es gut, dass du den ganzen Tag mit unserem Sohn verbringen kannst. Ich wünschte, ich könnte das. Aber irgendjemand muss ja Geld verdienen«, sagte er auch.

In seinen Worten mischten sich Freundlichkeit und Stolz. Aber was ich hörte, war, dass ich sein Geld und sein Glück verbrauchte.

Wird uns morgen der Strom abgestellt? Wie hoch sind unsere Schulden wirklich? Mein Mann hatte Geldprobleme. Ich hatte keine Ahnung, wie viel Geld er wirklich hatte oder nicht hatte. »Oh nein, um so etwas brauchst du dir keine Sorgen zu machen«, sagte er. »Mit der Firma und den Hypotheken ist es zu kompliziert für dich, unsere Finanzen zu verstehen. Wir werden es überleben. Kümmere du dich einfach um die Erziehung meines Kindes.« *Ich muss mehr Geld verdienen. Ich muss mehr Geld verdienen,* sagte er jeden Tag, wenn er sich umzog, wenn wir frühstückten und wenn wir am Wochenende wegfuhren. »Du bist so eine gute Mutter. Ich bin so glücklich.« Das sagte er zwischendurch auch. Ich wusste, dass er es ehrlich meinte. Aber ich dachte nur daran, dass er nicht bei seinem Sohn sein konnte, weil er mich ernähren musste. Wie konnte ich einen Mann, der mich liebt, so unglücklich machen, indem ich sein Kind bekam? Er liebte unser Baby. Er liebte es, Vater zu sein. Dann dachte ich: Es muss an mir liegen. An meiner Existenz.

Wer würde jemanden mit schlechten Englischkenntnissen und ohne jegliche berufliche Qualifikation einstellen? Ach! Ich könnte doch babysitten, während ich auf Alex aufpasse, schlug ich vor. »Nein, er braucht deine volle Aufmerksamkeit. Mach dir keine Sorgen ums Geld. Ich sorge für dich.« Mein Vorschlag wurde also abgeschmettert. Er war meinetwegen gestresst, aber glücklich, eine Familie zu haben.

Unser neugeborener Sohn brauchte acht Windeln am Tag. Eine Packung Windeln reichte für zwei Wochen, und eine Packung Windeln kostete fünfzig Dollar. Ich konnte eine Packung auf zwei Monate strecken, wenn ich Alex ein oder zwei Stunden am Tag ohne Windeln ließ. Was konnte so schlimm daran sein, wenn er auf den Teppich pinkelte?

Nach der Geburt log ich den Schwestern im Krankenhaus vor, ich hätte starke Blutungen und bräuchte mehr Binden. Sie gaben mir zehn Binden am Tag. Ich begnügte mich mit einer pro Tag. Wenn ich weiter stillte, würde meine Periode vielleicht erst in sieben Monaten oder sogar erst in zwei Jahren wiederkommen. Siebenundzwanzig Binden würden für drei Perioden reichen. Für die gesparten sechs Dollar konnte ich zwei Dutzend Eier kaufen.

Ich errechnete 350 Dollar im Monat als Minimum für Lebensmittel und schlug Levi vor, mir diese Summe zu geben. Er sagte: »Unsinn, nimm so viel, wie du willst. Hier, du kannst mit meiner Kreditkarte zahlen.«

Als ich versuchte, die Karte zu benutzen, wurde die Transaktion abgelehnt. *Wir müssen wirklich arm sein*, dachte ich. Ich sagte: »Überweise einfach einmal im Monat den Betrag, den du dir leisten kannst, auf unser gemeinsames Konto, und ich haushalte damit.« Er sagte: »Nein, du kannst so viel nehmen, wie du willst. Sag mir nur Bescheid, bevor du einkaufen gehst, damit ich dafür sorgen kann, dass genug auf dem Konto ist.« Ich war von einem Stück Plastik (ohne Geld) abhängig. Was wurde aus mir und meinem Baby, wenn er einen Unfall hatte oder wenn ich ihn so wütend machte, dass er beschloss, uns nicht mehr durchzufüttern?

»Stell mich als Alex' Mutter ein«, sagte ich. »Du kannst mir den Mindestlohn zahlen, damit ich auf unser Kind aufpasse. Von dem Geld würde ich Essen und Windeln kaufen. Natürlich würde ich auch alle anderen Hausarbeiten erledigen.« *Und ich würde noch Sex drauflegen*, dachte ich.

»Dich einstellen? Das ist doch lächerlich! Nein, ein Kind großziehen ist unbezahlbar. Meine Wertschätzung geht über Geld hinaus«, sagte er.

Vielleicht litt ich an einer postpartalen Depression, und eine Therapie könnte helfen, hatte Levi vorgeschlagen. Seit Monaten bat ich ihn, eine Lebensversicherung abzuschließen. Er sagte: *Morgen, das ist teuer, und ich muss das beste Angebot finden.* Ein Therapeut kostete 80 Dollar pro Sitzung. Er würde 320 Dollar im Monat zahlen, um meine Libido zu steigern, aber keine 100 Dollar im Monat für die Lebensversicherung.

In der Nacht nach meiner ersten Therapiesitzung starrte ich an die Decke, Levi auf mir, meine Beine gespreizt wie ein toter Frosch auf der Straße, und dann kam mir ein Gedanke. Ich würde kein Dach mehr über dem Kopf haben, falls er plötzlich starb. Es tat weh. Die Penetration tat weh. *Die Lebensversicherung wäre wie Gleitgel.* Während mein böser Geist von meiner Seele Besitz ergriff, hielt ich meine Knie mit den Händen gespreizt, um das brennende Gefühl der Reibung von Fleisch auf Fleisch zu ertragen. Mein Gesicht verzog sich, als ich den Schmerz des Dammrisses bei der Geburt meines Sohnes erneut durchlebte.

»Dein Körper verweigert sich mir.« Er hörte auf und ging auf die Toilette. Als ich seinen traurigen Hintern sah, spürte ich ein böses Triumphgefühl in mir aufsteigen.

Zu dieser Zeit war die neueste Obsession meines Mannes, sich tätowieren zu lassen. »Tattoos sind eine Kunstform. Es ist an der Zeit, sie als solche zu akzeptieren«, sagte er. Eines Tages machte er früher Schluss, und als er abends nach Hause kam, sah ich, dass sein Arm in Frischhaltefolie eingewickelt war. »Sieh nur, Schatz! Ist das nicht schön?« Die Tafel mit den Zehn Geboten, so groß wie der Kopf unseres Sohnes, war auf seinen linken Arm tätowiert. »Was hat das gekostet?«, fragte ich. »Schatz, man fragt nicht nach dem Preis von Kunst. Ich frage dich, ob es gut aussieht«, sagte er, und ich dachte, es wäre schön, wenn es eine gerahmte Zeichnung wäre, die wir verkaufen könnten.

»Nächstes Mal lasse ich mir das Gesicht unseres Sohnes auf den anderen Arm tätowieren. Im Gegensatz zu Kleidungsstücken sind Tattoos für immer«, sagte er.

Mein neuestes Kleidungsstück war damals eine Strickjacke vom Discounter. Erst beim Anziehen bemerkte ich, dass der linke Ärmel verkehrt herum angenäht war. Die Naht war ausgehend von der Schulter über den ganzen Arm zu sehen. *Ha! Ich habe keinen linken Ärmel, aber wir haben ein Ärmeltattoo.*

Und tatsächlich hat er das Kunstwerk mit ins Grab genommen.

Würde er heute an meine Tür klopfen, ich würde ihn nicht reinlassen. »Ich will deine Fürsorge nicht. Ich will deine Liebe nicht. Ich will dein Geld nicht. Ich brauche dich nicht.« Das würde ich sagen, bevor ich ihm die Tür vor der Nase zuschlage.

Scheitern

»Bring den Karton zur Recyclingtonne und nimm auf dem Weg den Müll an der Treppe mit«, sagte ich zu Alex, der mit dem Wischen des Bodens fertig war und nun auf seinem Bett lag und ein Comic las. Eins, zwei, ich zählte, wie viele Sekunden er brauchte, um aufzustehen … Zwölf, und er war immer noch nicht aufgestanden.

»Alex, bring sofort den Karton und den Müll runter! Sonst schmeiße ich dein Brettspiel weg.«

Ohne zu antworten, stand er auf, nahm den Karton und ging zur Treppe.

»Vergiss die Mülltüte an der Treppe nicht!«, rief ich ihm hinterher und hörte ihn sagen: »Okay, Mama.«

Wenige Minuten später ertönte das Signal der Waschmaschine, und ich ging nach unten. Als ich die nasse Wäsche zum Trockner trug, entdeckte ich die Mülltüte mit Pfotenmuster unter der Treppe. Ich stopfte die feuchte Wäsche in den Trockner, stellte ihn für sechzig Minuten auf Feinwäsche und schrie: »Aleeeeex!« Mit der Mülltüte in der Hand rannte ich die Treppe hoch. Wir trafen uns im Wintergarten.

»Warum steht der Müll unter der Treppe? Ich habe dir doch gesagt, du sollst ihn wegbringen«, sagte ich und hielt ihm die Tüte vor die Nase.

»Ich weiß es nicht«, sagte Alex.

»Wie kannst du das nicht wissen? Wer sonst sollte den Müll dorthin gestellt haben?«

Er zuckte die Schultern und sah mich gleichgültig an.

»Alex, hast du dir die Hände gewaschen, als du nach Hause gekommen bist?« Ja, Mama. »Ich sehe blaue Farbe auf deinem Handrücken.« »Alex, hast du deiner Lehrerin den Zettel für den Ausflug gegeben?« Ja, Mama. »Ich habe einen Anruf von Miss Smith bekommen. Sie vermisst deinen Zettel für den Ausflug.« »Alex, wasch dir die Haare« – ja, Mama –, »und du kommst mit trockenen Haaren raus. Du lügst mich schon wieder an, Alex. Willst du mich immer anlügen?«

Er sagte: »Nein, nein.«

»Bring bitte den Müll zur Mülltonne.«

Er nahm die Tüte und ging an mir vorbei.

»Und was versteckst du sonst noch unter der Treppe? Hausaufgaben? Hundekacke?«, fragte ich, während seine Schritte immer leiser wurden.

Ich ließ mich im Wohnzimmer aufs Sofa fallen und starrte auf die Fotos, die uns drei zusammen vor unserem alten Haus zeigten, nur ein paar Häuser von unserem jetzigen entfernt. Alex in Levis Armen, wir alle lächelnd, sogar ich. Ich fragte mich, was Levi zu den Lügen seines Sohnes sagen würde, wenn er uns jetzt sehen könnte. Ich fragte mich, ob es ein Fehler gewesen war, wieder nach San Francisco zu ziehen und Alex von seiner Familie in Boston zu trennen.

Ich sah Alex durch die Küche in Richtung Wohnzimmer kommen, hüpfend und summend.

»Ich glaube, ich habe als Mutter versagt«, sagte ich.

Er blieb vor dem Wohnzimmer stehen und begann, im Türrahmen hochzuklettern wie Spider-Man. Oben angekommen, nickte er.

»Was soll ich tun?«

»Ich weiß es nicht.«

»Ich weiß es auch nicht. Ich habe dich zum Lügner erzogen.«

Er streckte eine Hand an die Decke, die andere Hand noch am Türrahmen. »Guck mal, ich bin fast da!«

»Ich verlange doch nicht zu viel, oder?«

»Doch, das tust du.« Er nickte dreimal.

»Dann höre ich auf! Ich werde aufhören, deine Mutter zu sein. Ich werde dich füttern, dich zur Schule bringen und dir sagen, dass du ins Bett gehen sollst. Aber das ist alles. Ansonsten reden wir nicht mehr miteinander.«

Er sah von der Decke auf mich herab.

»In einer halben Stunde fahren wir zum Supermarkt, und ich muss dich mitnehmen, denn wenn ich dich allein zu Hause lasse, werde ich abgeschoben.«

Alex sprang runter, hüpfte in sein Zimmer, drehte sich noch mal um und fragte: »Kann ich auch was kaufen?«

Ich ignorierte ihn.

Im Laden ging ich etwas schneller als sonst. Ich hielt nicht Alex' Hand, und er bat mich auch nicht darum. Auch auf dem Parkplatz tat ich es nicht, sondern gab ihm ein Zeichen, direkt hinter mir zu bleiben. Wir gingen wie eine Entenmutter mit ihrem Küken, nur dass ich heute nicht seine Mutter war.

Aus den Augenwinkeln sah ich, wie er versuchte, Schritt zu halten. Er stieß beinahe mit einer Mutter und ihrem Baby im Einkaufswagen zusammen, duckte sich zwischen zwei Teenagern hindurch und unter dem Verkäufer, der Gläser ins Regal stellte. Ich kenne meinen Sohn. Ich konnte jede seiner Bewegungen sehen, ohne mich umzudrehen. Aber ich wartete nicht auf ihn. Ich war nicht seine Mutter. Ich ging in *meinem* Tempo.

Normalerweise mache ich in der Spielzeugabteilung halt, denn Alex liebt es, sich die Verpackungen anzuschauen und sich vor den Auslagen Geschichten auszudenken. Normalerweise fliegen Alex' Hände durch die Luft, als würde er die winzigen Spielzeugfiguren darin halten. »Zum Mond, nein, zum Mars! Ich bin dein Vater. Nein, bist du nicht!« Seine Welt ist eine Mischung aus seinen Lieblingsfilmen und Zeichentrickserien. Wenn ich ihn ließe, würde er dreißig Minuten oder länger spielen. Er würde dort auf dem Boden hocken, mit leeren Händen. Die Wangen gerötet, während er von Zeit zu Zeit spuckt, um den Klang einer Explosion nachzuahmen. Ich würde hinter ihm stehen und lauschen, versuchen herauszuhören, ob er die Abwesenheit seines Vaters spürte, seine unterdrückten Gefühle, die Traurigkeit, die Leere, die Dinge, die er für sich behielt. Ich wollte wissen, was ich falsch gemacht hatte, was ihm fehlte. Aber seine Welt schien nie in die Realität hineinzuragen.

Er bat mich nie, diese Spielsachen zu kaufen. Mir wurde klar, dass es ihm genügte, sie nur in seinen Gedanken in der Hand zu halten.

Aber an diesem Tag ging ich an der Abteilung vorbei in den Gang mit den Putzmitteln. Als ich dort ankam, merkte ich, dass Alex nicht mehr hinter mir war. Ich ging zurück und schaute in den Lego-Gang. Er war da, wie immer. Ich wollte ihn anschreien: »Alex!«, aber ich durfte ja nicht mit ihm sprechen. Ich stand hinter den Barbiepuppen und beobachtete ihn. Er merkte gar nicht, dass seine Mutter nicht da war. Schließlich kam ich aus meinem Versteck, stellte mich neben ihn und berührte ihn leicht an der Schulter. Er sah zu mir auf. Ich machte auf dem Absatz kehrt, und er versuchte wieder, mit mir Schritt zu halten.

Ich schnappte mir Spülmittel, und als wir an der Kasse waren, griff ich mir auch noch fünf Gutscheinkarten.

»Mama? Darf ich mir von meinem eigenen Geld Kaugummi kaufen?«, fragte er und zeigte mir sein Portemonnaie. Als er mich anlächelte, sah ich zwei große Vorderzähne, viel zu groß für seinen kleinen Mund. Ich wollte zurücklächeln, aber ich durfte nicht. Er legte den Kaugummi auf das schwarze Förderband neben meine Gutscheine. Ich schob ihn an den Rand, aufs unbewegliche Metallteil. Er legte ihn wieder aufs Band, ich nahm ihn runter. Er legte ihn zurück, ich warf ihm einen strengen Blick zu, und er kapierte. Er nahm den Kaugummi und hielt ihn in der Hand.

Die Kassiererin scannte das Spülmittel und fragte mich dann betont langsam: »WIE VIEL SOLL DER GUTSCHEIN WERT SEIN?« Während ich überlegte, wie viel ich ausgeben wollte, sah ich, wie sie Zahlen aufschrieb: *zehn, zwanzig, dreißig?*

»Oh nein, nein. Ich höre gut. Meine Stimme ist in Ordnung, und ich spreche auch Englisch. Ich habe nur versucht, meinem Sohn beizubringen … Für jeden zwanzig, bitte.«

Die Kassiererin legte den Kopf schief und zerknüllte den Zettel. Sie scannte die Gutscheine und packte sie in eine Plastiktüte.

»Und was bekommen Sie, Mister?«, fragte sie Alex. Er kaufte den Kaugummi von seinem eigenen Geld.

Der Food Court war überfüllt, aber wir ergatterten noch einen Platz. Ich fragte Alex nicht, was er wollte, sondern deutete nur auf einen Tisch. Er setzte sich und sagte: »Mama, ich will einen Corn Dog!«

Während ich in der Schlange wartete, reckte ich den Hals, um Alex im Auge zu behalten. Er wippte mit den Beinen und starrte auf einen großen Weihnachtsbaum. Ich hob die Hand, um ihm zu winken, hielt jedoch rechtzeitig inne. Ich fragte mich, ob mein Versuch, nicht mehr seine Mutter zu sein, schon gescheitert war.

Alex begann mit den Kaugummis zu spielen. Er zeigte auf etwas auf der Packung und schien die Wörter darauf laut zu lesen. Er drehte die Packung um und drückte seinen Mund darauf. Dann beschloss er, sie oben auf seinen Lippen zu balancieren. Aus dieser Position heraus streckte er seine Arme in die Luft wie ein Propeller, und die Packung fiel zu Boden. Er hob sie auf, setzte sich wieder hin, starrte die Kaugummis an und begann zu schielen. Ohne sich darum zu kümmern, ob ich seine Sünde bemerkte, steckte er sich schließlich einen in den Mund. *Wir essen gleich zu Mittag!,* wollte ich schreien.

Ich kam mit zwei Corn Dogs, Milch und Wasser an den Tisch zurück. Ich setzte mich Alex gegenüber. Der Geruch des Wassermelonenkaugummis war so stark, dass ich ihn über den Tisch hinweg riechen konnte. Er überlagerte das ganze Essen.

»Gute Neuigkeiten, dieser Kaugummi ist zuckerfrei«, sagte er und hielt mir die Packung unter die Nase.

Ich sah, wie sich sein Kiefer auf und ab bewegte, und die Angst, ihn zu verlieren, stieg in mir auf.

»Zuckerfreie Produkte enthalten schädliche Chemikalien. Man hat zwei Möglichkeiten: Entweder man isst diese Chemikalien und bekommt Krebs, oder man wirft das Zeug weg und lebt länger.«

»Was ist Krebs?«, fragte er.

»Eine Krankheit, die dich tötet. Willst du sterben?«, fragte ich.

Mit hängenden Schultern ging er zum Mülleimer und spuckte den Kaugummi aus.

»Ich schaffe es nicht, einen ganzen Tag lang nicht mit dir zu reden, Alex«, sagte ich, als er sich wieder setzte.

Er nickte.

»Wir sind alles, was wir haben. Wir müssen füreinander da sein. Verstehst du? Also hilf mir, Alex. Was habe ich falsch gemacht, dass du lügen musst?«

Ich sah, wie seine Augenwinkel schimmerten. Sein Mund schloss sich fest, dann öffnete er sich. »Nichts.«

»Dann müsstest du nicht lügen. Siehst du, du lügst schon wieder!«

»Ich mache dich nur wütend, Mama.« Er wechselte ins Englische. »Du schreist mich immer an.«

Ihm traten Tränen in die Augen. Er griff nach seinem Corn Dog, biss hinein und senkte den Blick. Der Lärm der Menge verstummte, als hätte sie die zarte Stimme meines Sohnes gehört. Alex ließ den Kopf hängen. Ich sah den Haarwirbel auf seinem Kopf. »Ja, du hast recht.«

Mein Corn Dog fühlte sich in meinem Mund wie ein Schwamm an, also hörte ich auf zu essen und sah stattdessen zu, wie Alex seinen Corn Dog aß und mit Milch runterspülte. Er erzählte mir von den Spielsachen, die er im Laden gesehen hatte, und welche davon er von Bubbe zu Chanukka bekommen würde. *Mein Kind, mein Kind, ich bin es, die leidet, mein kleiner Liebling.* Ich nickte, als er sprach, aber innerlich hörte ich nur, wie ich schrie.

Wir gingen zurück in den Laden, Händchen haltend. Er hüpfte, wie er es immer tat, wenn er sich auf etwas freute. Wir gingen zurück zur Kasse, um Kaugummi mit echtem Zucker zu suchen. Alex und ich lasen die Nährwertangaben auf jeder Packung im Regal, aber wir fanden keinen.

»Tut mir leid, Alex. Das scheint es gar nicht zu geben«, sagte ich. »Ich habe mich geirrt. Ich bin diejenige, die sich geirrt hat.« Ich sank zu Boden und hielt die Hände vors Gesicht. Ich konnte mich nicht mehr ertragen. Ich wollte all die Male zurücknehmen, die ich ihn angeschrien hatte, von seiner Geburt bis jetzt. Wie konnte ich den einzigen Menschen in meinem Leben verletzen, der mir etwas bedeutete?

»Schon gut, Mama.« Er hockte sich neben mich, streichelte mir über den Kopf und sagte: »Alles ist gut.«

Nukegara

Wir radeln durch den Wald, begleitet von einem lauten Chor von Zikaden.

»Ich wette, hier finden wir sie leicht«, sage ich zu meinem Sohn hinter mir im Kindersitz.

»Ja, aber die sind auch braun.«

Hier in Japan hatte er zum ersten Mal Zikaden gesehen. Wir leben in einer Stadt, in der es im Sommer zu kühl für sie ist und im Winter zu warm.

»Keine Sorge. Früher konnte ich das gut«, sagte ich.

Die Sommer meiner Kindheit verbrachte ich im Elternhaus meiner Mutter in Kumamoto. Damals steckte meine Großmutter noch voller Energie. Sie hatte keine Hobbys, außer mit ihren Nachbarn zu plaudern. Sobald sie gefrühstückt hatte, ging sie ihre Freundinnen besuchen. Wenn die Mittagssirene in der Stadt ertönte, öffnete sich die Haustür, und ehe ich michs versah, stand meine Großmutter in der Küche und bereitete für sich und ihren Mann das Mittagessen zu. Sie aßen zusammen, und nur die Kaugeräusche leisteten ihnen Gesellschaft. Jedes Geschirrstück, das sie leerten, trug sie sofort zur Spüle, wusch es ab, immer noch kauend, und setzte sich dann wieder neben ihren Mann. Wenn alles sauber war, sagte sie nur: »Ich gehe jetzt.« Dann ging sie wieder plaudern, bis die Fünf-Uhr-Sirene ertönte.

Mein Großvater, der blind war, ging oft den ganzen Nachmittag an der Mauer entlang und rief den Namen meiner Großmutter. Er schrieb ein Haiku:

Ein schöner Herbsttag
Meine umtriebige Frau
Nirgends zu sehen

Meine Mutter schrieb dieses Haiku mit einem Pinsel nieder. Es hängt noch immer an der Wand hinter meinem alten Schreibtisch, neben einem verblichenen Poster von Audrey Hepburn.

Vom Tod meines Großvaters erfuhr ich erst viel später. Meine Mutter rief mich eines Abends an und erzählte mir davon, als ginge es um die Hochzeit einer Cousine.

»Wann ist er gestorben?«

»Vor drei Monaten. Ich habe es dir nicht gesagt, weil ich dachte, du wärst zu sehr mit deinem Studium beschäftigt. Ich wollte nicht, dass du dich schuldig fühlst, weil du nicht nach Hause kommen konntest.«

Ich habe nicht erlebt, wie mein Großvater schwächer wurde. In meiner Erinnerung läuft er immer noch an der Mauer entlang und ruft den Namen meiner Großmutter – gesund und fröhlich. Ich war froh, dass ich sein Haiku behalten hatte.

Meine Großmutter wurde immer schwächer, nicht weil ihr Mann gestorben war, sondern weil ihr Gebiss nicht mehr passte und sie Schmerzen beim Essen hatte. Sie zog zu meinen Eltern und lebte dort als kranke alte Frau. Sie lebte jeden Tag in freudiger Erwartung ihres Todes. Aber laut ihrer Ärztin war sie kerngesund, und sie sagte zu meiner Großmutter, dass sie sich wünschte, all ihre Patienten würden sich so gut um sich selbst kümmern wie sie.

Noch vor Sonnenaufgang gingen mein Sohn und ich in den Wald, um einen Elefantenkäfer zu fangen. Am Wochenende schwammen wir in einem riesigen Schwimmbecken, das zum Vergnügungspark gehörte.

Für meinen Sohn war jeder Tag eine neue Entdeckung. Nicht so für meine Großmutter. Wenn wir mit ihr sprachen, ging ihr Blick an uns vorbei, als würde dort etwas Besseres auf sie warten. Die einzige Veränderung, die unser Besuch in ihr Leben brachte, war, dass sie nun warten musste, bis sie ins Bad konnte.

Ich kann mich nicht erinnern, dass sie während unseres Besuches auch nur ein einziges Mal gesprochen hat. Ihre Stimme existierte nur in meiner Erinnerung. Wofür war sie so gesund geblieben?

»Lass uns eine Zikade suchen.« Ich stellte mein Fahrrad ab.

»Aber ich sehe sie nicht«, sagte Alex.

»Mama kann sie finden«, sagte ich.

Obwohl die Zikaden schrien, fand ich keine einzige. Sie waren unsichtbar.

Sie haben nur eine Woche zu leben: Welche Zikade wäre so lebensmüde, im untersten Teil eines Baumes zu schreien? Wenn ich keine finde, könnte mein Sohn zu einem Mann heranwachsen, der leicht aufgibt. Ich suchte weiter, für meinen Stolz und für die glänzende Zukunft meines Sohnes.

»Schau, eine Nukegara.« Ich nahm sie in die Hand und zeigte sie ihm.

»Ist das eine Zikade?«

»Nein, das ist die Hülle, in der die Zikade lebt, bevor sie erwachsen wird, wie der Kokon eines Schmetterlings. Das Haus, in dem sie aufwächst. Halt mal.«

Er berührte sie mit dem Nagel seines Zeigefingers. Die Schale rollte in meiner Handfläche.

»Nein, ich will nicht.«

»Warum nicht? Hast du Angst?«

»Ja.«

»Keine Sorge. Sie bewegt sich nicht.«

»Ich weiß.«

»Man findet sie noch seltener als eine lebende.« Das war natürlich gelogen, denn jede Zikade hat ihre Nukegara.

»Sie ist hohl. Das ist gruselig.«

Ich ließ sie fallen, und die braune Hülle verschmolz mit ihrer Umgebung.

Der Zikadenchor wurde lauter.

Wir setzten unsere Radtour durch den Wald fort.

»Zikaden leben sieben Jahre unter der Erde, wie ein Baby im Bauch. Dann kommen sie heraus und leben in der Hülle, bevor sie sich in eine Zikade verwandeln und wegfliegen, also war das keine tote Zikade«, sagte ich.

»Sie kehren nie zurück?«

»Niemals.«

»Warum?«

»Weil sie dort nicht mehr hineinpassen.«

»Wo ist denn ihr Zuhause?«

»Sie haben keins.«

»Kein Zuhause?«

»Kein Zuhause.«

Freier Auslauf

Die abgestorbene Haut meines Bruders zerbröselte unter der Handfläche meiner Mutter, als sie seinen Rücken mit der violetten Salbe einrieb. Es ist eine ganz besondere Salbe, hatte meine Mutter mir erzählt, die Feuchtigkeit spendet und Wunden heilt. Sie riecht lecker, wie geröstete Sesamkörner, sagte ich scherzhaft, und sie antwortete, sie enthalte tatsächlich Sesamöl.

Mein Bruder wohnte bei meinen Eltern, wie viele seiner unverheirateten Freunde. Er hatte die japanische Eliteuniversität mit Auszeichnung abgeschlossen, als Berater bei einem der angesagtesten Tech-Start-ups in Tokio angefangen und erst letztes Jahr den Good Design Award gewonnen. Anders als seine Freunde unterstützte er meine Eltern mit tausend Dollar im Monat und zahlte gleichzeitig seinen Studienkredit ab. Dieser Mann, mein Bruder, saß nackt, nicht einmal mit einem Handtuch bekleidet, vor mir, seinem Neffen und seiner Mutter, die Beine übereinandergeschlagen.

»Ich kann nicht glauben, dass man sogar hier *Neurodermitis* bekommen kann«, sagte meine Mutter, während sie seinen Penis sanft zur Seite schob, um seine Hoden einzucremen. Mein Bruder sagte nichts – morgens war er zu müde zum Sprechen.

Sein Penis war rau und trocken, mit unzähligen Rissen und Falten, wie ein Elefantenrüssel, nur nicht grau. Sein ganzer Körper war rot, weil die Haut entzündet war und er sich im Schlaf blutig gekratzt hatte. Ich versuchte, mir meinen Bruder als roten Elefanten vorzustellen, den Rüssel zwischen den Beinen, obwohl sein Kopf noch auf seinem Hals thronte. Es ergab keinen Sinn, aber seine Krankheit ergab für niemanden einen Sinn, nicht einmal für seinen Arzt.

»Du hast Glück«, sagte meine Mutter zu meinem Bruder, »denn solange du lange Ärmel trägst, sieht niemand deine Haut.« Sie wischte die abgestorbene Haut meines Bruders ab.

»Nein, weil ich gut in dem bin, was ich tue, und nur das zählt«, sagte er.

»Wenn du dein Hemd anziehst, siehst du aus wie alle anderen«, sagte meine Mutter.

An den Füßen meines Bruders sah ich rote Punkte, als hätte jemand eine verzerrte Version der amerikanischen Landkarte darauftätowiert; die Neurodermitis war auch dort angekommen. Mein Bruder klopfte sich immer wieder an den Hals. Er wusste, Kratzen würde es nur schlimmer machen, und selbst wenn er sich kratzen wollte, konnte er es nicht. Er schnitt seine Fingernägel so kurz, dass wir das weiche Gewebe zwischen den Nägeln und den Fingern berühren konnten.

Es war ein heißer, schwüler Morgen. Die Klimaanlage lief seit fünf Uhr. Mein Bruder stellte den Ventilator auf die höchste Stufe, und Alex drehte den Fernseher lauter.

»Hey, Zeit fürs Frühstück. Mach den Fernseher aus«, sagte ich.

Er seufzte und setzte sich in Zeitlupe an den Tisch. Als der Fernseher aus war, hörte sich der Ventilator noch lauter an.

»Wann holst du mich ab?«, fragte Alex in seinem perfekten Japanisch.

»Wie gestern, um zehn vor drei«, antwortete ich.

»Oh Maaaann.« Alex stach mit der Gabel in sein Spiegelei. Das Eigelb lief an der Seite heraus. »Wann sind die Sommerferien endlich vorbei?«, fragte er.

»Wovon redest du? Wir gehen zelten, Kanu fahren und so weiter. Außerdem hast du das große Glück, zwei verschiedene Schulen in zwei verschiedenen Ländern zu erleben. Dieses Privileg hat sonst niemand«, sagte ich.

»Nun, Dylan schon, und Mayo, und Kai auch.«

»Die sind auch Japaner. Ich meine deine anderen Freunde.« Ich warf ihm einen strengen Blick zu, der keine weitere Diskussion duldete.

Wir waren in Japan, um meine Familie zu besuchen. Anders als in Amerika gehen die öffentlichen Schulen in Japan bis Juli. *Wir begrüßen kulturelle Vielfalt, Diversität und Globalisierung!*, hatte der Direktor gesagt, als ich ihn fragte, ob Alex in den letzten vier Wochen vor den Sommerferien am Unterricht teilnehmen könnte, um etwas über seine Kultur zu lernen und neue Freunde zu finden.

In den letzten beiden Jahren hatte es Alex gefallen, aber in diesem Jahr beklagte er sich, als wäre ihm aufgegangen, dass er jahrelang um seine Sommerferien betrogen worden war. Er hatte recht, obwohl ich nicht ganz unrecht hatte. Zumindest redete ich mir das ein.

»Fertig«, sagte meine Mutter und tätschelte meinem Bruder den Nacken.

Mein Bruder ließ den Hals knacken und zog sich an. Jetzt sah er aus wie alle anderen jungen Geschäftsmänner auch.

»Du musst los. Verabschiede dich von deinem Onkel und deiner Oma«, sagte ich zu Alex.

Alex umarmte meine Mutter, dann winkte er meinem Bruder und gab mir einen Kuss auf die Wange. Ich sah ihm vom Fenster aus nach, bis die kleine Gruppe die erste Ampel überquerte. Selbst von der Wohnung meiner Eltern im fünften Stock sah ich, wie Alex die Schultern hängen ließ.

»Alex hat dieses Jahr keinen Spaß in der Schule«, sagte ich zu meiner Mutter.

Mein Bruder war zur Arbeit gegangen, und mein Vater hatte das Haus schon verlassen, bevor ich überhaupt aufgestanden war. Endlich war sie an der Reihe zu essen.

»Es ist Schule, niemand mag Schule«, sagte meine Mutter und schlürfte ihre Miso-Suppe.

»Ich weiß.« Ich seufzte.

»Du sprichst Japanisch mit ihm, und er antwortet dir auf Japanisch, sogar in Amerika. Was erwartest du noch von ihm? Er muss nichts Neues lernen. Er geht nur hin, um mit Gleichaltrigen zusammen zu sein. Außerdem, was willst du mit ihm zwei Monate lang machen, nur ihr beide? *Du* würdest durchdrehen.«

»Ich weiß. Aber …«

»Lass ihn leiden. Lass ihn sich beschweren. Lass ihn allein klarkommen. Er ist neun. Ihm geht es gut. Du hingegen brauchst Urlaub. Lass dir die Haare schneiden, geh shoppen, und wo sind eigentlich deine Augenbrauen? Die Leute halten uns für Schwestern, und das ist kein Kompliment. Kümmere dich um dich.«

»Du hast recht.« Während ich das sagte, nahm ich fünf Fläschchen mit Nahrungsergänzungsmitteln aus dem Regal am Esstisch und reihte sie vor mir auf; die Etiketten waren auf Chinesisch, das weder meine Mutter noch ich lesen konnten.

»Erinnerst du dich?« Sie deutete mit ihren Essstäbchen auf die grüne Flasche: »Vor vier Jahren hat ihn diese magische Pille geheilt.« Sie nickte mehrmals, während sich ihre Augen weiteten.

»Vielleicht sind die schon abgelaufen«, sagte ich und sah auf dem Boden der Flasche nach.

Meine Mutter legte ihre Essstäbchen auf den Tisch. Sie kippte ihre Gurkenbeilage in die halb volle Miso-Suppenschale und stapelte die Reisschale darauf. Der weiße Reishaufen sah aus wie eine Schneeburg. Wieder einmal aß sie nicht auf.

»Weißt du, bei dieser Krankheit muss man erst den Tiefpunkt erreichen, bevor es einem besser geht.«

Mein Bruder badete jeden Morgen in lauwarmem Wasser mit Vitamin-C-Pulver. Er sagte, in der Badewanne fühle er sich am wohlsten. Oft schlief er dort ein, bis einer von uns ihn weckte. Nach dem Bad ging er direkt ins Wohnzimmer, stellte den Ventilator auf die niedrigste Stufe und versprühte das Spezialwasser. Der Wind des Ventilators verteilte den Geruch nach Schwimmbad. Sobald das Wasser getrocknet war, beendete meine Mutter die Zubereitung seines Frühstücks und kam mit ihrer violetten Salbe aus der Küche. Das war seit zwei Jahren ihr Ritual.

»Du hast Glück«, sagte meine Mutter zu meinem Bruder, »weil du nicht so früh zur Arbeit musst.«

»Nein, weil ich meine Arbeit liebe«, murmelte er.

Alex beeilte sich heute mit dem Frühstück. In der ersten und zweiten Stunde hatte er Schwimmen, sein Lieblingsfach. Als ich Alex' Rucksack öffnete, um seine Badehose und sein Handtuch einzupacken, fand ich seine Mappe, die seit zwei Tagen verschwunden gewesen war. Darin befanden sich mehrere Dokumente aus der Schule: eine mit Sechs bewertete Arbeit, ein leerer Aufsatz, nur mit seinem Namen auf Englisch unterschrieben, als wolle er damit seine amerikanische Herkunft unterstreichen, und dazwischen ein ordentlich gefalteter Zettel, der herausfiel.

»Mama, seine Lehrerin macht sich Sorgen«, sagte ich zu meiner Mutter.

»Bist du nicht froh, dass sie nicht seine richtige Lehrerin ist?« Meine Mutter verrieb die Salbe auf dem Rücken meines Bruders und sagte: »Die trockene Stelle ist weg. Es ist verheilt.«

»Ich weiß. Aber schau dir meine Augenlider an.«

Meine Mutter stellte sich vor ihn. »Man sieht es«, sagte sie.

»Ich kann nicht mit einem lila Gesicht zur Arbeit gehen«, sagte er und lachte verhalten. Mein Bruder stand auf, um die Cortisoncreme aus dem Kühlschrank zu holen.

Die schwüle Luft störte in dieser Nacht meinen Schlaf. Alex und ich schliefen im Tatami-Zimmer neben dem Wohnzimmer, und ich hörte die gedämpften Stimmen meiner Eltern.

»Warum?«, hörte ich meine Mutter sagen.

»Weil es ihn nicht umbringen wird«, sagte mein Vater.

»Aber es geht ihm schon besser«, sagte sie und schlug auf den Tisch, dass das Geschirr klapperte. Ich hielt Alex mit dem Arm die Ohren zu. Langsam drehte ich mich zum Wohnzimmer. Es war schon nach zwölf. Mein Vater aß noch ein spätes Abendessen.

»Aber deine Gesundheit«, sagte mein Vater.

»Es gibt eine Kassiererin im Rainbow Market, die eine Maske mit Blumenmuster trägt«, sagte meine Mutter. »Ich erinnere mich noch an ihren ersten Arbeitstag. Sie war erst achtzehn Jahre alt und gerade mit der Schule fertig. Ich erinnere mich so gut an diesen Tag, weil sie so nett war und im gleichen Alter wie Daichi. Ich bemerkte die trockene Haut um ihre Augen und dass sie ständig blinzelte. Ich bemerkte auch die entzündete Haut an ihrer Hand, als sie mir das Wechselgeld gab. Inzwischen sind zehn Jahre vergangen. Jeden Tag, bevor ich den Laden betrete, bete ich, dass sie nicht mehr da ist, dass sie endlich jemanden gefunden hat, der sie trotz ihrer Krankheit liebt. Aber sie ist noch da, so freundlich wie immer, das Gesicht versteckt unter der Maske.«

»Das wird schon. Die Firma liebt ihn, er hat den Preis gewonnen, und sein Telefon klingelt ständig, weil die Headhunter ihn haben wollen.«

»Erzähl mir nicht, du hättest noch nie diese Leute gesehen, die nur da sind, um dir Papier und Bleistift zu bringen – Leute, die man nicht feuern kann, die man aber auch nicht gebrauchen kann. Wenn er auch nur einen Fehler macht, schickt ihn seine Firma in die Poststelle. Dort wird er den ganzen Tag Briefmarken ablecken, bis ihm die Zunge an den Vorderzähnen klebt. Kannst du dir das vorstellen? Unser Junge, mein süßer, kluger Junge, mit einunddreißig Jahren, in der besten Zeit des Lebens, in einem kalten, dunklen, muffigen Büro? Er wird keine Frau, kein Kind, kein Haus und keine Freunde haben. Den ganzen Tag leckt er Briefmarken ab, dann geht er nach Hause zu seinen alten Eltern. Was bleibt ihm noch, wenn wir ihm seine Arbeit wegnehmen? Willst du, dass er jeden Tag mit hängendem Kopf nach Hause kommt? Ich nämlich nicht, und wenn ich es versuche, dann …«

»Es geht ihm gut. Das wissen wir.«

»Wag es nicht, mich aufzuhalten. Es geht ihm besser. Jeden Tag ein bisschen.«

»Dann pass bitte auf dich auf. Das ist alles, worum ich dich bitte«, sagte mein Vater.

Ich wollte von draußen bei Alex' letzter Stunde zuschauen, aber die Lehrerin entdeckte mich im Flur.

»Ich wollte sehen, ob er in der Klasse Ärger macht.«

»Ach so. Nein, er macht keinen Ärger. Es ist nur so, dass Alex in der Schule keinen Spaß zu haben scheint, und das kann ich gut verstehen. Mir ginge es genauso, wenn ich an seiner Stelle wäre.«

»Ich weiß, dass er in Mathematik und Naturwissenschaften nicht so gut ist wie andere Kinder, aber er mag Schwimmen und

Kunst, das Mittagessen und mit anderen Kindern zusammen sein.«

»Alex stört nicht, und meine Schüler lieben ihn, ich denke nur daran, was das Beste für Alex ist. Vielleicht gibt es einen besseren Weg, ihm die japanische Kultur nahezubringen … Sie wissen schon, mit Ihnen und Ihrer Familie.«

Als ich den Blick senkte, entdeckte ich ihren Ehering, schlichtes Silber mit einem winzigen Diamanten, und ich stellte mir ihr Leben außerhalb der Schule vor. Ihr Mann kommt nach Hause, küsst sie und fragt, wie ihr Tag war. Sie erzählt ihm, dass sie einen Jungen aus Amerika hat, dessen Mutter ihn einfach in der Schule abgibt. Obwohl sie die Mutter darauf hinweist, dass das Kind nicht gerne dort ist, hört die Mutter nicht auf sie. Er sagt also: »Die Eltern von heute wissen nicht, was für Kinder wichtig ist.« Sie stimmt ihm zu. Sie sind sich einig, dass sie, wenn sie beide Kinder haben, immer auf ihre Kinder hören werden. *Sie beide* … Es wäre nicht allein die Schuld der Lehrerin, wenn ihr Kind verkorkst ist. Es wäre ihre Schuld und die ihres Mannes. Sie ahnt nicht, dass, wenn mein Kind verkorkst ist, alles auf mich allein zurückfällt.

»Wie wäre es, wenn ich ihn nach dem Mittagessen abhole«, sagte ich, »sodass er die fünfte Stunde ausfallen lassen kann? Denn Alex isst so gerne in der Schule. Das ist seine Lieblingszeit.« Mein Herz klopfte, und ich spürte, wie der Druck in mir wuchs. Trotzdem schaffte ich es, mit sanfter, pathetischer Stimme zu antworten.

Nach einer langen Pause öffnete sie den Mund. »Wenn Sie darauf bestehen, natürlich, kein Problem. Wie gesagt, er stört nicht. Ich denke nur daran, was das Beste für Alex ist.« Sie hielt inne, lächelte und sagte: »Und ich hoffe, Sie auch.«

Ich hatte keine Lust, sofort nach Hause zu fahren, also hielt ich an einem Park, der um diese Tageszeit leer war – nur ein paar alte Leute, die Tauben fütterten. Ich kletterte auf ein Spielgerüst. Von dort aus sah ich die Wohnung meiner Eltern, das Haus meiner ehemaligen Klavierlehrerin und die Reisfelder. Dieser Park war früher ein verlassenes Baseballfeld, und ich kam immer mit meinem Bruder her, um Heuschrecken und Gottesanbeterinnen zu fangen. Wenn uns zu langweilig wurde, bespritzten wir uns im Reisfeld gegenseitig mit Schlamm. Am nächsten Tag machten wir die gleiche Runde: zum Baseballplatz, zum Reisfeld und wieder zurück zum Baseballplatz. Einmal haben wir sogar eine streunende Katze mit einem gebrochenen Bein gerettet. Wir waren damals wohl sieben und vier Jahre alt. Als ich ihr das gebrochene Bein schiente, klammerte sich die Katze an meinem Bein fest. Ihre Krallen bohrten sich so tief in meine Wade, dass sie sich verhakten. Die Katze und ich versuchten, voneinander loszukommen. Ich hüpfte weinend auf einem Bein, und die Katze hüpfte auf drei Beinen. Als die Krallen der Katze sich endlich lösten, war mein Gesicht voller Tränen und Rotz, und ich sah ein Dreieck aus blutigen Punkten auf meiner Wade. Ich rannte zum Brunnen und drückte die Wunde unter dem fließenden Wasser aus. Von Weitem sah ich meinen Bruder auf die Katze zeigen, die sich die Krallen leckte. Die Katze lief davon, als wäre das Bein nie gebrochen gewesen. Als wir den Hintern der Katze sahen, den Schwanz aufgerichtet wie ein Spazierstock, lachten wir uns kaputt.

Wir hatten alles, was wir brauchten: das Reisfeld, die streunende Katze und die Freiheit, Unfug anzustellen. Diese verwöhnten Kinder in San Francisco würden nie verstehen, wieso man eine streunende Katze retten wollte und wie der Schmerz der Zurückweisung sich innerhalb einer Sekunde in eine Komödie verwandeln kann. Ein Elternteil würde die Katze entdecken und ihr helfen, bevor die Kinder es konnten. Amerika ist nicht das Land der Freiheit, jedenfalls nicht für Kinder.

In den nächsten zwei Wochen verlief unser Leben in ruhigen Bahnen. Alex schwänzte drei Tage die Schule, um mit meinem Vater und seinen Freunden zelten zu gehen. Fast jeden Tag klingelten Alex' Klassenkameraden nach der Schule an unserer Tür, und sie spielten gemeinsam im Park. Einmal kam er völlig durchnässt nach Hause und erzählte mir, dass er die beste Wasserbombenschlacht seines Lebens gehabt hatte. Alles lief gut. Als ich dann das blinkende Licht auf dem Telefon meiner Eltern sah, dachte ich mir nichts dabei.

Seine Lehrerin hatte mir eine Nachricht hinterlassen, dass Alex in der Pause aus Frust über den Matheunterricht sein Schulbuch geworfen und dabei versehentlich das Mädchen neben ihm getroffen hatte. *Dem Mädchen ist nichts passiert, und Alex hat sich bei ihr entschuldigt. Ich wollte es Ihnen nur sagen, weil er so etwas noch nie gemacht hat.*

»Vielleicht war es ein Fehler, Alex zur Schule zu schicken. Die japanische Schule könnte ihn traumatisiert haben«, sagte ich zu meiner Mutter.

»Dann sind wir alle am Arsch«, sagte sie aus der Küche. »Japan wurde von einem traumatisierten Volk aufgebaut.«

»Es sind unsere Sommerferien. Es soll doch Spaß machen. Was mache ich nur?«, sagte ich und legte meine Stirn auf den Tisch.

Meine Mutter hackte Zwiebeln, und das rhythmische Geräusch schien nicht enden zu wollen, bis sie schließlich sagte: »Kannst du einen zusätzlichen Stuhl aus Daichis Zimmer holen? Die Firma hat seine Arbeitszeit verkürzt. Er kommt früher nach Hause.«

Später am Abend recherchierte ich im Wohnzimmer, wie andere Eltern die Sommerferien mit ihren Kindern verbringen. Offenbar engagierten reiche Eltern Kindermädchen und nahmen sie mit nach Europa, und alleinerziehende Eltern, deren eigene Eltern nicht in der Nähe wohnten, machten während des Schuljahres Überstunden, um Geld fürs Sommercamp zu sparen, damit sie ihren Job nicht verloren. Denn wenn man in Amerika seine Kinder unbeaufsichtigt draußen spielen lässt, wird man beim Jugendamt angezeigt.

Und das bedeutete für mich Abschiebung!

Ich klappte meinen Laptop zu. Es war nach eins, als ich ein Geräusch im Flur hörte. Jemand kam aus dem Badezimmer.

Die Wohnzimmertür ging auf, es war mein Bruder.

»Hey, was ist los?«, fragte ich.

»Ich lass mir ein Bad ein.«

»Juckt es so sehr?«

Er nickte und sagte: »Ich gehe trotzdem am Sonntag mit Alex in den Vergnügungspark.«

»Keine Sorge, wenn es dir nicht gut geht, kann ich mit Alex gehen.«

Er nickte wieder und setzte sich auf den Boden vor den Ventilator, wo er morgens immer saß.

»Mir ist nicht wichtig, wie ich aussehe«, sagte mein Bruder, »oder vielleicht doch, wenn es im Gesicht anfängt, nicht nur auf den Augenlidern, sondern auch auf den Wangen, der Stirn und den Ohren. Keine Ahnung, ich glaube nicht. Nicht so wie Mama. Aber wenn es juckt, kann ich nicht schlafen, und wenn ich nicht schlafen kann, kann ich nicht arbeiten. Es macht so viel Spaß, mit anderen zusammen etwas aus dem Nichts zu erschaffen, weißt du? Zuerst eine Kundenanfrage, dann Ideen, ein Entwurf, ein Prototyp, und schließlich launchen wir die Website. Verstehst du, was ich meine?«

Ich nickte, obwohl ich keine Ahnung hatte, wie es war, etwas aus dem Nichts zu erschaffen. Am ehesten passte das vielleicht auf Alex, aber niemand hatte uns gebeten, ihn zu erschaffen. Levi und ich wollten ihn.

»Weißt du, wo Mama die Schlaftabletten aufbewahrt?«, fragte er.

»Alle Medikamente liegen eigentlich neben der Teekanne«, sagte ich und ging in die Küche.

Mein Bruder folgte mir, und wir suchten leise im Dunkeln nach den Tabletten, um niemanden zu wecken.

»Weißt du, wie man die nimmt?«, fragte ich.

»Ja, ich habe sie schon mal genommen.«

»Willst du sie nehmen und dann baden?«

Er nickte.

»Du wirst doch nicht ertrinken, oder?«, fragte ich.

»Ich glaube nicht«, sagte er.

»Lass die Badezimmertür offen.«

Er lachte leise und sagte: »Das rettet mich wohl kaum vor dem Ertrinken.«

»Ich fühle mich besser, wenn ich sehe, dass das Licht an ist.«

Er zuckte die Schultern und schluckte die Pille. »Erzähl Mama nichts davon.«

Ich nickte.

Er ging ins Bad, schaltete das Licht an und ließ die Tür offen. Ich blieb noch etwa eine Stunde sitzen, und als sein Schatten hinter der milchigen Duschtür auftauchte, ging ich schlafen.

In Amerika hatte mir Alex' Lehrerin erzählt, dass Alex sehr gut lesen könne. Er sei Experte für Lückentexte, leicht zu begeistern und stecke voller Neugier. Seiner Lehrerin zufolge war er ein aufgewecktes Kind mit einer glänzenden Zukunft.

Es hatte noch nie einen amerikanischen Präsidenten gegeben, der Japanisch sprach. Mehr als fünfzig Millionen Menschen sahen heutzutage in den USA japanische Anime-Serien, und wie viele von ihnen sprachen die Sprache? Alex sprach akzentfrei Japanisch, mehr als genug, um Essen aufzustöbern und nach der Toilette zu fragen. Vielleicht konnte er seine eigene streunende Katze finden, allein, in *seinem* fremden Land, und was schadete es, wenn er den ganzen Tag Zeichentrickserien schaute?

»Hey, Alex. Weißt du, dass man nur ein Mal neun ist?«

»Ja.« Alex trug immer noch seinen Schlafanzug, lag auf dem Bauch und lachte, während er in seinem Comicbuch blätterte.

»Das Leben kann ungerecht sein. Manche Menschen werden reich geboren, andere mit unheilbaren Krankheiten, aber alle haben die gleiche Anzahl Stunden am Tag. Insofern sind wir alle gleich, und es liegt an uns, wie wir unsere Zeit verbringen.«

»Das stimmt nicht ganz, Mama. Kennst du die Relativitätstheorie?« Alex wechselte ins Englische. »Einstein hat rausgefunden, dass Zeit relativ ist – das heißt, die Geschwindigkeit, mit der die Zeit vergeht, ist relativ zu deinem ›Bezugsrahmen‹.« Alex zeichnete Gänsefüßchen in die Luft. »Das heißt, nichts ist absolut. Alles hängt von der Position des Beobachters ab, von seiner Zeit und seinem Raum. Oder von seiner Stimmung.«

»Was? Welche Theorie?«

»Sieh es doch mal so.« Er wechselte für mich zurück ins Japanische. »Im Schwimmunterricht vergeht die Zeit schnell, aber in Mathe zieht sie sich wie ein Kaugummi.«

»Wow, das hast du gut gesagt. Ich wollte dich sowieso fragen, ob du mit der japanischen Schule aufhören willst?«

Er sah mich an, als würde ich ihm Zuckerwatte zum Frühstück anbieten. »Klar«, sagte er. Alex fing an, die Titelmelodie von *Star Wars* zu summen. Ich legte mich neben ihn.

Plötzlich hob sich die Last der Verantwortung von meinen Schultern, und ein neues Freiheitsgefühl stieg in mir auf. Ja, es gab kein Land der Freiheit, aber ich konnte meinen Geist von den eigenen Selbstbeschränkungen befreien. Ich summte die Titelmelodie mit, so laut ich konnte.

»Du musst etwas essen, Alex«, rief meine Mutter aus der Küche.

»Nein, nicht nötig. Wir schmeißen hin«, sagte ich.

»Ja, wir schmeißen hin«, sagte Alex.

»Was meint ihr damit?«

»Relativitätstheorie«, sagte Alex.

»Ich befreie meinen Geist«, sagte ich.

Mit einem Messer in der Hand kam meine Mutter aus der Küche und schrie: »Kinder ändern ständig ihre Meinung. Du entscheidest, was du für deine Kinder willst. Hör nicht auf dein Kind!«

Alex und ich setzten uns mit geradem Rücken auf.

Er sah mir ins Gesicht, dann in das meiner Mutter, dann wieder in meins und sagte. »Oh-oh.«

»Alex! Zieh dich an. Du gehst jetzt in die Schule«, sagte meine Mutter.

Alex zog sich an, aß ein Stück Toast, trank einen Schluck Milch, putzte sich die Zähne und ging zur Tür hinaus. Den ganzen Sommer über war er morgens noch nie so schnell gewesen.

Vom Fenster aus sah ich, wie zwei Kinder auf ihn zukamen. Die drei fingen einen Schwertkampf mit ihren Regenschirmen an, und ich konnte ihn bis in den fünften Stock lachen hören. Kopfschüttelnd kehrte ich ins Wohnzimmer zurück.

»Ich hab immer noch keine Ahnung, was ich tue, Mama. Ich habe niemanden, mit dem ich mich beraten kann. Ich bin bei Erziehungsfragen ganz allein.«

»Ist es das, was dich belastet? Nur das? Egal, wie viele Eltern ein Kind hat, zwei oder zehn, jeder Elternteil hat seine eigenen Probleme. Schmerz lässt sich nicht durch die Anzahl der Eltern teilen. Egal ob Schmerz oder Freude, es sind *deine* Gefühle. Verstehst du, was ich meine? Niemand weiß, was er tut. Glaubst du, seine Lehrerin weiß es? Glaubst du, deine Freundinnen wissen es? Glaubst du, dein Vater weiß es? Glaubst du, *ich* weiß es? Tun wir nicht. Alex ist erst neun Jahre alt, und das bedeutet, dass du als Mutter auch erst neun bist. Und glaub mir, wenn du ein zweites Kind bekommst, fängst du wieder bei null an. Ich sage dir die Wahrheit, denn wenn ich Expertin wäre, warum wäre Daichi …«

Die Tür ging auf, und mein Bruder kam ins Wohnzimmer. Er schaltete mit dem Zeh den Ventilator an, sprühte sich ein und setzte sich wie immer auf sein Kissen. Wie immer … nur dass sein Körper seltsam glänzte. Sein Rücken war nicht mehr rot, sondern grau, und ein trüber gelber Ausfluss breitete sich darüber aus wie ein Spinnennetz. Jedes Mal, wenn er sich den Nacken wischte, nässten die Wunden, eine Lava aus Eiter floss heraus. Mein Bruder, dem es verboten war, sich zu kratzen, zappelte, als ob Ameisen in ihm herumkrabbelten. Er versuchte, aus seinem Körper zu entkommen. Ich grub meine Fingernägel in meinen Arm, um mich stellvertretend für ihn zu kratzen, und schaute zu meiner Mutter.

Sie weinte.

Der Ventilator ratterte, und sie zog sich in die Küche zurück. Und ich starrte weiter auf den grotesken Rücken meines Bruders.

»Das ist gut. Es wird besser«, sagte sie, als sie mit dem Salbentiegel in der Hand neben mir stand. Sie klang ruhig, genau wie gestern, vorgestern und damals, als wir kleine Kinder waren, die Heuschrecken jagten.

Sie ging zu ihrem Sohn und begann ihr Ritual.

»Ich ziehe aus«, murmelte mein Bruder.

»Wohin?«

»In die Wohnung meines Freundes in Shinjuku. Er zieht für eine Weile ins Silicon Valley. Er hat gesagt, dass ich umsonst bei ihm wohnen kann.«

Es gab eine Reihenfolge in ihrem Ritual, zuerst sein Rücken, seine Taille, dann seine Arme. Nach und nach wurde mein Bruder lila.

»Für wie lange?«

»Ein Jahr, vielleicht länger.«

»Ein Jahr … oder länger.«

Er streckte seine Beine aus, und meine Mutter cremte seinen Penis, seine Hoden und seine Oberschenkel ein.

»Seien wir ehrlich, Mama, besser wird's nicht«, sagte mein Bruder. Seine Stimme war klar und direkt. Selbst von hinten wusste ich, dass er meiner Mutter ins Gesicht sah. Und obwohl sie seinem Blick ausweichen wollte, konnte sie es nicht, denn sie musste noch seine Augenlider eincremen.

界面 (kaimen): Schnittstelle

Die Welt, in der die Sonne zweimal am Tag untergeht

Ich saß abends in einer Bar, allein mit einem Whisky auf Eis, ein Drink, den ich im Wachzustand noch nie getrunken hatte. Neben mir saß der Leadsänger. Er sagte, er sei Drehbuchautor und singe in der Bar über den Weltfrieden, aber eigentlich sei er nur ein Mann auf der Suche nach Liebe. Er hatte rötliche Haare und eine untersetzte Statur. Die Krähenfüße um seine Augen bargen den Schatten der Weisheit. Der süße Duft von Schmerz in seinem jungenhaften Lächeln versetzte mich in meine Jugend zurück, als ich das Wort »Liebe« noch aussprach, ohne dass mir ein zynischer Schauer über den Rücken lief.

Nach dem Konzert fuhr ich den Sänger nach Hause. »Du wohnst drei Straßen weiter als ich«, sagte ich. »Na, so was«, antwortete er. Der Rest unseres Gesprächs, in dem wir unser gegenseitiges sexuelles Interesse bekundeten, war wie weggewischt, genauso wie mein zehnjähriger Sohn, ohne den ich nicht leben kann.

Wir küssten uns zum Abschied. Als die Innenseite seiner Unterlippe meine Oberlippe berührte, war ich wie elektrisiert. Im Traum ist es möglich, mich an eine somatische Reaktion zu erinnern, die in meiner Realität nicht mehr vorkommt. *Ich werde von diesem Mann begehrt.* Die Macht der Verliebtheit und der positiven Illusion – es war möglich, an den Traum zu glauben.

Bei mir zu Hause fand eine Party statt. »Schatz, die habe ich im Himmel kennengelernt.« Mein verstorbener Mann war aus dem Jenseits zurückgekehrt. Er stand auf dem Esstisch und dirigierte seine neuen Freunde wie ein Orchester, während sie tranken, aßen und lauthals sangen. Fünf Tote steckten die Schultern zusammen und tanzten singend auf dem Tisch, dass die Spucke nur so spritzte. Die Sohlen ihrer Stiefel zerstampften das Essen, während die Rotweinflasche im Rhythmus ihrer Schritte klirrte. Die blutrote Flüssigkeit tropfte auf meinen sauberen weißen Teppich. Seine neuen Freunde sahen eher aus wie Piraten als wie Männer mit einer tragischen Vergangenheit.

»Schatz, es ist schon eine Weile her, ich brauche Sex.« Mein Mann zog mich zur Seite.

»Der Kühlschrank ist leer. Ich muss einkaufen gehen.« Ich schob ihn weg.

Ich fuhr mit dem Fahrrad zum Lebensmittelladen, der am weitesten von unserem Haus entfernt war. Drinnen war alles wie in Amerika, aber draußen war Japan. Der Himmel war feuerrot. Wie den Nachgeschmack des Kusses nahm ich einfach hin, dass die Sonne in dieser Welt zweimal am Tag unterging. Ich rannte zur Telefonzelle neben dem Lebensmittelladen. Ich rief den Sänger an und sagte: »Mein Mann ist ins Leben zurückgekehrt, aber ich will ihn nicht mehr. Ich will dich.« Seit fast zehn Jahren war ich ohne Liebe gewesen, und jetzt hatte ich zu viel davon.

Es dauerte eine Weile, bis ich begriff, dass die Sonne auf- und nicht unterging. Ich war zurück in der Welt, in der die Sonne nur einmal am Tag untergeht. Sowohl der Sänger als auch mein Mann verschwanden, doch ich konnte noch die Lippen des Sängers auf meinen spüren. Ich schloss die Augen, um das Gefühl festzuhalten, doch im Wachzustand war ich nicht selbstvergessen genug, um zu glauben, dass ich je wieder jemanden lieben könnte.

Wozu brauchen wir Männer, wenn wir uns haben?

Als Bubbe uns im letzten Frühjahr besuchte, setzte sie sich zu mir und sagte: »Kyoko, ich habe jemanden kennengelernt.«

Bubbe erzählte mir, dass einen Monat vor ihrem Besuch bei uns ein Mann aus der Schweiz, ein erfolgreicher Architekt mit Wohnsitz in Florida, auf Facebook ihre Freundschaft angefragt hatte. Der beiläufige Austausch von Nachrichten führte bald dazu, dass er sie jeden Tag um 8 Uhr und um 19.30 Uhr anrief, plus mehrere kurze Telefonate dazwischen, zusätzlich zu sehr langen täglichen romantischen Textnachrichten, inzwischen über sechzig.

»Nur zur Information« – sie hob den Zeigefinger –, »ich habe mich nie zuerst gemeldet. Er ruft mich an und schreibt mir lange Liebesbriefe. Ich antworte ihm nur.« *Aha. Ist das so?* »Denk daran, Kyoko, laufe einem Mann niemals nach. Das haben wir nicht nötig. Lass sie dich wollen. Lass sie kommen. Lass sie die ganze Arbeit für dich machen.«

Auf dem Foto war er attraktiv, tadellos gekleidet und posierte wie ein Model für ein Senioren-Magazin vor einem Haus wie aus *Der große Gatsby*. Neben ihm saß eine viertausend Dollar teure Französische Bulldogge namens George.

»Bubbe, der sieht wahnsinnig gut aus. Wie hast du das gemacht?«

»Rate mal, wie er mit Vornamen heißt: Alexander. Ja genau, wie Alex. *Baschert.* Ich glaube, wir sind füreinander bestimmt«, sagte sie.

Ein Problem gab es allerdings, erzählte sie mir: Als Bubbes technisch versierte Freundin eine Bildersuche startete, kam nicht Alexanders Name dabei heraus. Der umwerfende Schweizer Architekt lebte zwar in Florida, aber unter einem anderen Namen: Joe Williams. Alexander Evans lebte in einem typischen Vorstadthaus außerhalb von Miami. Doch alles, was Alexander Evans Bubbe erzählte, stimmte mit dem Lebenslauf von Joe Williams überein, den ihre Freundin im Internet gefunden hatte – die Firma, die Architekturpreise, der Name seines Sohnes und noch ein paar Fotos mit George, der Französischen Bulldogge. Nur der Name und die Adresse, die er ihr gegeben hatte, stimmten nicht überein.

Es schien, als habe sich entweder Alexander mit einem Durchschnittshaus außerhalb von Miami als Joe, der umwerfende Schweizer Architekt, ausgegeben oder als habe sich Joe, der umwerfende Schweizer Architekt, als Alexander, der Durchschnittstyp, ausgegeben.

»Ich will nur wissen, in wen ich verliebt bin«, sagt Bubbe.

»Es ist egal, in wen du verliebt bist«, sagte ich. »Die anfängliche Verliebtheit vergeht, also genieße sie, solange sie währt.«

»Meine Freundin sagt, er ist ein Betrüger. Was sagst du dazu, Kyoko?«

»Wen kümmert es, wenn er am Ende nicht der ist, für den du ihn gehalten hast? Meistens ist es doch sowieso so. Lass dich drauf ein. Was hast du in deinem Alter schon zu verlieren? Wenn er Geld will, brich den Kontakt ab. Und niemals persönliche Daten von dir oder Familienmitgliedern preisgeben.«

»Und Sex«, sagt sie und hebt wieder den Zeigefinger. »Wenn er Sex will, sollte ich den Kontakt sofort abbrechen.«

»In deiner Situation solltest du dich glücklich schätzen, Bubbe. Worauf wartest du? Sex ja! Geld nein!«, sagte ich.

Wir kamen schließlich zu dem Schluss, dass Joe, der Architekt, den Namen und die Adresse seines Freundes Alexander benutzte, um seine wahre Identität zu verbergen, um wiederum nicht an Frauen zu geraten, die nur auf sein Geld aus waren. Schließlich war er ein gut aussehender, erfolgreicher Architekt, der mit einer viertausend Dollar teuren Französischen Bulldogge im Haus des großen Gatsby lebte. Es stand viel auf dem Spiel. Er musste sichergehen, dass Bubbe die Richtige für ihn war.

Von da an drehte sich jedes Gespräch mit Bubbe um den Architekten. Alexander sagte dies, Alexander fragte das. Seine Lieblingsfarbe war ihre Lieblingsfarbe. Sein Lieblingsessen war ihr Lieblingsessen. Sie stimmten in allem überein, als wären sie seit Urzeiten zusammen.

Wenn Alexander – jetzt Joe, obwohl wir ihn immer noch Alexander nannten, weil sie sein Geheimnis nicht wissen durfte und nicht riskieren konnte, sich am Telefon zu verplappern – sie während der Karatestunde meines Sohnes anrief, verließ sie das Dojo.

Alex hatte kein Talent zum Kämpfen. Seine Haltung ähnelte der einer ängstlichen Katze, das Rückgrat gekrümmt, die Hüfte gekippt. Hätte er hinten Beine gehabt, wäre er aus dem Ring gerannt, bevor sein Sensei den Gong schlug. Er war ein Lego-Kind, das stundenlang auf dem Boden saß und eine Burg oder *Star Wars*-Raumschiffe baute, während er so tat, als wäre er seine kleinen Figuren. Mit Karate machte er nur weiter, weil Bubbe und ich ihn dazu zwangen. Bubbe sagte zu mir: »Bitte, das ist das Dojo, in dem Levi war. Alex muss sein Erbe weiterführen. Nur so behalte ich Levi in Erinnerung. Bitte tu es für mich. Ich bezahle die Stunden. Bitte.«

Und doch stand Bubbe die ganze Stunde draußen und telefonierte. Einmal sah ich aus dem Fenster. Sie hatte ein breites Grinsen im Gesicht. Ich sah förmlich, wie sie eine Haarsträhne zwirbelte, während sie wie ein Teenager in einer Fernsehserie aus den Achtzigern sprach. Wenn die Liebe vor einem steht, verschwindet alles andere, sogar die Erinnerung an den toten Sohn.

Am Esstisch lag ihr Telefon neben dem Besteck, bereit, jeden Moment in die Hand genommen zu werden.

Sogar Alex sagte: »Bubbe, kein Telefon am Esstisch, bitte.«

Sie sagte Alex, dass sie es brauche, um auf dem Laufenden zu sein. In ihrem Alter käme ständig jemand ins Krankenhaus oder in den Himmel.

»Alexander schreibt gut. Seine Briefe an mich sind wie ein Roman. Den hier musst du lesen«, sagte Bubbe.

Wir saßen wieder zusammen auf meinem Bett, das ich Bubbe während ihres Besuchs überließ. Alex schlief tief und fest, und wir wollten uns irgendeinen Filmklassiker ansehen.

»Ich finde Liebesbriefe peinlich. Meine Meinung würde dir deine romantischen Gefühle nur verleiden«, sagte ich.

»Dafür hast du studiert. Lies ihn, nur einen Brief, bitte. Du wirst ihn genießen wie einen Roman.«

»Bubbe, ich hab nicht studiert, um deine Liebesbriefe zu lesen. In Amerika sagen die Leute, dass man ein guter Lügner sein muss, um einen guten Job zu bekommen. Ich hab studiert, um Geschichten zu erfinden.«

»Nun, seine Briefe werden dich zu einer neuen Geschichte inspirieren. Sie könnte dein Bestseller werden, dann bräuchtest du keinen *guten Job* mehr.«

Sie hatte gewonnen. Ich schaute auf ihr Handy.

Bevor ich nachdenken konnte, brach ich in schallendes Gelächter aus.

»Er schreibt wie ein bekiffter Teenager. Und warum ist alles groß geschrieben? Selbst ich weiß, dass das grammatikalisch falsch ist. Dieser Brief klingt total seltsam, so als …«

Sie schlug mir auf die Hand und entriss mir das Handy. »Wie kannst du es wagen! Ernst ist aus der Schweiz. Er kann nicht so gut Englisch. Du hast kein Mitgefühl für die Menschen, die ohne Englischkenntnisse in dieses Land gekommen sind.«

Ich wollte sagen: *Dein Ernst?* Aber ich beschloss, es dabei zu belassen.

»Magst du keine Romantik, Kyoko?«

»Nein, Romantik ist ein Konzept, das Männer uns einpflanzen wollen, um uns an die Ehe zu binden, damit sie ihr ganzes Leben lang Kindermädchen und Sexarbeiterin in einem haben. Und die Ehe ist Betrug. Du hast mir beigebracht, dass wir sie brauchten, um zu überleben, um ein Bankkonto zu eröffnen und Kinder großzuziehen. Aber weißt du, was? Wir können auch wunderbar ohne sie leben. Ich hoffe, ich bin der lebende Beweis dafür.«

»Ich verstehe nicht, wie du mit meinem Sohn zusammengelebt hast. Ich weiß, wie romantisch er war. Er hat dir Dutzende Rosen zum Valentinstag geschenkt, nicht?«

Ich zuckte die Schultern. »Bubbe, ich habe Gedächtnisschwund. Ich kann mich an diesen Teil meines Lebens nicht mehr erinnern.«

Sich zu verlieben bedeutet, unzählige Stunden mit Tagträumen, Fantasien, Hoffen und Wünschen, Zweifeln und Schwärmen zu verschwenden und sich das Herz brechen zu lassen. Ich glaube immer noch, dass genau darin die Schönheit des Menschseins liegt. Ich wusste, dass ich es einmal in mir hatte. Ich konnte mich nur nicht mehr daran erinnern. Ich fühlte mich gebrochen. Ich begann zu schluchzen.

»Schon gut, Kyoko. Ich weiß, dass du Levi vermisst«, sagte Bubbe, und ich wollte sagen, dass das nicht stimmte. Ich vermisste Levi wirklich, wirklich, wirklich, wirklich nicht. Das größte Geschenk, das er mir gemacht hat, war die Möglichkeit, Alex alleine großzuziehen. Was ich vermisste, waren die Gefühle, die Leidenschaft, die Verliebtheit und der Herzschmerz. Die Sehnsucht. Der Mut, nicht auf die Vernunft zu hören. Ich vermisste mich, nicht Levi.

Bubbe reichte mir ihre Serviette und ihre Packung Schoko-Nuss-Eis.

»Du kannst den Rest haben.«

Ich hielt den weichen Karton in der Hand. Das Eis war geschmolzen, und unzählige Mandelsplitter schwammen in der braunen Milchlache.

»Bubbe, ich weiß, dass du die Mandeln ausspuckst.« Ich gab ihr die Packung zurück.

»Nein, tue ich nicht. Ich schiebe sie beiseite.«

»Was machst du, wenn du sie aus Versehen im Mund hast?«

»Ich spucke sie in meine Serviette.«

»Du lügst. Siehst du das? Keine Nüsse.« Ich schüttelte die Serviette, die sie mir gegeben hatte. Lauter braune Flecken, aber keine Nüsse.

»Kyoko, weißt du, was wir machen sollten? Eine Kreuzfahrt, und dann stellen wir uns auf eine Bühne und machen Stand-up-Comedy. Ich übernehme das Reden, und du antwortest nur. Wir würden viel Geld verdienen.«

»Kreuzfahrt. Setzen wir das auf die Liste für Flitterwochen-Ziele. Meinst du, Alexander oder Joe würde mich auf die Hochzeitsreise mitnehmen?«

Wir begannen, uns ihre Hochzeit in Miami Beach auszumalen. Sie weckte ihren frischgebackenen Bar-Mizwa-Enkel, um ihn zu bitten, ihr Blumenkind zu sein, und Alex lehnte noch im Halbschlaf entschieden ab. Sie bat mich, Brautjungfer zu sein, und ich sagte ihr, dass ich mich geehrt fühlen würde, sie solle nur ein Kleid aussuchen, das ich nach der Hochzeit bei meinem Job im Kindergarten tragen konnte. Sie fragte mich, was sie am ersten Abend ihrer Flitterwochen anziehen solle. Ich sagte, etwas Billiges von der Heilsarmee, weil sie es sowieso keine zwei Minuten anhaben würde.

Bald vergaßen wir, dass wir weder seinen Namen noch sein Gesicht kannten, doch in diesem Moment schien es mir egal zu sein (und Bubbe war es natürlich auch egal), denn Bubbe war so glücklich, und ich wollte, dass sie es auch blieb.

»Kyoko, sobald ich Alexander heirate, werde ich dir und Alex ein Haus kaufen. Ihr solltet in dieser Lebensphase nicht in einer WG wohnen. Ich habe Alexander schon gefragt, ob das in Ordnung ist, und er hat Ja gesagt. Er hat sogar angeboten, eins zu bauen!«

»Danke, Bubbe, aber ich will nur, dass du glücklich bist. Denk nicht an mich oder sonst jemanden. Jetzt bist du dran.«

Ihre Großzügigkeit rührte mich zu Tränen. Wir umarmten uns, und sie versprach, uns jedes Jahr nach Miami einzuladen und mit ihrer neuen Familie eine neue Tradition zu begründen.

»Ich wollte immer das haben, was du mit Levi hattest. Jetzt ist es so weit. Endlich.«

Es ist, als hätte ich Gedächtnisschwund. Ich überlegte, ob ich die Worte aussprechen sollte, aber sie war so glücklich, und ich wollte den Moment nicht kaputt machen. Also schwieg ich.

Sie gestand, dass sie nie daran geglaubt hatte, dass sie noch mal jemanden lieben würde – nicht als Mutter, nicht als Freundin, sondern als Frau. Trotz meiner zynischen Einstellung zur Liebe und meiner Amnesie verstand ich genau, was sie meinte.

Unser Traum endete, als der Architekt ihr erzählte, dass er einen Architekturwettbewerb gewonnen hatte und in einer Woche nach Malaysia ziehen würde.

Er sagte, er brauche ein neues Handy, um weiter mit ihr sprechen zu können. Ein brandneues rotes iPhone, das gerade auf den Markt gekommen war. Er schickte ihr sogar ein Foto davon, um sicherzugehen, dass Bubbe das richtige kaufte, und die Adresse, an die es in Malaysia geschickt werden sollte.

Bubbe hatte eine geniale Idee. Sie bot ihm ihr drei Jahre altes Samsung-Handy an. Dann würde sie Ben bitten, ihr ein neues zu kaufen. Alexander meinte, Samsung würde in Malaysia nicht funktionieren. Es musste ein brandneues rotes iPhone sein. Alexanders Anruf wurde immer wieder unterbrochen, und Bubbe rief immer wieder an, und er behauptete, sein Telefon gäbe den Geist auf und er bräuchte ein neues von ihr.

»Ich würde ihm gerne ein neues Handy kaufen, wenn ich könnte. Aber das kann ich nicht. Mein Handy läuft auf Bens Vertrag. Alexander weiß nicht, wie amerikanische Mobilfunkfirmen funktionieren. Er sagt immer: *Geh zu Apple und kauf eins. Ich brauche keinen Handyvertrag. Nur dieses iPhone!* Der arme Mann ist aus der Schweiz. Er versteht unser System nicht.«

»Bubbe. Das ist ein Trick. Hör auf, mit ihm zu reden«, sagte ich. Ich saß wie immer auf ihrem Bett, und wir sahen unsere Lieblingskrimiserie. Ich hörte den vertrauten Jazz der Zwanzigerjahre, ein Kornett-Solo.

Bubbe glaubte mir nicht. Sie schloss sich im Badezimmer ein und erklärte ihm zwei Stunden lang, warum sie ihm das Handy nicht kaufen konnte. Sie gab ihm ganz einfache Anweisungen, Schritt für Schritt, laut genug, dass ich sie von der anderen Seite der Tür hören konnte. »Erstens: Geh zu *Best Buy*. Nimm deinen Ausweis und deine Kreditkarte mit. Zweitens: Frag in der Handyabteilung nach dem Kundendienst. Drittens, bitte sie, dir das Handy einzurichten. Das war's. Gib ihnen meine Nummer. Ich kann ihnen erklären, was du willst.«

Mehrmals hörte ich Bubbe sagen: *Nein, das ist nicht, was ich gesagt habe, sprich mir nach.*

Schließlich kam sie wieder raus.

»Alles in Ordnung! Er sagt, er hat es verstanden und ich soll das mit dem Handykaufen vergessen!«

Meine liebe Bubbe, selbst der Betrüger hatte sie aufgegeben.

Am nächsten Morgen telefonierte sie wieder mit ihm. Er entschuldigte sich und sagte, dass er ohne sie nicht leben könne. Deshalb wollte er ein Handy. Er ist nicht der, für den ich ihn gehalten habe, sagte Bubbe zu mir.

An diesem Nachmittag informierte ich mich im Internet über Love Scamming und stieß auf eine Reihe von Fällen, die nach Malaysia zurückverfolgt wurden. In mehreren Fällen hatten Frauen Geld geschickt, obwohl ihnen bewusst war, dass es sich um einen Betrüger handelte, nur um jemanden zum Reden zu haben. *Ich weiß, dass er nicht vorhat, mich zu treffen, wie er behauptet. Ich weiß, dass ich mein Geld verschwende, aber was ist die Alternative?*, sagten sie. *Ich habe sonst niemanden.*

Bis zu diesem Zeitpunkt hatte ich mich auf Bubbes mädchenhafte Liebesaffäre und ihr Glück konzentriert, aber als ich diese vier Worte las, hatte ich das Gefühl, mein zukünftiges Ich zu hören. Diese Frauen waren ich in zwanzig Jahren. Bubbe war ich in alt. Im Grunde sahen alle Männer für mich aus wie Kartoffeln, und wenn ich in Büchern Liebesbriefe las, rollten sich mir die Fußnägel hoch. Aber ich wusste es. Ich wusste, wenn eine Kartoffel mir im Supermarkt helfen würde, den Tofu aus dem obersten Regal zu nehmen, und sagte: *Ich liebe diesen Tofu, besonders in Miso-Suppe*, während er mir die Packung reichte, und mir fünf Sekunden lang in die Augen sah, wäre es um mich geschehen. Die Einsamkeit würde mir nichts ausmachen, bis die Kartoffel mir den Tofu herunterreichte, doch sobald ich meinen Kartoffel-Tofu-Jungen gefunden hätte, würde ich merken, dass ich auf dem Grund eines Brunnens gelebt hatte. Liebe ist grausam. Liebe macht süchtig. Liebe ist dunkel. Liebe ist kalt. Kartoffeln sind super. Sie passen zu anderen Lebensmitteln und halten sich im Kühlschrank ewig. Genau wie Tofu. Ich hatte mich so bemüht, nicht in diesen Brunnen mit Liebestrank zu fallen. Ich könnte Rosen in diesem Brunnen züchten. Rot, gelb und rosa, ja, ich würde mein Leben mit Farbe ausschmücken. Kein Schwarz, Grau und Weiß mehr für die neue Kyoko.

Wenn Alex erwachsen ist und auf eigenen Füßen steht oder eine eigene Familie hat, wird mich nichts daran hindern, jemanden zu lieben, außer … der Tod.

Kartoffeln, Tofu, na ja … Als mein Verstand, wie ein Wildschwein auf der Flucht, die Führung übernahm, wurde der Drang, Bubbe die Wahrheit zu sagen, übermächtig. Ich war die Einzige, die sie aus den Tiefen des Liebestrankbrunnens herausziehen konnte.

Ich erzählte ihr von meinen Recherchen. Ich rechnete damit, dass sie mir widersprechen würde, wie sie es immer tat, doch sie schwieg. Also sagte ich: »Bubbe. Du bist nicht einsam. Du hast deine Kinder, deine Enkel und mich. Ich weiß, dass du weißt, dass du nicht einsam bist. Aber diese Frauen. Du hast mit Babys im Kinderwagen für Frauenrechte demonstriert. Zwei beschissene Ehen überlebt. Du bist Bubbe. Die Leute sagen, du bist die Königin aller Frauen. Du bist die Einzige, die uns retten kann. Bitte zeige diesen Kerl an, zum Wohle aller Frauen auf der ganzen Welt.«

An diesem Abend verschlief sie das Abendessen. Als sie spät

in der Nacht in die Küche kam, war ich gerade dabei, eine Geschichte zu schreiben, eine Adaption von *Thelma & Louise*, nur dass die beiden Hauptfiguren eine jüdische Mutter und ihre verwitwete japanische Schwiegertochter waren. Sie flohen in einem klassischen Ford Falcon, nachdem die jüdische Mutter ihren geizigen, untreuen Ehemann, Joe Williams, mit einer riesigen Heckenschere um das Haus gejagt und ihm möglicherweise »aus Versehen« ein Stück seines wichtigsten Körperteils abgeschnitten hatte. *Ich bin nur noch ein halber Mann.* Das mag ihr Mann bei der Polizei so ausgesagt haben oder auch nicht. Schnipp-Schnapp-Bubbe, so nannte man sie, und die Polizei begann zu ermitteln. Später sprangen die beiden Frauen gerade noch rechtzeitig auf ein Schiff, als der gut aussehende Polizist Alexander Evans (der heimlich in Schnipp-Schnapp-Bubbe verknallt war und plante, mit ihr das Land zu verlassen) im Hafen eintraf. Die beiden winkten und warfen ihm Luftküsse zu. Sie würden ihren Lebensunterhalt als Stand-up-Comedians auf den Straßen diverser Länder verdienen. Nein, ich würde sie am Ende nicht sterben lassen. Eher würde ich alle Männer ausrotten, bevor ich diese beiden Frauen sterben ließ.

Bubbe setzte sich neben mich und sagte: »Ich tu's.«

»Bubbe …« Ich hob langsam den Kopf und schob mein Notizbuch beiseite. Für Bubbe konnten *Thelma & Louise* warten.

»Ich werde ihn anzeigen. Ich habe recherchiert, und ich glaube, ich kann so eine Detektivin wie Miss Fisher sein. Wusstest du, dass diese Frauen Tausende von Dollars bezahlt haben, manche sogar ihre gesamte Altersvorsorge? Das ist inakzeptabel. Kyoko, ich werde alles tun, um den Frauen zu helfen. Wir Frauen müssen zusammenhalten!«

Meine Bubbe! Meine Idee war von Anfang an ihre Idee. Es war mir egal, wie sie das, was ich sagte, interpretierte, übernahm und sich zu eigen machte, denn ich wollte nur meine Freundin, meine liebe Bubbe, beschützen.

An diesem Abend saßen wir wie immer auf ihrem Bett und sahen *Die oberen Zehntausend*, einen Film von 1956. Bubbe beanspruchte alle Kleider, die Grace Kelly in dem Film trug, einschließlich des Hochzeitskleides, und ich ihre Freizeitkleidung, einschließlich des weißen Kleidchens. Es war ein kleines Spiel, das wir gerne spielten. *Ich krieg dies, und du kriegst das. Das mag ich nicht, das kannst du haben.* Wir träumten davon, die Sachen zu tragen und Veuve Clicquot aus Champagnerschalen zu trinken. Wir teilten auch oft die Schauspieler auf, aber keine von uns mochte Frank Sinatra oder Bing Crosby. *Wozu brauchen wir Männer, wenn wir uns haben?*, wollte ich sagen, aber Männer waren gerade ein heikles Thema für sie, also hielt ich mich zurück.

»Ich war so kurz davor, nach Miami zu ziehen. Er hätte dir und Alex ein Haus kaufen können. All die Dinge, die ich für dich wollte, hätte ich mit seiner Hilfe tun können«, sagte Bubbe und legte ihren Kopf an meine Schulter.

»Ich brauche nichts, Bubbe«, sagte ich.

Schließlich schlief Bubbe neben mir ein. Ich streichelte ihr weiches Haar, wie ich es bei Alex tun würde. Ich hielt den Film an und versuchte, sie nicht zu wecken, als ich aufstand.

Im Frühjahr besuchte uns Bubbe wieder, diesmal war sie auf einer Dating-App, einer Art Tinder für Leute über fünfundfünfzig.

»Die Männer lieben mich. Ich habe schon zehn Anfragen bekommen, und ich habe noch nicht einmal ein Bild oder ein Profil eingestellt!«

»Bubbe, erinnerst du dich an letztes Jahr?«, sagte ich.

»Kyoko, nur weil ich schlechte Erfahrungen gemacht habe, heißt das nicht, dass alle Männer gleich sind.«

Wir überflogen die Profile der Männer auf ihrem Bett.

»Geht es nur mir so?«, fragte Bubbe. »Sie sehen alle ein bisschen aus wie eine überstrapazierte Schmatte – zerknittert, fleckig und zerfleddert. Ich will einen Mann, der beweglich ist, aber kein Naturbursche, jünger als ich, damit ich mich später nicht um ihn kümmern muss, aber nicht zu jung, damit er mich nicht wegen einer Jüngeren verlässt. Er muss genug Schneid haben, um mit jemandem auszukommen, der Arthritis hat, aber nicht zu viel Testosteron, damit ich ihn nicht jeden Abend unterhalten muss. Ich möchte jemanden, der abends gerne mit mir fernsieht und mir Eis mitbringt, sich aber nie darüber beschwert, wie viel Eis ich zu mir nehme. Er muss beschnitten sein, Kyoko, ich weiß nicht, wie Japaner darüber denken, aber ich bin Jüdin, nee, nee, ich kann das nicht. Und in meinem Alter weigere ich mich, ihm einen zu blasen. *Das* habe ich hinter mir. Wenn du verstehst, was ich meine.« Sie verdrehte die Augen. »Er kann zu mir ins Bett kommen, und wenn der Film zu Ende ist, kann er gehen. Wir schlafen in getrennten Zimmern.«

»Ich kenne eine Person, die genau auf diese Beschreibung passt«, sagte ich.

»Wen? Stell ihn mir vor«, sagte Bubbe.

»Ich.«

»Siehst du, sag ich doch.« Sie schlug mir auf die Schulter. »Wir sollten eine Kreuzfahrt machen und mit Stand-up-Comedy Geld verdienen. Wir werden in jedem Land, das wir besuchen, neue Männer kennenlernen. Wir werden die nächste Miss Fisher.«

»Ah! Bubbe! Mir geht gerade auf, was an dem Liebesbrief von diesem Betrüger so merkwürdig war. In dem Brief stand nichts Persönliches über dich. Dein Name kam nie vor, er nannte dich immer Liebling, und die Blume, die er in seinen Metaphern benutzte, war nicht deine Lieblingsblume!«

»Kyoko, das ist ein Jahr her. Denkst du immer noch an … wie war sein Name?«

Wir blieben bis vier Uhr morgens auf, jeder eine Packung Eis auf dem Schoß, und malten uns aus, dass Bubbe einen wohlhabenden, großzügigen Herrn kennenlernte, der für uns alle sorgen würde. Dasselbe Spiel wiederholten wir im nächsten und im übernächsten Jahr und waren zufrieden damit.

Niemals Krieg

Am 15. August, dem Jahrestag des Kriegsendes, hielten Baseballspieler, Zuschauer, Schiedsrichter, Trainer und alle im Fernsehen beim Erklingen der Mittagssirene für ein stilles Gebet inne. Diejenigen von uns, die das Highschool-Baseballturnier verfolgten, waren nicht verpflichtet, die Schweigeminute einzuhalten, aber als wir sahen, wie die Menge mit gesenkten Köpfen und geschlossenen Augen dastand, konnten wir uns schlecht weigern, eine Minute unseres Lebens den Menschen zu widmen, die im Krieg gefallen waren.

Mitten in den Sommerferien, einer Zeit, in der Kinder aufhören, zwischen gestern und heute zu unterscheiden, verbrachte ich meinen Nachmittag damit, mit einem Eis in der Hand durch die Fernsehkanäle zu zappen, bis ich eine Anime-Serie fand. Ich muss in der dritten Klasse gewesen sein. Ich war allein zu Hause.

Auf dem Bildschirm sprach der Pilot im Cockpit ein paar Worte auf Englisch. Die Szene änderte sich, und etwas fiel aus dem Flugzeug. Der Fallschirm öffnete sich. Der Boden blitzte auf. Ein Schatten senkte sich über die Stadt. Für einen Moment lag eine Stille in der Luft, wie das stille Gebet während des Baseballspiels.

Das Kind, das einen Stein getreten hatte, hielt inne und sah in den Himmel. Dann färbte sich seine Haut weinrot, sein Fleisch wurde zerfetzt und schmolz. Ein Hund jaulte auf, Balustraden zerbröckelten, Fensterscheiben zersprangen, und die Stadt versank. Ein alter Mann mit Stock und eine Mutter mit einem Baby auf dem Rücken. Ihre Haare brannten, ihre Augen fielen aus den Höhlen, ihre Hälse wurden abgerissen, und sie zerfielen zu Asche. Als die Pilzwolke aufstieg, kroch ich auf allen vieren zum Fernsehkabel.

Den Anime habe ich nie wieder gesehen. Aber diese wenigen Sekunden haben sich in mein Gehirn eingebrannt. Ich erinnere mich noch heute daran, als wäre es wirklich passiert.

Nein, es *ist* wirklich passiert.

Wie ein hypnotisches Fingerschnipsen schossen mir die Bilder, die ich in den Zeitungen und Geschichtsbüchern gesehen hatte, durch den Kopf, wenn ich an Krieg dachte. Doch in diesem Moment streckte niemand vor meinen Augen flehend die Hände aus, ohne zu merken, dass er sich bereits in Kohle verwandelt hatte. Kein menschlicher Schatten war in den Zementboden gebrannt. Keine Mütter hielten ihre toten Babys in den Armen, während Maden ihre verletzten Beine zerfraßen. Es fiel mir schwer zu begreifen, dass sich die Vereinigten Staaten von Amerika seit Jahren im Krieg befanden. Stattdessen gab mein draller, strahlender Zweijähriger einem Hund ein Leckerli. Für jeden Keks, den der Hund nahm, klatschten mein Sohn und ich uns ab. Es war in Massachusetts, mitten im Februar, und wir saßen gemütlich mit kurzen Ärmeln im Wintergarten. Draußen glitzerte der jungfräuliche Schnee und dahinter das ruhige Meer, keine Welle in Sicht.

Mein Schwager war beim Militär und führte gleichzeitig ein Unternehmen. Ich wusste nicht, wie das ging, aber ich wusste, dass es stimmte, denn bei Schneestürmen, Wirbelstürmen, Überschwemmungen, Massenschießereien – wann immer es eine nationale Katastrophe gab, war er zur Stelle.

Bubbe erzählte mir, dass Ben eine Beratungsfirma für große Unternehmen im In- und Ausland leitete. Ich wusste nicht, wobei er sie beriet. Wenn er ein Website-Berater wie mein Bruder war, konnte ich mir seine Arbeit vorstellen. Vielleicht war es so kompliziert und vertraulich, dass nicht einmal Bubbe es verstand. Ständig gingen Mitarbeiter in seinem Büro ein und aus, um sich seine Unterschrift abzuholen. Kunden mit besorgten Blicken wurden in den Konferenzraum geführt, aber wenn sie wieder herauskamen, wirkten sie alle erleichtert, umschlossen die Hand meines Schwagers mit ihren beiden und dankten ihm, dass er sie gerettet hatte. Manche hatten Tränen in den Augen. Andere verbeugten sich sogar, obwohl sie keine Japaner waren. In nur einer Stunde konnte dieser Mann im maßgeschneiderten Anzug Menschen aus einer Krise befreien. Doch bedeutete das, fragte ich mich dann, dass er die Menschen auch innerhalb einer Stunde ins Elend stürzen könnte?

Sein Rettungseifer erstreckte sich auch auf seine Gemeinde. Zwei Mal hatte Ben einen Schüler aus einem zugefrorenen See gerettet. Die Nachricht verbreitete sich schnell in der ganzen Stadt und erschien auf der Titelseite der Lokalzeitung. In einer friedlichen Stadt, wo die Polizei höchstens mal einen vermissten Hund suchen musste, stieß die Geschichte eines lokalen Helden auf Begeisterung, aber mein Schwager weigerte sich, sein Foto zur Verfügung zu stellen. VATER RETTET SCHÜLER AUS ZUGEFRORENEM SEE. »Vater.« Obwohl er eindrucksvollere Titel hatte, um sich von anderen Vätern zu unterscheiden, war es Ben, der diese Bezeichnung gewählt hatte, erzählte mir Bubbe.

Einen seiner heroischen Momente habe ich selbst erlebt. Eines Tages legte mein Schwager auf dem Rückweg von einer Geschäftsreise einen Zwischenstopp in San Francisco ein. Levi und ich holten ihn vom Hotel ab, um mit ihm zu Abend zu essen. An einer Ampel auf der Van Ness Avenue kurbelte mein Schwager das Fenster runter und hielt vier Zwanzig-Dollar-Scheine hoch.

Sofort kam ein Mann mit einem Schild, auf dem »Nur Bargeld« stand, zu Levis Ford Falcon und schnappte sich die Scheine.

»Bro, was machst du da? Der Typ könnte ein Junkie sein. Oder es ist sein Hauptberuf, und er fährt abends mit seinem BMW nach Hause in sein Penthouse«, sagt Levi.

»Das spielt keine Rolle. Er hat um Hilfe gebeten, also muss ich helfen. Das ist jüdisches Gesetz«, sagte Ben sachlich und leise, sein Gesicht unergründlich wie immer.

»Tja. Das ist mein Bruder. Major Ben kann nicht anders, als anderen zu helfen«, sagte Levi, tätschelte seinem Bruder den Kopf, als wäre er sein kleines Kind, und grölte dann wieder ein Lied aus dem Radio mit.

Levi war ein entspannter Jude. Er sagte, sein Bruder dagegen gehöre zu den »klassischen Juden«, die sich an strengere Regeln hielten, aber nicht zu streng, wie den ganzen Tag eine Kippa tragen. Bens Hingabe zum Judentum führte dazu, dass er im Vorstand des Tempels seiner Stadt saß. Moment, hat Levi gesagt, Ben sei ein konservativer Jude? Nein, traditionell? Ich erinnere mich nicht mehr an die genaue Bezeichnung der Glaubensrichtung, aber im Grunde gehörte Levi zu der Gruppe, in der Tätowierungen und Schweinefleisch-Katsu erlaubt und Frauen, die nicht jüdisch waren und es auch nicht werden wollten, willkommen waren. Unser Sohn konnte dort Jude sein, und ich konnte sein, was auch immer ich wollte.

Mein jüdischer Schwager, der Unternehmen aus Krisen rettete, Menschen vor Katastrophen bewahrte, für den Sohn eines Fremden in einen zugefrorenen See sprang und einem Mann mit einem »Nur Bargeld«-Schild Geld gab, zog in den Krieg.

Da ich aus einem Land kam, das nur Selbstverteidigungsstreitkräfte hatte, wusste ich nicht, ob man das Recht hatte, sich zu weigern, in den Krieg zu ziehen, oder ob das alles freiwillig war. Mein Schwager hatte Kriegsstrategie studiert. Das hörte ich seinen General sagen, als Bens Frau Anna ihn zum Essen einlud. Ben hatte sein Studium als Klassenbester abgeschlossen, sagte er auch. Bedeutete das, Ben würde in einen Krieg ziehen, um eine Strategie zu entwickeln, ihn zu gewinnen? Und einen Krieg zu gewinnen hieß … Vielleicht gab es in dieser modernen Welt Kriege, in denen niemand verletzt wurde. Oder vielleicht gab es einen guten Krieg. Einen notwendigen Krieg. Doch wer entschied, wer gut war und wer nicht?

»Das ist doch albern, Kyoko. Ben ist ein Marshmallow-Teddybär«, hatte Bubbe gesagt, als ich ihr meine Ängste bezüglich ihres Sohnes gestand. »Ich habe beide geboren und aufgezogen. Ben ist still, und Levi kann den Mund nicht halten. Das ist der einzige Unterschied. In der Tat! Wenn eine Frau ihren Mann verliert, heiratet sie nach jüdischem Gesetz ihren Schwager. Leider ist Ben schon verheiratet, aber er kann für dich und Alex sorgen. Ben würde alles für seine Familie tun, genau wie Levi es getan hätte.«

Auf mich wirkte Ben eher wie eine kalte Bronzestatue aus einem Geschichtsbuch als wie ein süßer Marshmallow-Teddybär, besonders wenn er in seinem langen schwarzen Wollmantel und den Lederhandschuhen in der großen Eingangshalle seines Hauses stand, kantiges Kinn, kantige Schultern und ein kastiger Körperbau. Wie eine Mauer zwischen den Ländern – niemand kam an ihm vorbei, jedenfalls nicht lebendig. Ben war auch schweigsam wie eine Statue. Zu Hause sprach er selten, und wenn, dann war seine Stimme so leise, als spräche er mit dem Kugelschreiber in seiner Brusttasche, der ebenso gut ein verstecktes Abhörgerät sein mochte.

Wenn es eine Möglichkeit gäbe, Trauer zu messen, wäre meine nicht annähernd so groß wie Bens. Meine Tränen waren ein Symbol der Scham, sein Schweigen ein Symbol der Einsamkeit. Die Vorahnung von Hoffnung. Die Heilung, die sich mir entzog. Aber ich konnte spüren, wie das formlose, blasse Licht in meinem Herzen wuchs. Irgendwo in mir war ich zuversichtlich, dass ich eines Tages wieder auf die Beine kommen würde. Ich konnte einen neuen Mann haben, aber mein Schwager keinen neuen Bruder. Ich verbarg diese Möglichkeit in mir. Um die Realität zu ertragen, musste Ben hoffen dürfen, die Verantwortung für die Person übernehmen zu können, die sein Bruder am meisten liebte. Die einzige Person, die das Blut seines Bruders in sich trug. Wenn Ben Beweise fand, die meine Liebe infrage stellten, würde er mit allen Mitteln versuchen, mir Alex wegzunehmen. Wie Bubbe sagte, würde Ben alles tun, um *seine* Familie zu schützen.

Ich hatte lange davon geträumt, in den USA zu leben. Ich wollte mich von den ganzen japanischen Regeln und Zwängen befreien. *Amerika ist besser. Amerika ist toll.* Ich weiß nicht, wer mir das beigebracht hat. Vielleicht war es ein weiterer Paradigmenwechsel, nachdem Japan den Krieg verloren hatte. Genug zu essen zu haben, in Sicherheit zu leben, jemand anderes zu werden als man selbst – die Sehnsüchte der Einwanderer sind unterschiedlich. Gemeinsam ist uns, dass die Aussicht darauf uns reicht, um unsere Heimat zu verlassen.

Nach meinem vierjährigen Studium blieb ich in den USA, um einen Master in Psychologie zu machen, in der Hoffnung auf bessere Arbeitsmöglichkeiten. Doch das Geld, das ich in Japan gespart hatte, ging langsam zur Neige. Ich stand kurz davor, mein Studium abzubrechen. *Ich wünschte, ein Wunder würde geschehen*, pflegte ich zu meiner Mutter zu sagen. Zwei Mal hielten

Männer um meine Hand an. Beide Male überwältigte mich mein Freiheitsdrang, und ich sagte Nein.

Wenn ich heirate, könnte ich für den Rest meines Lebens in Amerika leben. Wie auch bei den anderen Männern horchte ich kurz in mich hinein, als Levi mir einen Heiratsantrag machte. *Liebe ich ihn?,* fragte ich mich immer wieder. Aber je mehr ich mich fragte, desto mehr verschwamm die Grenze zwischen Liebe und Sicherheit. Die Liebe eines Immigranten muss immer wieder bis zur äußersten Reinheit gefiltert werden. Man muss sich selbst immer wieder überprüfen, sich immer wieder beweisen, dass man aus Liebe geheiratet hat. Das verstaubte, gerahmte Foto unserer Hochzeit, die Abschlussfeiern der Kinder, die Porträts der Enkelkinder im Flur – erst nachdem die alltäglichsten Wunder des Lebens im Haus hingen, konnten wir uns entspannen. Und selbst *wenn* es die große Liebe war, konnte sie jederzeit zerbrechen.

Deshalb hatte ich damals von Abtreibung gesprochen.

Was ist Liebe? Jetzt, wo Levi nicht mehr da ist, werde ich mich das für immer fragen. Aber Ben kannte die Antwort vielleicht schon. Seine Zurückhaltung war eine Methode, die Lügen des Feindes zu durchschauen. Es würde mich nicht wundern, wenn diese Taktik des Gedankenlesens beim Militär des mächtigsten Landes der Welt gelehrt würde. Ich war es, die Bubbe anflehte, mit mir in seinem Haus zu leben. Aber ich hatte Angst vor der Anwesenheit des Familienoberhauptes. Am Esstisch saß ich möglichst weit von ihm entfernt, sodass er mich nicht direkt sehen konnte. Morgens tat ich, als würde ich schlafen, bis ich hörte, dass er ging. Bei den seltenen Gelegenheiten, bei denen er vor allen anderen nach Hause kam, betete ich zu Levi, der sein bester Freund war, dass ich nicht allein mit seinem Bruder zu Abend essen musste.

Zum Glück musste ich nie mit ihm sprechen. Das übernahmen Bubbe oder Anna. Solange ich Ben nicht in die Augen sah, würde er nicht herausfinden, was ich mit Levi hatte. Als also die Tür ging und Ben in seinem langen schwarzen Wollmantel und schwarzen Handschuhen hereinkam, war ich nicht darauf vorbereitet.

Es war vorgesehen, dass ich die nächsten Tage mit Alex und dem alten Pyrenäenhund namens Polar auf das riesige Haus aufpassen sollte. Die Familien von Laura und Paula waren aus Chicago angereist und schon in ihrer Hütte. Anna und Bubbe waren heute Morgen mit den Mädchen nachgefahren.

Alex ließ die Legosteine fallen und rannte zur Haustür. Er vergrub seinen Körper zwischen Bens Beinen.

Ben ging in die Hocke und streckte die Hände aus. Alex' kleine Fingerknöchel landeten in Bens offenen Handflächen. *Ichi, ni, san, shi*, sagte Alex bei jedem Schlag. »Gut gemacht, Karate-Kid«, sagte Ben. »Halte deine Freunde nah bei dir, aber deine Feinde noch näher. Ihre langen Arme und Beine bringen ihnen nichts, wenn du nah am Feind bleibst. Du kannst sie zu Fall bringen, egal, wie klein du bist.«

»Hi, Ben? Ich dachte, du würdest direkt von der Arbeit nach Vermont fahren«, sagte ich.

»Anna hat den Schlitten in der Garage vergessen«, sagte er und hob Alex hoch. »Und du? Wolltest du nicht mit Anna und den Kindern nach Vermont fahren?«

»Nein, ich habe beschlossen, hierzubleiben.«

»Meine Familie kann anstrengend sein. Sie sehen immer so glücklich aus, nicht wahr?« Er grinste. »Aber du solltest nicht allein sein. Warum fährst du nicht mit mir nach Vermont?«

»Nein, schon in Ordnung. Es tut mir gut, mal allein zu sein.«

»Ich verstehe, aber die Hütte ist so groß, dass man sich verlaufen kann. Passiert mir ständig. Niemand wird dich finden.«

»Aber ich habe versprochen, mich um Polar zu kümmern. Laura ist allergisch gegen Hunde.«

»Hm, warum bleibe ich dann nicht einfach bei euch?«

»Oh nein, nein, Ben. Mir geht es gut. Mir geht es total gut. Ich bin so glücklich, wie ich nur sein kann, hier ganz allein. Geh bitte mit deiner Familie Ski fahren. Du hattest ein paar harte Monate.«

»Du auch.«

»Schneemann bauen!«, rief Alex.

»Einen Schneemann?«, fragte Ben.

»Ach nichts, Ben. Anna hat Alex einen Schneemann versprochen, bevor sie gefahren sind. Aber das kann warten. Du gehst Ski fahren, und wir bauen den Schneemann, wenn sie zurückkommt.«

»Aber er will ihn doch jetzt.«

»Keine Sorge, er ist erst zwei. Er wird es vergessen.«

»Mein Neffe bittet um Hilfe. Er verdient einen Schneemann. Weißt du, was? Wir bauen sogar etwas Besseres als einen Schneemann. Wir bauen ein Iglu.«

Operation Iglu begann. Alex sah aus wie ein Astronaut, der auf dem Planeten Schnee landen wollte. Da Anna Bens Skiausrüstung bereits mitgenommen hatte, trug Ben Armeejacke und -hose. Ben und ich machten uns Sorgen, dass Alex im Schnee versinken könnte, also setzten wir ihn in einen Babyrucksack, den Ben auf dem Rücken trug. Da ich keinen Schneeanzug hatte, schichtete ich diverse Kleidungsstücke und darüber eine Daunenjacke, die Ben mir vor ein paar Monaten als Willkommensgeschenk gekauft hatte.

»Alex und ich schaffen das schon. Bleibt ihr ruhig drinnen«, sagte Ben und deutete auf mich und Polar.

Ben stand breitbeinig da, beide Hände an der Schaufel, die im Schnee steckte, als überlegte er, wo er den Stützpunkt bauen sollte.

Er begann, in der Mitte des Gartens zu graben. Nach etwa zehn Minuten fing Alex an, mit Armen und Beinen zu zappeln. Sogar durch das Fenster konnte ich hören, wie Alex sein Lieblingswort schrie: *Raus, raus, raus!* Ben setzte Alex auf den Boden, dann stieß er die Schaufel wieder in den Schnee, um einen neuen Haufen aufzuschichten. Gerade als er eine Schippe voller Schnee abladen wollte, stürzte sich Alex auf den kleinen Schneeberg und machte einen umgekehrten Schnee-Engel. Ich öffnete die Glastür zur Terrasse, um zu helfen, doch Ben schrie: »Kyoko, hol den Schlitten aus der Garage! Die Schaufel könnte Alex den Schädel spalten. Das ist zu gefährlich!«

»Ja!« Und ich kehrte zurück ins Haus und rannte in die Garage. Als ich das Garagenlicht anmachte, fiel mir auf, dass ich Ben noch nie zuvor schreien gehört hatte.

Als ich aus der Garage zurückkam, hatte Ben Alex schon aus dem Schneehaufen gezogen. Ben ging an den Rand des Gartens, den Schlitten in der linken Hand. Dort stieß er den Schlitten in den Boden und schob ihn mit rasender Geschwindigkeit in die Mitte, sodass sich ein großer Schneeberg auftürmte. Er ging zurück, und Alex folgte Ben auf dem Weg, den er gerade geräumt hatte. Gemeinsam schoben sie den Schlitten wieder in die Mitte. Na ja, hauptsächlich schob Ben, und Alex lief hinterher.

Der Berg wurde größer und größer. Ich sah, wie das grüne Gras in einem Kreis um den Schneehaufen sichtbar wurde. Mein Schwager schuf einen geheimnisvollen Kreis in seinem Garten. Bald würde der ganze Schnee des Gartens in der Mitte liegen.

Ich beobachtete das Ganze von der Tür aus und hüpfte auf und ab, um mich warm zu halten. Als Ben das sah, kam er, um mir seine Jacke überzuziehen. Die Armeejacke war viel dünner, als ich gedacht hatte. *Wie soll die warm halten,* dachte ich.

»Vertrau mir, wir haben die beste Technologie der Welt. Sie *wird* dich warm halten«, sagte er, als hätte er meine Gedanken gelesen. Er tätschelte meine Schulter und lief zurück zur Operation Iglu. Ich betrachtete mich im Spiegelbild des Fensters. Ich sah aus wie ein Schneesoldat. Als ich so dastand, hin- und hergerissen zwischen meiner äußeren Erscheinung und meiner inneren Überzeugung, blieb mein Handschuh am Rand seines Namensschildes hängen. Sein Nachname, Levis Nachname, Alex' Nachname und meiner. Und ich fragte mich, ob Anna den Schlitten absichtlich in der Garage vergessen hatte.

Das japanische Essen, das wir bestellten, war furchtbar. Der Reis war trocken, die Avocado knackig, das Tempura matschig, aber wir aßen alles auf, außer Alex, der im Hochstuhl zwischen uns saß. Er verwandelte Süßkartoffeln in Knete und warf Reiskonfetti nach Polar. Er war zu ehrlich, um etwas vorzutäuschen.

Ben hatte die Angewohnheit, wenn er aß, immer noch etwas anderes nebenbei zu tun, als wäre seine Zeit zu kostbar. Während er die Post durchsah, seufzte er und nippte an einer Tasse Tee.

»Alle wollen etwas von mir«, sagte er. »Mit harter Arbeit und Entschlossenheit kann man alles erreichen. Wissen die Leute das nicht?« Er griff nach der Flasche mit den Kautabletten gegen Sodbrennen, schnipste den Deckel mit dem Daumen auf und schüttelte zwei Tabletten heraus. »Diese Menschen *brauchen* meine Hilfe nicht. Sie *wollen* sie nur. Es ist pure Gier.«

Er brummte und warf sich die Tabletten in den Mund.

»War ich Freund oder Feind?«, fragte ich.

Er hörte auf, die Post zu sortieren, und schaute mich an. Ich sah die Überraschung in seinen Augen. Sobald die Worte aus meinem Mund waren, wollte ich weglaufen, aber sein Blick lähmte mich.

»Ah, Sun Tzu. Du bist weder noch. Du gehörst zur Familie. Außerdem benutzen wir im Englischen in diesem Fall das Präsens, weil wir immer noch eine Familie sind.«

Er lächelte mich an und wandte sich wieder der Post zu.

»Ben, ich werde nach San Francisco zurückgehen. Ich habe einen Job als Kindermädchen gefunden und ein Haus, das ich mir mit einem Paar teile. Es tut mir leid. Ich nehme dir meinen Sohn weg«, sagte ich.

Er schnaubte ein Lachen durch die Nase. »Du nimmst *mir deinen* Sohn weg?«

»Ich habe deinen Bruder verloren. Ich habe deinen besten Freund verloren. Und jetzt nehme ich dir den Menschen weg, den er am meisten geliebt hat.«

»Verstehe«, sagte er. Diesmal waren seine Augen immer noch auf die Post gerichtet. »Wir nennen das die Schuld der Überlebenden. Sie ist weit verbreitet unter Menschen, die jemanden durch einen Unfall verloren haben. Du hast ihn nicht getötet, und wir erwarten auch nicht, dass du ewig hier wohnst. Du brauchst meine Erlaubnis nicht.«

Er legte seine Hand auf einen Umschlag und riss ihn auf. »Endlich, darauf habe ich gewartet. Das ist für dich. Gut, dass er noch vor deiner Abreise gekommen ist.«

Ich faltete den Brief auseinander und fand eine goldene Kreditkarte mit seinem Namen darauf.

»Benutze sie für alles, was du brauchst, Essen, die Wasserrechnung, nicht nur für meinen Neffen, sondern auch für dich selbst. Solange ich lebe, wird sie funktionieren, auch wenn du nach San Francisco zurückgehst.«

Eine weitere Plastikkarte und ein weiterer möglicher Verlust.

»Ben, musst du weg? In den Irak? Du bist der einzige Sohn, den Bubbe noch hat. Und Anna und die Mädchen … Ich weiß immer noch nicht, wie es in diesem Land läuft, aber ich weiß, dass Krieg falsch ist. Jeder weiß das, sogar Kinder.«

»In meiner Einheit gibt es einen jungen Mann, der genauso heißt wie mein Bruder«, sagte Ben. »Ich kenne ihn, seit er bei der Armee ist. Er hat eine Frau und einen Sohn. Ich kann ihn doch nicht allein hinschicken und zu Hause rumsitzen, oder?«

»Das ist eine Lüge. Das klingt zu weit hergeholt. Das hast du dir ausgedacht.«

»Ja und nein. Ja, ich habe es mir ausgedacht, und nein, weil ich weiß, wie schmerzhaft es für dich ist, zu sagen, dass du –«, er atmete tief durch die Nase ein, »dass du meinen besten Freund verloren hast. Ich glaube nicht, dass ich damit leben kann, zu wissen … wie soll ich es sagen? Ich meine, das Gefühl, dass ich ihn retten kann, wenn ich da bin. Ich werde ihn nicht allein lassen, ich werde nicht zulassen, dass das noch mal passiert. Ich könnte ihn retten, weißt du, ich könnte alles und jeden retten, wenn ich nur da wäre.«

Wir gingen ins Wohnzimmer. Wir setzten uns so weit wie möglich voneinander entfernt auf die lange Couch. Alex kletterte zwischen Ben und mich. Während Ben mit Alex beschäftigt war, schob ich seine goldene Kreditkarte zwischen die Polster. Schließlich setzte Alex sich auf Bens Schoß, wo er aber nur ein paar Minuten blieb. Er stand auf, zupfte an Bens Wange und deutete auf den Fernseher.

»Wan wan, oyatsu ageruno«, sagte Alex.

Polar stand auf und stellte sich neben Ben.

»Du verstehst ihre Sprache!«, sagte Ben. »Dein Daddy und ich haben ewig dafür gebraucht. Aber du hast es sofort kapiert. Aus dir wird mal ein großer Mann. Du wirst uns alle stolz machen.«

Es klang eher, als würde Ben über die Raumschiffbesatzung im Fernsehen sprechen.

Was Alex auf Japanisch sagte, war *Gib mir die Hundeleckerlis*. Da er es schon so oft gesagt hatte, seit wir hier eingezogen waren, musste Polar das Wort »oyatsu« verstanden haben. Alex zeigte immer wieder auf die Dose mit den Hundekeksen neben dem Fernseher, Polars Augen waren auf Alex und Ben gerichtet, und mein Schwager erzählte Alex Geschichten von sich und seinem Bruder. *Dein Daddy und ich, dein Daddy und ich.*

Alex, halt durch, nicht schreien. Verzweifelt schickte ich ihm diese telepathische Botschaft, damit Ben noch ein paar Sekunden mit seinem Bruder hatte.

Mein Schwager, der für seinen Neffen das tollste Iglu der Welt baute, aus Respekt für seine Schwägerin das schreckliche japanische Essen aß und mir sein Überlebensschuld-Syndrom gestand, zog in den Krieg.

Schon als Kinder haben wir gesagt: Niemals Krieg. Den Krieg verlieren hieß den Krieg verlieren, den Krieg gewinnen hieß ebenfalls den Krieg verlieren. Streber, Sportler, Introvertierte, Raufbolde, das war die Botschaft, auf die sich alle meine Klassenkameraden in der Grundschule einigen konnten. KEIN KRIEG.

Trotz allem, was man mir beigebracht hatte, redete ich mir ein, dass Ben aufrichtig daran glaubte, alle Leben retten zu können, sowohl die der Feinde als auch die der Verbündeten. Und das war seine Kriegsstrategie.

Ajumma

Es war elf Uhr abends, als ich durch die Decke Mi Chas Füße auf den Stufen hörte. Ich kam aus meinem Zimmer, und wir trafen uns in der Küche. Ich saß Mi Cha gegenüber und sah zu, wie sie ihr Marihuana zwischen Daumen und Fingern zerrieb. Auf dem Tomatensoßenglas, in dem sie ihren Vorrat aufbewahrte, stand »Life Foods! Made in Maui« und daneben eine kleine Hawaii-Flagge. Ich lächelte, denn vor Jahren, als ich noch Studentin und Single war, hatte ich einen Urlaubsflirt auf Maui, der in seinem Garten Gras anbaute. Mit dem Geld, das er verdiente, kam er mit mir nach Japan. Ich habe weder mit ihm geraucht, noch rauchte ich mit Mi Cha.

»Was bekommt man fürs Kiffen in Korea?«, fragte ich Mi Cha.

»Ich wandere ins Gefängnis«, antwortete sie.

»Das ist alles? Keine Todesstrafe? Ich dachte, die Koreaner sind strenger.«

»Ach, komm, bei uns lassen sich die Leute das Gesicht machen, als wär's der jährliche Gesundheitscheck. Wie können wir da streng sein, wenn es darum geht, die Stimmung aufzuhellen?«

In dieser Stadt konnte ich mir allein keine Wohnung leisten. In den ersten Jahren wohnten Alex und ich bei einem Ehepaar mit Hund, einem Labrador-Mix, und einige weitere Jahre bei einem Ehepaar mit einem Springer Spaniel. Das erste Paar kaufte ein Haus am Stadtrand und gründete eine richtige Familie. Das zweite Paar zog aus beruflichen Gründen nach Paris. Mi Chas

Familie zog ein, nachdem das zweite Paar nach Paris gegangen war. Unser Plan: Mi Chas Familie, mein Sohn und ich sollten ein halbes Jahr zusammenwohnen, während sie ihr Haus renovierten, um es zu verkaufen – der perfekte Zeitraum, bevor wir einander überdrüssig würden.

Als Mutter, die daran gescheitert war, ihrem Kind eine Familie zu bieten, wollte ich ihm wenigstens die Möglichkeit geben, Freunde zu finden. Ob es nun Erziehungserfolg oder Überlebensinstinkt war, mein Sohn entwickelte sich zu einem sozialen Genie. Egal, woher die Kinder kamen oder was für eine Persönlichkeit sie besaßen, Alex begann das Gespräch, als hätte er sie schon vor ihrer Geburt gekannt. Er zog sowohl die Schüchternen als auch die Aufgeschlossenen in seinen Bann. Ich war sicher, dass dieses Land der beste Ort für ihn war, um sein Talent zu nutzen.

Der erste Junge in San Francisco, der meinen Sohn mit Namen kannte, war Mi Chas ältester Sohn Walter. Er sagte ihn immer dreimal hintereinander, als wäre einmal nicht genug, um zu meinem Sohn durchzudringen. »Lex, Lex, Lex.« Das »A« verschluckte Walter gern. Selbst wenn er zu müde zum Laufen war und im Sandkasten lag, rief er mit letzter Kraft »Lex, Lex, Lex« und streckte seine Hand nach meinem Sohn aus, der neben ihm eine Sandburg baute. Mi Cha und ich lachten darüber, dass Walter sich Alex nie nahe genug fühlte, selbst wenn ihre Körper quasi miteinander verschmolzen.

Im Gegensatz zu meinem Sohn war ich sozial total unbegabt. Ich brauchte keine Freunde, aber mit Mi Cha fühlte ich mich wohl. Während unsere Kinder spielten, unterhielten wir uns über unsere Heimatländer, Japan und Südkorea. Oft machten wir uns über die Kultur der anderen lustig. Einmal brachte Mi Cha mir das koreanische Wort »ajumma« bei, das ursprünglich Frauen im heiratsfähigen Alter bezeichnete, aber heute benutzt wird, um einen *bestimmten* Typ Frau über vierzig zu diskriminieren. Diese Frauen trugen übergroße, geschmacklose T-Shirts und Schlabberhosen, dauergewellte Kurzhaarfrisuren und altmodisches oder, schlimmer noch, gar kein Make-up. Sie kauten mit offenem Mund, spuckten auf den Boden, drängelten und schubsten, um einen Platz im Zug zu ergattern – es waren Frauen, die ihre Weiblichkeit aufgegeben und ihre Anmut verloren hatten. Ich sagte, so ein Wort gebe im Japanischen nicht.

»Es ist eine Metamorphose! Man sollte sie feiern! Sie lassen sich von niemandem etwas bieten. Selbst Serienmörder fürchten sie«, sagte Mi Cha. Ich möchte eine von ihnen sein, sagte ich, aber sie meinte, es wäre noch zu früh, ich sei nicht verheiratet und nicht einmal vierzig Jahre alt. Ich schob die Unterlippe vor und seufzte. Und sie fügte mit beruhigender Stimme hinzu: »Dein Leben hat gerade erst begonnen. Du hast keine Ahnung, was dich erwartet.«

Der Wert der Eigentumswohnung, die Mi Cha und ihrem Mann Trav gehörte, hatte sich in fünf Jahren verdreifacht, aber Mi Chas mentale Gesundheit hatte sich verschlechtert. In ihrem Haus durften sie nur noch auf Zehenspitzen gehen. Das hundert Jahre alte Gebäude in San Francisco hatte so dünne Wände, dass man hörte, wenn nebenan jemand rülpste. Der Mann unter ihnen, der von zu Hause aus arbeitete, wusste nicht, dass Mi Cha und Trav ihre schlafenden Jungs morgens erst ins Bad und dann in die Küche trugen. Das lauteste Geräusch, das morgens aus ihrer Wohnung drang, waren die Jungs, die mit ihren Stühlen rückten, und Mi Cha, die sie anzischte, damit aufzuhören. Statt die Stille, die sie schufen, zu würdigen, beschwerte sich der Mann bei jedem noch so leisen Geräusch. *Ihre Kinder sind zu laut! Sorgen Sie dafür, dass sie leise sind!*

Selbst als sie ihre Schwester verlor, konnte Mi Cha nicht weinen, ohne das Gesicht in ein Kissen zu drücken. Eines Abends, nachdem sie gerade aus Korea zurückgekehrt war, ging ich Mi Cha besuchen und fand sie in der Küche auf einem Stuhl, die Knie umschlungen. Ich umarmte sie, und sie erlaubte sich fast zu weinen, doch dann löste sie sich aus meiner Umarmung und hielt sich wieder das tränennasse Kissen vors Gesicht.

Nach dem Tod ihrer Schwester brach sie den Kontakt zu den Spielplatzmüttern ab und bat mich, ihre Schwester nicht mehr zu erwähnen.

Der Mann von unten wusste auch nicht, dass Mi Cha eines Nachts aufwachte, den Jungs und Trav einen Kuss gab und dann in die Garage ging, um ein Seil zu suchen, weil die Stimme ihrer Schwester ihr sagte, sie solle sich vom Leben befreien. Sie fühlte einen tiefen Frieden in sich und glaubte, dass ihre Jungs auch ohne sie zurechtkommen würden. Zum Glück fand Mi Cha in dieser Nacht kein Seil. Irgendwie schaffte sie es zurück ins Bett und schlief ein.

»Es ist, als wären wir dazu bestimmt zusammenzuleben.« Mi Cha zog mich in die Küche. »Die drei Jungs passen aufeinander auf, ich koche, und du machst sauber. Vielleicht war ich in einem früheren Leben Japanerin, oder du warst Koreanerin, und wir …« Dann leckte sie das Blättchen an, um den Joint zu versiegeln. Ich hätte ihren Satz beenden können, aber ich tat es nicht. Ich wartete immer, bis sie ihre Zustimmung andeutete. »Es ist mir egal, wenn wir pleitegehen. Es ist mir egal, wenn wir kein anderes Haus finden. Ich will hier sein.«

»Ihr geht nicht pleite. Ihr werdet eure Zwei-Millionen-Dollar-Wohnung verkaufen und dann ein Einfamilienhaus kaufen.«

»Können wir nicht einfach für immer hier bei euch bleiben?«, bettelte sie und legte den Kopf schief.

»Sicher, aber drei lebhafte Jungs … Trav wird einen Nervenzusammenbruch kriegen. Er will bestimmt ein eigenes Haus.«

»Er ist mit allem einverstanden, was mich glücklich macht.«

»Er ist ein guter Kerl.«

»Ja, das ist er. Meine Schwiegereltern werden es allerdings nicht gutheißen. Sie hoffen, dass wir zurückziehen.«

»Wohin?«

»Eben! Trav ist in diese Stadt gezogen, um von ihnen wegzukommen. San Francisco besteht aus Familienflüchtlingen, findest du nicht? Sieh mich an, ich habe sogar den Ozean überquert.«

Wir lachten, und ich wollte ihr so gern sagen: *Geh nicht weg, bleib bei mir, sei meine Familie.*

»Komm in den Garten und leiste mir Gesellschaft«, sagte Mi Cha.

Wir setzten uns auf die Gartenstühle. Früher sah mein Garten aus wie ein Opossum-Friedhof. Bis Mi Cha eines Abends den Dschungel aus Unkraut entfernte und im Licht, das aus unserem Wintergarten fiel, die Wand aquamarin strich. Am nächsten Tag kaufte und pflanzte sie Brokkoli, Mangold, Minze, Pak Choi und einen Zitronenbaum und nannte die Pflanzen »meine Babys«.

»Ich muss dir eine lustige Geschichte erzählen, Mi Cha«, sagte ich. »Ich erinnere mich noch genau an das letzte ernsthafte Gespräch, das ich mit Levi geführt habe. Es war, eine Woche bevor Alex und ich zum ersten Mal seit seiner Geburt nach Japan wollten. Ich beobachtete Levi, wie er seinen alten Falcon in der Einfahrt wusch. Er sagte: *Schluss mit den Schuldgefühlen! Gestern hat Anna angerufen* – das war die Frau seines Bruders – *und meinte, ich solle zum jüdischen Neujahrsfest nach Boston kommen, weil mein Bruder vielleicht in den Irak muss, um Saddam Husseins Ge-*

fängnis zu bewachen, und man nie weiß, was passiert. Dann fügte sie hinzu, dass ich nach eurer Abreise nach Japan sowieso allein bin und nichts zu tun habe. Heute hat mich meine Mutter angerufen und genau dasselbe gesagt. Wenn Ben mich sehen will, wird er anrufen. Er ist mein Bruder. Er ist mein Freund. Warum können sie nicht einfach sagen, dass sie es sind, die mich sehen wollen? Warum müssen sie meinen Bruder, den Irak und mein schlechtes Gewissen benutzen? Also sagte ich Levi, er solle Nein sagen, und das tat er. Er war so stolz auf sich.«

»Schön für ihn«, sagte sie und roch an dem Joint.

»Zwei Wochen später, am jüdischen Neujahrstag, starb Levi unter dem Falcon.«

»Stimmt.« Mi Chas Augen weiteten sich.

»Als wir in San Francisco landeten, wartete meine Schwiegermutter am Gate. Und sie sagte: *Ich habe ihm gesagt, er soll an Rosch ha-Schana nach Boston kommen, aber er hat nicht auf mich gehört. Ich wusste, dass etwas Schlimmes passieren würde. Warum hat er nicht auf seine Mutter gehört?*«

»Hast du deiner Schwiegermutter deine Geschichte erzählt?«

»Nein. Ich glaube nur, dass ich den Grund kannte. Ich wusste die Antwort auf ihre Frage. Ich war der Grund …«

Wir wohnten drei Häuser von der belebten Army Street entfernt. Obwohl ständig Krankenwagen vorbeifuhren, schirmten uns das Windspiel unseres Nachbarn und die rauschenden Blätter auf dem großen leeren Grundstück hinter unserem Garten vom Straßenlärm ab.

»Kurz bevor meine Schwester starb«, sagt Mi Cha, »rief sie mich an. Ich sah die verpassten Anrufe, aber ich brachte gerade meine Jungs ins Bett, also rief ich nicht zurück. Am nächsten Tag riefen meine Eltern an und sagten, sie sei tot.« Sie spielte mit ihrem Feuerzeug und nahm ein paar Züge von ihrem Joint.

Dann atmete sie den Rauch langsam aus, als würde sie eine Kerze auspusten.

Mi Cha atmete wieder ein, den Kopf an die Stuhllehne gelehnt, und schloss langsam die Augen, den Mund fest verschlossen, bis sie die Luft nicht länger anhalten konnte.

»Was ich damit sagen will, Kyoko: Wenn ich morgen sterbe, musst du alle wissen lassen, dass Mi Cha wusste, was Glück ist, und sie es hier gefunden hat, in deinem Haus.«

Die US-Regierung will, dass ich lebe

Die US-Regierung gibt meinem Sohn und mir jeden Monat Geld – Hinterbliebenenrente. Die Höhe ist für jeden Hinterbliebenen unterschiedlich. Die Regierung hat dafür eine magische Formel, und der Betrag hängt davon ab, wie viel Einkommensteuer der Verstorbene gezahlt hat. Mein Sohn würde das Geld bekommen, bis er achtzehn Jahre alt war, und ich, bis er sechzehn Jahre alt war. Als ich meiner Mutter erzählte, wie viel wir bekamen, sagte sie: »Was für ein Glück! Das ist das Einstiegsgehalt eines japanischen Berufsanfängers. Aber für dich, ohne zu arbeiten. Als wärst du eine Berühmtheit.«

Ich arbeitete so viele Stunden in einem japanischen Kindergarten, dass mir gerade noch Vergünstigungen bei Strom, Gas, Telefon und Internet sowie Schulessen und eine kostenlose Gesundheitsversorgung zustanden. Ich hatte gehört, dass eine Fahrt mit dem Krankenwagen in Amerika Geld kostet, wenn man nicht bei der Gesundheitsfürsorge ist. Ständig fürchtete ich, dass ich in einen Unfall geraten und mich die Fahrt mit dem Krankenwagen in den Ruin treiben würde. Wie konnte ich die Behandlung verweigern, wenn ich im Koma lag? Ich müsste eine Hundemarke oder ein T-Shirt tragen, mit der Aufschrift: *Bitte keinen Krankenwagen rufen. Lieber tot als pleite.*

Nachdem wir wieder nach San Francisco gezogen waren, kam meine Schwiegermutter jedes Frühjahr zu Besuch. Pessach, Alex' Geburtstag, Schnee in Boston und ihre Rückenschmerzen fielen alle in einen Monat – der perfekte Zeitpunkt, um Neuengland zu entfliehen.

»Ich glaube, ich könnte auch zwei Monate oder sogar einen ganzen Winter bei euch bleiben. Wir verstehen uns so gut«, sagte Bubbe.

»Das Benzin wird teurer«, sagte ich und zeigte auf den Preis. Wir fuhren gerade noch mal zu Ross, um die Sandalen, die sie gekauft hatte, gegen ein Memory-Foam-Kissen umzutauschen.

»Ich brauche neue Sandalen. Es ist fünf Jahre her, seit ich mir welche gekauft habe, und ich finde, ich habe ein neues Paar verdient«, sagte sie am ersten Tag, also fuhr ich sie am nächsten zu Ross. Kaum drei Tage später beschloss sie, die Sandalen zurückzugeben, weil sie mir von dem Geld ein Kissen kaufen wollte. »Ich finde, du verdienst ein neues Kissen. Ich werde dir eins aus Memory Foam kaufen. Ich werde es selbst benutzen, solange ich hier bin, also brauchst du kein schlechtes Gewissen zu haben.«

Meine Schwiegermutter schlief in meinem Bett und ich auf dem Sofa. Ich hatte ihr ein schönes, dickes Kissen gemacht, wie sie es mochte, zwei in einem. Ich war stolz auf mich, aber als ich ihr davon erzählte, meinte Bubbe: »Ach, du bist genauso schlimm wie mein Ex-Mann.«

Verdienen. Ich versuchte, mich an die japanische Übersetzung dieses Wortes zu erinnern, aber es gelang mir nicht. In Japan denken wir nicht ständig darüber nach, was uns zusteht. Hier in den USA dreht sich alles darum, die eigenen Bedürfnisse und Rechte einzufordern. Niemand kümmert sich um dich, wenn du nicht für dich selbst einstehst. Die Menschen hier müssen das tun, um zu überleben, habe ich gelernt. Aber worüber ich in diesem Moment eigentlich nachdachte, waren die Benzinkosten. Mein Budget lag bei zwei Tankfüllungen im Monat. So wie es mit Bubbe lief, würde ich drei brauchen.

»Kannst du zu einem Drive-in fahren? Ich brauche etwas zu trinken«, sagte sie.

Ich wusste, dass das kommen würde.

»Keine Sorge, Bubbe. Ich habe eine Flasche Wasser dabei. Es sind sogar Eiswürfel drin«, sagte ich, die Flasche in der einen Hand, die andere am Steuer.

»Danke, aber ich brauche Eistee mit künstlichem Süßstoff. Du weißt doch, dass meine Medikamente mir den Mund austrocknen. Ich vertrage keinen Zucker, aber der Süßstoff sorgt dafür, dass die Flüssigkeit im Mund kleben bleibt.«

Ich hatte keine Ahnung, wovon sie redete, aber ich wusste, ich konnte nicht gewinnen. Ich fuhr zu McDonald's.

Die Schlange reichte vom Parkplatz bis auf die Straße.

»Es ist voll, Bubbe. Brauchst du wirklich Eistee? Kann ich dir nicht bei Safeway eine Cola light holen?«

»Nein, das ist lächerlich! Ich kann dich doch nicht so rumkommandieren.«

Bubbe war großzügig. Einmal, als wir sie in Massachusetts besuchten, kam ein junger Klempner, um ihre Toilette zu reparieren. Es war Heiligabend. Draußen schneite es wunderschön. Natürlich war das weder für Bubbe noch für mich von Bedeutung. Wir feierten kein Weihnachten und brauchten eine funktionierende Toilette, aber der Klempner war kein Jude und hatte sich gerade von seiner Freundin getrennt. Während er die Toilette reparierte, hörte ich, wie er sich mit Bubbe, die in ihrem Zimmer gegenüber vom Bad fernsah, über seine Freundin unterhielt und darüber, wie dumm er gewesen sei, sie gehen zu lassen. Der Junge war nett. Er hängte auch das Bild von Bubbes Großvater im Wohnzimmer auf und stellte die Sofas um, beides Dinge, die Bubbe nicht allein tun konnte.

Nachdem er Bubbes Wünsche erfüllt hatte, rief sie ihn in ihr

Zimmer und gab ihm eine Flasche Wasser und eine Banane. *Du bist nicht dumm. Es war ihr Fehler, einen so netten Jungen wie dich gehen zu lassen,* hörte ich sie sagen. Auf dem Weg zur Toilette warf ich einen Blick in Bubbes Zimmer. Der Junge saß auf Bubbes Bettkante und erzählte von seinem hart arbeitenden Vater und seiner Mutter, die ihn verlassen hatte, als er drei war.

Ich hatte kein gutes Vorbild. Ich verstehe die Frauen nicht. Vielleicht jage ich dem Phantom meiner Mutter hinterher. Ihr Geist verfolgt mich.

Du bist jung und nett. Du wirst ein nettes Mädchen finden, such dir ein jüdisches Mädchen, ich verspreche dir, die kümmern sich um dich.

Bubbe lebte in einer einkommensabhängigen Seniorenwohnung, das Haus hatte einen eigenen Klempner. Der Junge bekam ein Gehalt. Er musste keine Zeit totschlagen, um bezahlt zu werden. Die Stimme des Jungen, so leise, fast flüsternd, als versuchte er, seine Gefühle zurückzuhalten, und Bubbes klare, ermutigende Worte drangen aus ihrem Schlafzimmer. Ich dachte: Was für ein Glück, eine Schwiegermutter zu haben, der ein Fremder so viel bedeutet, dass sie ihn auf ein Wasser und eine Banane in ihr Schlafzimmer einlädt.

»Kyoko, hast du zehn Dollar?« Bubbe kam aus dem Schlafzimmer, als der Junge auf die Toilette ging.

»Ja, warum?«

»Ron ist traurig. Er hat keine Freundin. Wir sollten ihm etwas Geld geben.«

»Aber bekommt er nicht Geld von der Verwaltung?«

»Doch. Ich gebe ihm was extra, damit er sich Schokolade kaufen kann. Es ist Weihnachten. Er braucht etwas, das ihn aufmuntert.«

In diesem Moment wusste ich, dass Bubbe der großzügigste

Mensch war, den ich je getroffen hatte. Sie legte sich mächtig ins Zeug, um einem Fremden Geld zu geben.

»Hier, nimm das.« Bubbe fasste die Hand des Jungen mit beiden Händen. »Es ist nicht viel. Komm jederzeit wieder, wenn du jemanden zum Reden brauchst.«

Ihre Güte galt auch Fremden, man kann sich also vorstellen, wie sie zu mir war. Bubbe kam immer mit zwei Koffern zu uns: einem mit ihren Kleidern und einem mit Joyva-Himbeergelee-Ringen, Streit's Mazze-Crackern und Gläsern mit Gefilte Fisch von Manischewitz. Jedes Frühjahr feierten wir Pessach mit ihr.

Einmal in der Woche ging ich einkaufen und kaufte nur das, was auf meiner Liste stand. Die Liste änderte sich kaum, und ich ging immer in denselben Laden, sodass ich die Preise auswendig kannte. Mein Budget betrug sechzig Dollar pro Woche beziehungsweise zweihundertfünfzig pro Monat.

In diesem Jahr führte ich sogar eine neue Toilettenregel ein, angeblich wegen der Dürre, aber eigentlich, um meine Wasserrechnung zu senken. Wenn nur Alex und ich im Haus waren, spülten wir erst nach dreimal Pipi oder einmal Kacka. Alex hätte nicht glücklicher sein können. Er fragte mich sogar, ob er sich dann auch nicht mehr den Hintern abwischen müsse. Ich sagte ihm, dass wir dadurch kaum Wasser sparen würden, da ich seine Unterwäsche dann mit der Hand unter fließendem Wasser ausspülen müsste, bevor ich sie in die Wäsche gab. Jungs versuchen das Badezimmerritual abzukürzen, wo sie nur können – Hintern abwischen, Hände waschen, Türen schließen.

Bubbe war beeindruckt.

»Du bist so genügsam. Du übertriffst sogar meinen Ex-Mann.«

Ich sagte ihr, da ich nicht wolle, dass sie sich unwohl fühle, würde ich das Ritual aussetzen. Sie dankte mir, bat mich aber auch, niemandem außer ihr dieses Ritual zu verraten.

Wenn ich Minimalistin bin, ist Bubbe Maximalistin. Während ich zufrieden war, wenn ich am Ende der Woche den leeren Kühlschrank sah, war Bubbe deprimiert. Es erinnerte sie an die Weltwirtschaftskrise.

»Kyoko, die Einkäufe bezahle ich. Ich koche vor und fülle deine Gefriertruhe, damit du und Alex etwas zu essen habt.« Das tat sie jedes Jahr.

Ich wusste ihre Freundlichkeit zu schätzen, aber was mir Sorge bereitete, war die zusätzliche Zeit, die ich mehrmals in der Woche im Supermarkt verbringen musste, sowie die Abstecher zu McDonald's, Ross und Peet's Coffee für die Pausen zwischen den Einkäufen, denn Bubbe sagte: *Wie kannst du einkaufen, wenn du hungrig bist?* Ich brauchte sie nicht, um meine Tiefkühltruhe aufzufüllen. Ich konnte Alex und mich mit 250 Dollar im Monat ernähren. Das tat ich seit Jahren, ohne auf die Hilfe anderer angewiesen zu sein. Ich konnte auch ohne sie überleben. Außerdem aßen wir auch andere Sachen. Bubbe mochte Smacks mit Vanille-Mandelmilch, Kirschtomaten mit Hummus, Schweizer Käse auf Ritz-Crackern, Cola light und Pfirsich-Eistee. Alex und ich aßen Miso-Suppe, Reis, Obst und Gurken und tranken Wasser, Milch und grünen Tee. Wenn sie nur ihre eigenen Lebensmittel einkaufte, konnten wir es auf ein Mal pro Woche beschränken. Außerdem vergaß sie immer wieder ihre PIN. »In meinem Alter ist es schwer, sich Dinge zu merken. Erinnere mich bitte daran, dass ich dir das Geld zurückgebe«, sagte sie auf dem Heimweg im Auto. Sie zahlte es mir immer zurück, wenn ich es erwähnte, aber ich hatte ein schlechtes Gewissen, deshalb ließ ich es. Ich wusste schon, dass ich heute für das Memory-Foam-Kissen bezahlen würde.

Alex brauchte neue Fußballschuhe, die Aufnahme in die Mannschaft kostete achtzig Dollar, und in drei Wochen war schon Klassenfest. Das Geld für diese zusätzlichen Ausgaben sparte ich im Voraus auf einem Konto namens »Extraausgaben«, aber in den letzten zwei Wochen hatte ich immer wieder Geld abgehoben. Bald würde ich ein Konto mit dem Namen »Extraausgaben für Bubbe« eröffnen und noch sparsamer sein müssen. Wenn ich mir schon Sorgen machte, ob ich es mir leisten konnte, Alex zum Fußball zu schicken, wie sollte ich ihn dann aufs College schicken? Wenn Bubbe zwei Monate blieb? Den ganzen Winter? Dann wäre ich pleite. Außerdem war es nicht wirklich *mein* Geld. Die Regierung gab es mir, damit ich mich um meinen Sohn kümmern konnte. Das Kissen war nicht für Alex.

»Ich mache den Motor aus. Die Schlange wird sich so schnell nicht bewegen«, sagte ich.

»Es ist heiß. Wir werden schweißgebadet sein. Wir können die Klimaanlage nicht ausschalten.«

»Es ist nicht heiß. Ich habe einen Pullover und eine Jacke an.«

»Behalt sie an und lass die Klimaanlage laufen. Niemand will mich nackt sehen. Du hast kein Fett. Du musst mehr essen, Kyoko. Hör auf, Miso zu essen, und nimm dir von meinen Ritz-Crackern.«

»Ich mache mir Sorgen wegen der Benzinkosten, Bubbe.«

»Mach dir keine Sorgen. Ich zahle.«

»Nein, schon gut. Ich komme auch ohne deine Hilfe klar. Ich kann mir nur nicht jedes Mal Extraausgaben leisten, wenn du kommst. Benzin, Wasser, Strom, Nasenspray, Noah's Bagels … Ich gebe mehr aus, wenn du kommst. Ich arbeite nur halbtags und bekomme Mindestlohn. So geht es nicht weiter.«

Die Schlange bei McDonald's bewegte sich endlich vorwärts. Ich bestellte einen Eistee und bat um Eiswürfel in einem Extrabecher. Der Kassierer zögerte zuerst, aber als Bubbe ihm erklärte, dass dort, wo sie lebe, für Senioren die Zwei-Becher-Regel gelte und dass sie den Manager ihres McDonald's anrufen könne, wenn er einen Beweis brauche, gab er sich geschlagen.

»Siehst du, ich habe doch gesagt, es dauert nicht lang«, sagte Bubbe.

»Das waren fünfzehn Minuten. Lang genug, um einen Mammutbaum zu töten.« Ich setzte sie vor Ross ab und fuhr im Kreis, bis ich einen Parkplatz fand. Bubbe konnte ohne Stock kaum laufen. Diese kleinen Extrafahrten summierten sich. Ich joggte in den Laden, überholte sie von hinten und ging in die Kissenabteilung. Als sie sich der Kasse näherte, hatte ich das Kissen schon geholt und stand an, um die Differenz zu bezahlen. Bubbe stellte sich zu mir. Diesmal erinnerte sie sich an ihre PIN. Sie kaufte mir ihr Memory-Foam-Kissen.

Ich lief zurück zum Auto, und als ich Bubbe aus dem Laden kommen sah, startete ich den Motor, um sie einzusammeln.

»Danke, Kyoko. Wir sind ein gutes Team. Du weißt, wie sehr ich dich schätze. Nicht viele Schwiegermütter können ihre Schwiegertöchter ohne ihren Sohn besuchen. Ich höre so viele meiner Freundinnen über ihre Schwiegertöchter klagen. Aber ich nicht. Du sollst wissen, wie glücklich ich bin, dass du meine Schwiegertochter bist, nein, meine Tochter.«

Ich wusste, dass sie mir kein schlechtes Gewissen machen wollte, wie sie es bei ihrer Familie gern tat. Sie war aufrichtig, so wie sie es versprochen hatte, als wir Levi verloren hatten. Egal, wie schmerzhaft es war, sie sagte, was sie dachte, und bat mich, dasselbe zu tun. Sie glaubte, dass Reue, Groll und Scham eine Mauer um uns errichten und dass wir diese Mauer durchbrechen, indem wir die Wahrheit sagen.

»Ich bin nicht leicht gekränkt. Sag mir einfach, was du willst. Wenn es mir nicht gefällt, tue ich es nicht. Du und ich, wir sitzen im selben Boot«, sagte sie.

Als das Haus zwangsversteigert wurde, beschloss ich, mit Alex zu meinem Schwager und seiner Familie nach Massachusetts zu ziehen. Ich bat Bubbe, eine Weile bei uns zu bleiben, weil ich Angst hatte. Angst vor meiner mentalen Verfassung. Bubbe blieb bei uns, bis wir nach San Francisco zurückkehrten.

Nachts ging ich in ihr Zimmer und setzte mich auf die Bettkante, genau wie der Klempnerjunge. Wir sahen, was auch immer sie gerade sah, und während der Werbung sagte ich ihr, wie sehr ich es dort hasste. Ich hasste den kalten Winter und das überteuerte, unreife Obst. Ich sagte ihr, dass ich lieber verhungern würde, als ihr Essen zu essen.

Wenn sie versuchte, mich zu trösten, würgte ich sie ab, um mich noch schlechter zu fühlen. Vielleicht konnte ich so vermeiden, noch jemanden zu verlieren – wen, wusste ich nicht. Oder ich konnte mich auf die nächste Tragödie vorbereiten. Überlebensinstinkt. Es würde weniger wehtun, wenn ich eh schon ganz unten war. Ich wollte dort bleiben. Ich wollte nicht, dass es mir besser ging. Nie wieder wollte ich diesen Schmerz durchmachen.

Nachdem ich ihr alle Gründe aufgelistet hatte, warum ich bestraft gehörte, erzählte ich ihr, dass ich mir Sorgen machte, wie ich als alleinerziehende Mutter in diesem Land überleben sollte, dass ich aber unabhängig sein wollte. Ich erzählte ihr, dass ich mich schuldig fühlte, weil ich von ihr und ihrer Familie abhängig war, aber nicht den Mut hatte, das komfortable Haus meines Schwagers zu verlassen und neu anzufangen.

»Geh, Kyoko. Zieh zurück nach San Francisco. Niemand lebt dein Leben außer dir. Zuerst musst du dich selbst glücklich machen. Wenn's nicht klappt, kannst du immer noch zurückkommen. Ben würde dich und Alex nie abweisen, und auch wenn Alex erwachsen ist, würde er dich sofort wieder aufnehmen. Und weißt du, warum? Weil wir eine Familie sind. Verstehst du das?«

Ich hatte immer noch Alex, und Bubbe hatte immer noch drei Kinder und ihre Enkelkinder. Streng genommen waren wir nicht allein, aber wenn wir zusammen auf ihrem Bett saßen, konnten wir uns zusammen allein fühlen, und wenn wir zusammen allein waren, hatte ich das Gefühl, dass ich vielleicht wieder am anderen Ende des Landes leben könnte, weil ich wusste, dass sie immer für mich da sein würde.

»Was steht auf dem Schild?« Bubbe deutete auf das alte Holzschild. Wir waren auf dem Heimweg.

»Das ist ein Tortenladen. Jemand hat mal eine Bananensahnetorte aus dem Laden zu einer Party mitgebracht. Die sind ziemlich gut«, sagte ich.

»Kyoko, können wir dahin? Bananentorte ist meine Lieblingstorte. Wir *verdienen* ein Stück Torte. Ich lade dich ein.«

In einer Woche reiste sie ab. Ein Stück Torte würde meinem Konto jetzt nicht schaden. Warum also nicht? Ich setzte sie vor dem Laden ab und suchte einen Parkplatz.

Als ich den Laden betrat, saß Bubbe schon an einem Tisch.

Sie versuchte, mir ihre Bankkarte zu geben, aber ich signalisierte ihr, *ich zahle*.

Die Torte kostete sieben Dollar. Das Stück.

Ich kaufte eins für Bubbe und ließ mir ein Glas Leitungswasser geben. »Wo ist deins, Kyoko?«

»Ich wollte keins.«

»Du liebst Süßes. Du bist die Einzige, die meine Hühnersuppe verschmäht, um Platz für den Nachtisch zu haben. Du hast die fünf Schachteln Himbeergelee-Ringe in drei Tagen aufgegessen. Ich kenne dich. Bitte lass mich dir ein Stück Torte kaufen.«

»Nein, ich möchte nicht.«

»Du lügst. Wie kann ich das ohne dich essen? Ich will diesen

Moment mit dir in Erinnerung behalten. Deshalb habe ich dich gebeten anzuhalten.«

»Ich will kein Geld für mich ausgeben, und ich will nicht, dass *du* Geld für mich ausgibst. Das ist es nicht wert. Mir wäre es lieber, wenn du Geld für Alex sparen würdest. Er braucht Geld für seine Bar Mizwa. Ich bin Dreck, eine Plage, ein Blutsauger für dieses Land.«

Und für Levi, wollte ich Bubbe sagen. Ich habe ihn ausgesaugt, und das war der Grund, warum er heimlich eine Kreditkarte unter meinem Namen beantragte und Schulden hinterließ. Aber ich traute mich nicht, es ihr zu sagen. Dieses Gefühl werde ich mit ins Grab nehmen.

»Wovon redest du, Kyoko?«, fragte Bubbe.

»Die Regierung gibt mir Geld, damit ich mich um Alex kümmern kann. Es ist sein Geld. Ich dachte, ich würde mich unabhängig fühlen, wenn ich allein in San Francisco lebe, aber ich bin immer noch von jemandem abhängig: von meinem Sohn und von der Regierung«, sagte ich.

Bubbe stand auf, ging zur Kasse und setzte sich wieder. »Die Gabeln sind umsonst. Wir teilen.« Sie schob mir den Teller hin.

»Hör zu, Kyoko. Weil so viele Kinder im Zweiten Weltkrieg ihre Väter verloren haben, konnten die Frauen ihre Kinder nicht ernähren und gaben sie in Waisenhäuser. Es ist wirtschaftlicher, Witwen und Witwern Geld zu geben, damit sie ihre Kinder großziehen können, als es für Waisenhäuser auszugeben. Aus diesem Grund gibt die US-Regierung dir Geld. Du hast also jedes Recht, Geld für ein Stück Torte auszugeben«, fuhr sie fort. »Ohne glückliche Mutter kein glückliches Kind. Ich verstehe nicht, wie du auf die Idee kommst, eine Last für dieses Land zu sein, aber eins sag ich dir. Ich bin in den Sechzigerjahren für Frauenrechte auf die Straße gegangen, mit Levi auf dem Rücken und Ben im Kinderwagen. Lass es nicht umsonst gewesen sein.«

Vor uns lagen ein unberührtes Stück Bananentorte und zwei silberne Gabeln. Meine Tränen vernebelten den Blick auf die Familie mit dem kleinen Kind, das Ehepaar und die Mitarbeiterin, die hinter Bubbe eilig die Tische abwischte. In dieser großen Welt schienen Bubbe und ich der Mittelpunkt der Geschichte zu sein.

»Die amerikanische Regierung liebt dich nicht, aber sie will, dass du lebst, und mit der Schwiegermutter Torte essen ist leben. Du bist geizig, zwanghaft und manchmal krankhaft paranoid. Aber es ist nicht schwer, dich zu lieben. Ben, Paula, Laura, ich und sogar Zaydeh – niemand wird gezwungen, dich zu lieben, wir tun es, weil wir es wollen. Lauf nicht vor der Liebe davon, Kyoko. Lauf nicht vor ihr davon. Und selbst wenn die ganze Welt gegen dich wäre, du selbst eingeschlossen, ich bin es nicht. Ich habe Levi an seinem Grab versprochen, dass ich immer für dich da sein werde, also reiß dich zusammen, du wirst mich nicht los. Wenn ich sterbe, wird Ben einen Weg finden, meinen Kopf zu konservieren. Ich werde ein sprechender Kopf sein. Herrgott, die Hälfte meines Körpers besteht eh schon aus Titan, ich kann ebenso gut auf ihn verzichten.«

Ein Mitarbeiter kam mit einem extra Teller.

Bubbe schnitt das Tortenstück genau in der Mitte durch und schob mir den zweiten Teller hin. »Nicht schummeln, Kyoko«, sagte sie.

Nachdem wir aufgegessen hatten, ging ich schnell nach draußen, um mein Auto zu holen, und weinte noch ein wenig. Vielleicht hatte Levi mich nicht geliebt, aber er hatte mir einen Menschen hinterlassen, der nie aufhören würde, mich zu lieben.

Es dauerte ein paar Minuten, bis ich losfuhr. Bubbe wartete wie immer vor dem Laden auf mich.

»Siehst du, Kyoko. Wir verstehen uns so gut. Du machst dich verrückt, und ich muntere dich auf. Nächstes Jahr komme ich für zwei Monate.«

Ich antwortete nicht.

»Was sagst du dazu, Kyoko?«

»Du bist das Beste, was Levi mir hinterlassen hat, aber ich glaube nicht, dass ich es acht Wochen mit dir aushalte. Vielleicht zwei Wochen, nein, zehn Tage, mehr ertrage ich nicht, ehrlich gesagt. Ich bin aus dem Rhythmus, und ich will mein Bett und das neue Kissen zurück.«

»Ich glaub's ja nicht. Nach allem, was ich gerade gesagt habe, schmeißt du mich raus.«

Wir fuhren an derselben Tankstelle vorbei. Der Sprit war wieder teurer geworden!

Ich sagte: »Bubbe, seit wir vor drei Stunden hier vorbeigefahren sind, ist das Benzin zehn Cent teurer geworden.«

Bubbe lachte und tätschelte meinen Oberschenkel. »Dafür liebe ich dich.«

Segen eines Elternteils

BAR-MIZWA-REDE *1. Entwurf*

Vor einem Jahr, als wir mit den Vorbereitungen für die Bar Mizwa begannen, sagte Alex zu mir: »Mama, du kannst mich so viel blamieren, wie du willst, aber sprich keinen langweiligen Segen; da du aber langweilig bist, sei einfach nicht du selbst.« Dieser kurze Austausch zeigt, warum wir alle Alex lieben. Er ist authentisch, ganz er selbst und entschlossen, jeden Moment seines Lebens zu genießen, sogar den Segen seiner Mutter. Um deinem Wunsch nachzukommen, Alex, erzähle ich dir eine Geschichte über deinen Vater, unsere Hochzeit und Bubbe. Und du weißt, wenn Bubbe und dein Vater in der Geschichte vorkommen, kommt alles anders, als man denkt.

Dein Vater, Bubbe und ich saßen am Tisch und planten unsere Hochzeit in Boston. Bubbe sagte: »Kyoko, es ist dein Tag, du kannst alles haben, was du willst.« Ich sagte: »Nichts.« Und sie sagte: »Das ist nicht die richtige Antwort. Was wünschst du dir für deine Hochzeit?« Ich sagte: »Dann etwas ganz, ganz, ganz Kleines. Nur die Familie und ein Essen.« Bubbe sagte: »Das ist eine ausgezeichnete Idee. Levi, wir feiern im kleinen Kreis.« Wir sprechen hier von einer Familie, die einen ganzen Tag darüber diskutieren konnte, wo sie zu Abend essen sollte.

Ich konnte nicht glauben, dass mir mein Wunsch einfach so erfüllt wurde.

Als der Termin näher rückte, begann Bubbe, mir Fragen zu stellen. »Kyoko, ich finde, die Tischdecke sollte golden sein. Das ist elegant, und es fällt nicht so auf, wenn sie dreckig wird. Aber es ist deine Hochzeit, nur, wenn es dir recht ist.« Ich sagte: »Alles gut, solange es klein bleibt.« »Kyoko, ich habe eine Hochzeitstorte bei Konditor Meister bestellt, der besten Konditorei in Massachusetts. Aber nur, wenn es dir recht ist.« Ich sagte dann: »Wunderbar. Solange es eine kleine Hochzeit wird.« »Kyoko, ein guter Freund von mir ist Florist. Er macht dir den Brautstrauß und den Blumenschmuck für sämtliche Tische.« Ich dachte: *Für sämtliche Tische? Das klingt seltsam für eine kleine Hochzeit.* Etwa zur gleichen Zeit bemerkte ich auf dem Schreibtisch deines Vaters einen Stapel Einladungen. Bald sprach er von einer Band, einem Fotografen und einer Bar. Damals amüsierte ich mich köstlich über dieses Mutter-Sohn-Gespann, das versuchte, die Hochzeit zu komprimieren – das Einzige, wovon sie keine Ahnung zu haben schienen.

Der Tag kam, die Zeremonie war klein, nur im engsten Familienkreis. Aber als ich den Raum neben dem Trauzimmer betrat, saßen dort über sechzig Leute. Da war die goldene Tischdecke, von der Bubbe gesprochen hatte, der Blumenschmuck in der Mitte jedes Tisches, von dem Bubbe gesprochen hatte, und die riesige Hochzeitstorte, deren Größe Bubbe mir verschwiegen hatte. Und unter den Leuten sah ich Don, den Jugendfreund deines Vaters;

Richie, den Schrottplatzbesitzer; Steve, den Türsteher … Ich fragte deinen Vater: »Was ist aus der Hochzeit im Kreis der Familie geworden?« Er antwortete: »Für mich gehören sie alle zur Familie.« Das habe ich an deinem Vater am meisten geliebt. Bis dahin war meine Familie für mich meine Mutter, mein Vater und mein Bruder. Nur wir vier. Und das war mehr als genug für mich. Aber nachdem ich deinen Vater kennengelernt hatte, erweiterte sich meine Definition von Familie. Und damit erweiterte sich auch meine Fähigkeit zu lieben. Und wenn sich die Fähigkeit zu lieben erweitert, erweitert sich das Leben selbst.

Die Geschichte führt zu deinem Leben, jetzt und heute, bei deiner Bar Mizwa. Jetzt wird es doch langweilig, denn ich kann nicht aus meiner Haut.

Weil dein Vater so gut darin war, Freunde zu finden, und ich nicht, hatte ich Angst, dass du nach dem Verlust deines Vaters allein sein würdest. Aber wenn ich alle hier so sitzen sehe, weiß ich, dass ich mir keine Sorgen machen muss.

Alex, ich möchte, dass du dir einen Moment Zeit nimmst und dir jedes Gesicht hier im Saal ansiehst.

Sie sind heute hier, weil sie hier sein wollen. Du warst erst zwei Jahre alt, als wir nach San Francisco zurückgekehrt sind, und wir kannten kaum jemanden. Alex, du hast dir diese Gemeinschaft aus dem Nichts aufgebaut.

Status, Geld und sichtbare Erfolge bescheren dir ein komfortables Leben, nehmen dir die Angst vor der Zukunft, aber Freunde und Familie *sind* Leben. Menschen kennenzulernen ist das größte Geschenk, aber es ist Glück. Um eine Beziehung aufrechtzuerhalten, muss man sich jedoch anstrengen. Was du vor dir siehst, ist kein reines Glück. Du bist dafür verantwortlich. Und wie du an der Geschichte, die ich gerade erzählt habe, siehst, ist es das, was dein Vater am meisten geschätzt hat.

Ohne dich wäre heute niemand hier. Das heißt, ohne dich hätte ich meine Freunde nicht. Alex, du hast nicht nur für dich ein Leben aufgebaut, sondern auch für mich. Ich überlege immer noch, wie ich dir dafür danken kann.

Ich kann ehrlich sagen, dass dein Leben das Leben ist, das ich jedem Kind wünsche. Richte dir dein Leben weiter so ein, das du selbst es liebst. Du musst niemanden glücklich oder stolz machen, auch mich nicht. Du sollst wissen, sich selbst zu lieben bedeutet nicht, egoistisch oder gefühllos zu sein. Also verkaufe dein Leben nicht.

Ich danke euch allen, dass ihr Alex mit mir aufgezogen habt. Er wäre nicht der, der er ist, wenn einer von euch in seinem Leben gefehlt hätte. Das meine ich ernst. Während er zu einem jungen Mann heranwächst, wisst ihr, dass ihr nun auch auf ihn zählen könnt. Wenn ihr jemanden braucht, wird er für euch da sein, so wie ihr für ihn da gewesen seid.

Alex, sieh sie dir alle noch mal ganz genau an. Sie sind das Leben, das du dir aufgebaut hast. Du kannst alles vergessen, was ich gesagt habe, aber vergiss eines nicht: Mit dreizehn hattest du alles, was du brauchtest.

Geständnis eines Säuglings

Ich sah zu, wie ihr Baby in meinen Armen einschlief. Vor einer halben Stunde war es weinend aufgewacht, also gab ich ihm ein Fläschchen, ging mit ihm ins Wohnzimmer und sang ihm ein improvisiertes Schlaflied vor. Das Baby roch gut, wie alle Neugeborenen, nach Milch und ein bisschen auch nach ihrem Haus. Seit ich auf seine ältere Schwester aufgepasst hatte, versuchte ich herauszufinden, woher dieser Geruch kam. Ich tippte auf ätherische Öle oder Waschmittel. Selbst wenn ich es gewusst hätte, wäre es unmöglich gewesen, genau den gleichen Geruch in meinem Haus nachzuahmen. Denn der Duft in jedem Haushalt entfaltet sich mit dem Leben darin. Ich fragte mich, ob mein Sohn und ich auch einen unverwechselbaren Geruch entwickelt hatten.

Der Vater des Babys war früher mein Professor. Er und seine Familie wohnten nur fünf Straßen von mir entfernt. Bei ihnen sah es immer aus, als wären sie gerade erst eingezogen: überall Bücher, Rechnungen, Pizzakartons und Hundeleinen. Kein Wunder, dass mein Professor die Arbeiten seiner Studenten immer verlegte.

Obwohl ihm niemand sein Talent als Autor und Lehrer absprechen konnte und seine Kurse immer voll waren, beschwerten sich einige über seine Zerstreutheit und Unberechenbarkeit. Er belegte Termine oft doppelt und kam immer zu spät. Für mich waren seine Inkonsequenz und Vergesslichkeit Teil seines Charmes, aber einige meiner Kommilitonen meinten, er täte das absichtlich, um uns abzuschrecken. Einmal weinte sogar ein Mädchen, weil er einen Termin vergessen hatte. Sie sagte, wir seien ihm völlig egal. Ich war verblüfft über ihre Bemerkung, denn ich wusste längst, dass wir ihm egal waren.

In Wahrheit hatte ich Kreatives Schreiben nur gewählt, weil man dafür, im Gegensatz zum Englischstudium, keinen Aufnahmetest bestehen musste. In den vier Jahren am College korrigierten Tutoren meine Englisch-Aufsätze. Ich folgte den roten Spuren und tippte alles noch mal neu, um die Kurse zu bestehen. Trotzdem hatte ich keine Ahnung, wo ich Kommas setzen musste oder wann man »a« statt »the« benutzte. *Wie es wohl war, diese Sprache wirklich zu verstehen? Wenn ich schreiben könnte wie ein Muttersprachler, hätte ich dann endlich das Gefühl, hierher zu gehören?* Das hätte ich gern gewusst.

Bald wurde mir klar, dass die Leute in meinem Studienfach über jede Grammatik erhaben waren. Sie brachen die Regeln und erfanden neue Wörter. Sie konnten das, weil sie die Regeln der englischen Sprache beherrschten.

Aber mein Professor interessierte sich nicht für meine Grammatik. Er interessierte sich auch nicht für mich. Was ihn interessierte, waren unsere Geschichten. Deshalb mochte ich ihn. Ich musste ihm mein Leben nicht erklären. Er wollte nur etwas über die Menschen in meinen Geschichten wissen. In seinem Kurs war ich nicht auf meinen Körper beschränkt. Wenn meine Geschichten die Leute nicht berührten, konnte ich die Figuren austauschen oder aufgeben. In diese Freiheit verliebte ich mich.

Er lud mich ein, an seinen verschiedenen Projekten mitzuarbeiten, und als ich das Studium abgeschlossen hatte, bat er mich, als Babysitter auf seine Tochter aufzupassen. Ich verwendete meine ganze Energie darauf, seine Tochter zu lieben, wenn sie bei mir war. Die Tochter und mein Sohn waren sechs Jahre auseinander. Wir drei spielten zusammen Scharade, Fang die Maus und Spiel des Lebens. Die beiden zankten über die Regeln und darüber, wer gewonnen hatte, genau wie ich es mir bei Geschwistern vorstellte. Seine Tochter und ich bastelten japanische Daumenkinos und Schattenpuppen und nahmen unsere improvisierten Geschichten auf. Sie hasste Gemüse und Obst, aber von meinem Avocado-Sushi schaffte sie mehr als jeder Erwachsene. Wir backten glutenfreien Kuchen für ihre Mutter. Die Glasur sei aus Fischaugen, sagte ich, und ihre ohnehin schon großen Augen wurden noch größer, dann kniff sie die Augen zusammen wie ein Detektiv und sagte: »Bist du sicher?« Den Hausschlüssel meines Professors bewahre ich im Auto auf, und auf dem Rücksitz sind Flecken von seinem sabbernden Hund. Ich kenne den Namen seines besten Freundes und weiß, wie seine Frau seine Unterschrift fälscht, indem sie das »P« und das »F« betont, wenn sie mir einen Scheck ausstellt. Aber wir stehen uns nicht nahe. Wir haben noch nie zusammen zu Abend gegessen, nicht mal zwanglos geplaudert, außer über meine Geschichten, sein Projekt oder seine Kinder, und das ist mir auch lieber so.

Das Baby meines Professors schnarchte lächelnd in meinen Armen. Dann hörte ich, wie die Tür geöffnet wurde, gefolgt von einem »Hallo?« – die helle Stimme seiner Frau Tea, die nach Hause kam. Sie fand mich auf dem Sofa, wo ich schon gesessen hatte, als sie gegangen war, und sagte: »Du hättest ihn nicht die ganze Zeit halten müssen.« Ich bemerkte, dass ihr Baby in meinen Armen zu strampeln begann. Es machte ein Rosinengesicht, das Gesicht, das es immer machte, bevor es in Tränen ausbrach. »Alles gut! Du riechst Essen, nicht wahr?« Ich reichte ihn Tea, und sie ging ins Schlafzimmer. »Ich fange mit dem Bild an der Wand an«, sagte ich, und sie rief: »Das wäre toll! Ich komme gleich.«

Die Familie wollte für ein Jahr nach Afrika und dann nach New Hampshire ziehen. Tea hatte mich gebeten, ihnen beim Packen zu helfen. Ihr zweites Kind war gerade auf die Welt gekommen. Sie brauchten Hilfe.

»Unser Haus ist ein einziges Chaos!«, sagte Tea mit einem breiten Lächeln. Die antiken Salz- und Pfefferstreuer, ein Porzellanschwein, das keinen anderen Zweck zu erfüllen schien, als im Küchenregal Staub zu fangen … Dinge, die ich mir nie anschaffen würde, gab Tea mir, um sie einzeln in Papier einzuwickeln wie Geschenke. Sie zeigte mir ein Porträt von sich, das einer ihrer Ex-Freunde gezeichnet hatte. Sie zeigte mir ihr Fotoalbum, ein Bild von ihr und ihrem Bruder auf einem Boot, als sie drei Jahre alt war. Sie zeigte mir ein sepiafarbenes Foto von meinem Professor mit seinem Bruder im Wald, als er noch ein kleiner Junge war. »Ich mache Fortschritte«, sagte Tea und sah sich im Wohnzimmer um. »Bei Poe bin ich mir nicht sicher. Das ist sein Problem.« Sie zeigte auf das Bücherregal über dem Kamin.

Wir ließen ein paar kleine Bilder auf dem Sofa liegen, die wir später einpacken wollten, und gingen in die Küche, um die Tassensammlung meines Professors einzupacken. Sie erzählte mir, dass er die Angewohnheit hatte, überall Tassen mitgehen zu lassen. Wir fanden eine Tasse mit dem Logo von Mission Pie, eine Tasse mit Untertasse von einer Lodge am Lake Tahoe und billige IKEA-Tassen von Charlie's Café. Sie ahmte den Gesichtsausdruck nach, den er aufsetzte, wenn er zum Dieb wurde. »Er ist ein seltsamer Mensch«, sagte sie. In der Art, wie sie es sagte, lag so viel Liebe für ihn, dass mir das Herz aufging. Ihr unaufgeräumtes Haus war voller Leben, und während ich ihr Leben in Kartons packte, hatte ich das Gefühl, zur Familie zu gehören.

Ich packte die restlichen Fotos und Bilder im Wohnzimmer ein. Ich hörte, wie die Tür geöffnet wurde, und ohne ein »Hallo«

oder »Ich bin zu Hause« kam mein Professor die Treppe hoch. *Wie ist es gelaufen?*, fragte Tea. Er hatte in der Schule seiner Tochter einen Vortrag über Afrika gehalten. *Du glaubst gar nicht, wie schlau diese Fünfjährigen sind!*, antwortete er. *Die kennen jedes Tier in Afrika. Ich meine nicht nur Giraffen, Zebras, Löwen, sondern auch Gnus und so weiter.* Er nahm das von Teas Ex-Freund gemalte Porträt in die Hand, fuhr sich durchs Haar und wandte sich an mich: »Das wird wohl stillschweigend ein Familienerbstück werden.« Und als wäre ich gerade erst im Wohnzimmer aufgetaucht, fragte er mich: »Wie läuft's?«

»Wir haben Fortschritte gemacht, aber deine Bücher ...« Ich zeigte auf das Bücherregal.

»Oh, das kann ich jetzt machen«, sagte er und fing an, die Bücher rauszuziehen. »Ich brauche die nicht alle, oder? Es sind viel zu viele.«

Ich beobachtete ihn, wie er zwei Stapel machte – einen zum »Behalten« und einen zum »Verschenken«. Während er die Stapel sortierte, fragte er mich: »Ich mache diesen Podcast mit Erika, willst du mir beim Schneiden helfen?«

»Klar, ich habe noch nie Audio geschnitten ...«

»Aber du kannst es lernen. Ja?«

»Ja.«

»Du kannst doch schneiden, oder?«

»Ja, ich kann schneiden«, sagte ich.

In einer Art Tanz trug er den »Verschenken«-Stapel in den Flur, sortierte einige Bücher wieder aus und stellte sie zurück ins Regal. Ich nahm das oberste Buch des Stapels in die Hand und fand auf der ersten Seite Stichworte meines Professors zu einem lobenden Zitat für den mit ihm befreundeten Autor. Ich steckte das Buch in meine Handtasche und packte den Rest in zwei Papiertüten, nur für mich.

Es dauerte mindestens zehn Minuten, bis mein Professor das Haus verließ. *Wo sind meine Schlüssel?*, fragte er, und Tea antwortete: *Als ich sie das letzte Mal gesehen habe, lagen sie auf dem Tisch.* Dann fragte er: *Und mein Rucksack? Direkt vor dir auf dem Sofa*, antwortete sie. *Weißt du, wo die Zeitung ist, die ich heute Morgen bei mir hatte? Du bist heute Morgen damit aus dem Haus gegangen.* Er ging durchs Haus und sammelte die fehlenden Gegenstände ein. Er nahm ein gerahmtes Foto in die Hand, das ich zum Einpacken auf die Couch gelegt hatte. Oh, das ist ein schönes Bild, das müssen wir behalten, sagte er und legte es auf den Boden.

Endlich ging er und sagte, er würde das Fahrrad nehmen. Als wir die Tür zufallen hörten, sah Tea mich an und sagte: »Es ist, als hätte man drei Kinder!« Wir lächelten beide.

Wir packten noch ein paar Kisten, dann war es Zeit für Tea, ihre Tochter von der Schule abzuholen und zum Klavierunterricht zu fahren. Sie reichte mir ihren Sohn. »Was würden wir ohne dich tun«, sagte sie. *Gleichfalls*, wollte ich antworten, doch stattdessen nickte ich und nahm die Tüten mit den aussortierten Büchern.

Draußen stieg mein Professor, der gerade von irgendeiner Erledigung zurückgekommen war, in sein Auto. »Ich hätte gleich das Auto nehmen sollen«, sagte er, als er mich mit seinem kleinen Sohn und den Büchertüten sah. »Kann ich euch mitnehmen?«, fragte er.

»Es ist nicht weit, alles gut.«

»Okay«, sagte er. »Kommst du heute Abend ins Charlie's? Ich habe eine Lesung, und Paul singt. Es ist ein bisschen albern, aber …«

»Ja, ich komme.«

»Und morgen? Geburtstagsfeier? Es gibt eine Hüpfburg. Ich

bin mir nicht sicher, ob Alex mit einem Haufen Fünfjähriger hüpfen will.«

»Das würde er sich auf keinen Fall entgehen lassen«, sagte ich.

»Und das Haiti-Projekt.«

»Ja, ich geh's noch mal durch.«

»Soll ich dich wirklich nicht fahren?«

»Nein, alles gut«, sagte ich, und er öffnete die Autotür und legte seine Bücher auf den Rücksitz.

»Dann sehen wir uns heute Abend?«

»Und morgen und gestern.«

Er lächelte, fuhr sich durchs Haar, und ich lächelte auch.

Als sein Wagen um die Ecke in die Precita Avenue bog, umarmte ich sein Baby in der Trage und flüsterte: »Ich hab dich so lieb.« Das Gewicht der Papiertüten hinderte mich daran, es weiter zu umarmen. Ich küsste das schlafende Baby und roch an seinem Hals. »Ich hab dich lieb. Ich hab dich lieb. Ich hab dich lieb«, sagte ich immer wieder. Er war erst wenige Wochen alt. Er konnte nicht verstehen, was ich sagte, aber ich wusste, dass er es fühlte und dass er es für sich behalten würde.

Ich hörte, wie mein Sohn ein Mädchen küsste

In der Oscar-Nacht hörte ich, wie mein Sohn ein Mädchen küsste. Er war fünfzehn, und es war das erste Mal, dass er ein Mädchen mit nach Hause gebracht hatte. Beim Abendessen, vor dem Kuss, erzählte er mir, dass sie in seinem Zimmer *Rango* sahen. Wurde in dem Zeichentrickfilm viel geküsst? Vielleicht, aber ich konnte mich nicht daran erinnern, also lauschte ich, um herauszufinden, ob das Geräusch vom Bildschirm kam oder von ihnen. Jedes Mal, wenn ich das Geräusch hörte, wurde es realer, und ich setzte aus den Wortfetzen, die ich verstehen konnte, ihr Gespräch zusammen. *Alles okay?*, fragte mein Sohn. *Ja, ja. Alles gut*, sagte das Mädchen.

Während ich zusah, wie zum ersten Mal ein koreanischer Film den Preis für den besten Film gewann und ein Waschbär von der Größe eines Pitbulls über unsere Veranda lief, schrieb ich eine Nachricht an meinen Sohn, der sich keinen Meter entfernt auf der anderen Seite der Wand befand. *Geht es euch gut? Da draußen ist ein riesiger Waschbär. Wollt ihr den sehen?* Keine Antwort. Immer wieder drangen Kussgeräusche (jetzt war ich überzeugt, dass es welche waren) durch die Wand. Natürlich ging es ihnen gut, aber ich wusste nicht, was ich sagen sollte und was nicht. Ich wäre besser vorbereitet gewesen, wenn er mir gesagt hätte, dass sie seine Freundin ist. Dann hätte ich ihm unsere Hausregel erklären können: *Jemand muss zu Hause sein, wenn du ein Mädchen mitbringst. Wenn du Dinge tust, die ich nicht sehen oder hören soll, dann lass es*, und, und … Was?

Wir lebten in San Francisco in einem hundert Jahre alten zweistöckigen Haus mit Mitbewohnern. Die Raumaufteilung ermöglichte uns allen eine gewisse Privatsphäre. Wir teilten uns Garage, Küche, Garten und Waschküche. Der Wintergarten und der gesamte erste Stock, zwei Schlafzimmer mit Dusche und Toilette, gehörten meinen Mitbewohnern, ein Wohnzimmer und ein großes Schlafzimmer mit Bad und Toilette im Erdgeschoss gehörten uns. Als mein Sohn sechs war, teilte ich das große Schlafzimmer in zwei Zimmer auf. Wir zogen zwei Drittel der Grenze mit zwei Bücherregalen, die meine ersten Mitbewohner zurückgelassen hatten, für den Rest brachten wir IKEA-Vorhänge an der Decke an. Wir zogen keine Wand zwischen uns.

Es ist ein Wunder, dass wir uns in dieser Stadt noch eine Wohnung leisten konnten. Levi hatte ein Haus in derselben Straße besessen, aber er starb während der Immobilienkrise, und das Haus wurde zwangsversteigert. Es war ein Wunder, dass wir ein Haus in derselben Straße fanden und mein Sohn mit denselben Nachbarn und Freunden aufwuchs. Unser Vermieter, ein pensionierter Feuerwehrmann, kein Mann vieler Worte, hat bis vor vier Jahren nie die Miete erhöht, und jedes Mal, wenn er es tat, sagte er: »Es tut mir so leid, dass ich euch das antun muss.« Es gab Zeiten, in denen ich keinen neuen Mitbewohner finden konnte, aber er verlangte dann nicht die Miete für das ganze Haus von mir. Er sagte: »Zahl einfach das, was du immer gezahlt hast. Du bist alleinerziehende Mutter. Konzentriere dich auf die Erziehung deines Sohnes.«

Die Familien, die wir im Laufe der Jahre ansammelten, wurden Alex' Väter, Mütter, Onkel und Tanten und meine besten Freunde. Sie passten auf Alex auf, wenn ich zur Abendschule ging. Sie luden uns zum Essen ein, nahmen uns auf Campingausflüge mit und besorgten uns günstige Handyverträge. Es fühlt sich wundervoll an, wenn die ganze Stadt dabei hilft, dein Kind großzuziehen. Die Freunde meines Sohnes haben ihn wegen seiner Wohnsituation nie gehänselt. Im Gegenteil, ein Junge flehte seine Mutter an, ihm statt seines Bruders einen Mitbewohner zu besorgen. Das war in der dritten Klasse. Der Junge, der seinen Bruder loswerden wollte, kam immer noch zum Übernachten, und ich fand ihn oft an den Wochenenden in unserem Wohnzimmer, jetzt 1,90 Meter groß, zu groß, um auf unserer Couch zu schlafen. Er schlief auf einem riesigen Sitzsack, die Hälfte seines Körpers auf dem Boden, und mein Sohn schlief auf dem Sofa, zusammengerollt zu einem Ball. Kindern war es egal, ob ihre Eltern einen Tesla besaßen, ein Ferienhaus in Tahoe oder in einer WG lebten. Sie sahen einander so, wie sie waren. Die Dinge, die ich im Fernsehen sah – die soziale Hierarchie, reiche Kinder, die auf arme Kinder herabsahen, oder arme Kinder, die sich für ihre Eltern schämten –, waren nicht unsere Realität. Unsere nicht vorhandene Wand war also nie ein Problem für uns gewesen … bis zu dieser Oscar-Nacht.

Die Mutter des Mädchens kam um Viertel nach zehn, um sie abzuholen. Die Mutter fragte: »Hast du dich amüsiert?«

Das Mädchen antwortete: »Ja.«

Mutter und Tochter verabschiedeten sich mit einem breiten Lächeln.

Mein Sohn kam ins Wohnzimmer und sah auf sein Handy. Er hatte gerade meine Nachricht gelesen. Er lächelte kopfschüttelnd. »Ja, es geht uns gut.«

»Ich habe euch gehört und wusste nicht, was ich tun soll. Ist sie deine Freundin?«

»Ja.«

»Verstehe.«

Ich kann mich nicht erinnern, wie es dazu kam, dass wir uns

auf dem Sofa gegenübersaßen. Ich weiß nur noch, dass ich ihn fragte: »Wollt ihr Sex haben? Habt ihr Kondome?«

Er antwortete: »Nein, ich bin erst fünfzehn. Ich will kein Baby. Wir hatten Aufklärungsunterricht, sogar mehrfach. Wenn ich ein Problem habe, gibt es dafür Vertrauenslehrer.«

Ich sagte, Vorsicht sei besser als Nachsicht, und wenn er Kondome brauche, würde ich sie ihm kaufen. Wenn er das nicht wolle, könne er jederzeit Sams Vater, Walters Vater oder einen anderen seiner Väter fragen. Ich wollte, dass er wüsste, dass er mit mir, mit jedem von uns reden konnte.

»Ich weiß, Mama. Kannst du bitte einfach aufhören?«, sagte er und ging duschen. Ich konnte sehen, dass er genervt war. Ich wusste, dass ich bei unserem ersten *Gespräch* versagt und diese Chance vielleicht für immer vertan hatte. Ich saß auf der Couch, während er duschte, und dachte darüber nach, was aus meinem Idealbild einer Mutter geworden war, die ihrem Kind zuhört, offen für seine Freiheit ist und seinen Antworten vertraut. Also beschloss ich, ihm eine Packung Kondome ins Zimmer zu legen, ohne es zu erwähnen. Gab es bei Kondomen verschiedene Größen? Keine Ahnung. Und wenn ja, welche Größe sollte ich ihm besorgen?

Als er aus dem Bad kam, sagte Alex: »Ich weiß, dass du dir Sorgen machst, und ich bin froh, dass du mit mir geredet hast. Ich war genervt, weil du so darauf herumgeritten bist. Ich habe genug über Sex und Verhütung gehört.«

Ich sagte, dass ich mich freue, dass er mit ihr zusammen ist, vor allem, weil ich wusste, dass er sich schon im September mit ihr treffen wollte und sie angeblich zu beschäftigt war. Er lächelte, wir sagten Gute Nacht und gingen schlafen. Das *Gespräch* war beendet. *Gut, wir haben einen mündlichen Vertrag geschlossen,* dachte ich.

Ich machte mir um alles Sorgen. Ich machte mir Sorgen, ob er Freunde fand, ob ich ihn in dieser Stadt durchbringen konnte, ob ich meinen Job behielt, ob ich ihm bei den Englischhausaufgaben helfen konnte, ob mich seine Leute akzeptierten. Aber jedes Mal, wenn ich mir Sorgen machte, bewies sein Leben, dass es nur meine Ängste waren. Er war viel widerstandsfähiger, und ich auch.

Es gab noch eine andere Sorge, die ich mit mir herumtrug. Nach Levis Tod hatte ich nie wieder eine ernsthafte, feste Beziehung gehabt. Das war kein Opfer. Ich machte mir keine Sorgen, dass mein Liebesleben meinem Sohn schaden könnte. Ich machte mir Sorgen wegen des Geldes. Ich wollte kein Geld ausgeben für Dating-Apps, gemeinsame Aktivitäten, Geburtstagskarten, die Pille und andere Ausgaben, die anfielen, falls jemand in mein Leben trat. Ich wollte auch nicht, dass jemand für mich bezahlte. Ich war jetzt eine unabhängige Frau, anders als während meiner Ehe mit Levi. Ich hatte genug Liebe in meinem Leben. Ich brauchte nicht noch mehr.

Kann ein Elternteil ohne Liebesbeziehung ein Kind lehren, wie man liebt? Wie sollte Alex lernen, mit seiner Freundin umzugehen, wenn ich ihm nicht zeigte, wie eine Partnerschaft aussehen sollte? So viele Romane und Filme sind aus Leidenschaft entstanden, und ich wusste, dass es keine Zeitverschwendung war, jemanden zu lieben, auch wenn es nur drei Wochen anhielt. Vom Verstand her wusste ich das, und manchmal wollte ich jemanden dafür bezahlen, einmal im Monat mein Freund zu sein, um meinem Sohn zu zeigen, dass Liebe das Größte ist, was ein Mensch erfahren kann. Aber ich konnte nicht. Ich liebte mein Leben, und ich hasste es, Geld auszugeben.

In der folgenden Woche verhielt sich Alex genauso wie vor *jenem* Abend. Er ließ sich von mir umarmen, und an manchen

Tagen kam er morgens zu mir ins Bett und legte sich neben mich. Beim Abendessen unterhielten wir uns ein wenig über seine Freundin und ihren übergewichtigen Chihuahua-Mischling, über seine Schularbeiten und die Volleyballmannschaft. Aber mich ließ jener Abend nicht los. Alex machte einen Haken hinter das Thema, ich konnte das nicht.

Am Donnerstagabend vor der Schulaufführung war Elternabend der neunten Klasse. Als er zu Ende war, ging ich zu Alex' Vertrauenslehrerin, um mich vorzustellen und über seine Begeisterung für Geschichte zu sprechen, aber eigentlich wollte ich ihren Rat zum Liebesleben meines Sohnes einholen. »Ja, Leistungskurs Geschichte hört sich gut an. Was ich Sie noch fragen wollte: Er hat jetzt eine Freundin. Werden sie Sex haben?«

Sie sah mich ernst an. »Das kann ich nicht beantworten. Aber sie lernen, wie man verhütet und dass man Nein sagen kann. Sie können eine Hausordnung aufstellen, mit den Eltern des Mädchens sprechen oder verlangen, dass er Ihnen sagt, wo er ist.«

Ich fragte sie, ob es in diesem Land üblich sei, dass Fünfzehnjährige sich küssen, und sie bejahte. Sie sagte außerdem, in mitleidigem Ton, dass es von nun an immer schwieriger werden würde.

Als wir uns verabschiedeten, hielt sie meine Hand fest und sagte: »Sie müssen wissen, dass Ihr Sohn ein toller Junge ist. Er ist mit allen befreundet und kümmert sich um jeden. Er kümmert sich wirklich. Das ist ein Geschenk. Ich sage das nicht nur, damit Sie sich besser fühlen. Ich möchte, dass Sie wissen, wie besonders das ist!«

Bei der Aufführung wollte mein Sohn, dass ich mich allein in die erste Reihe setze. Ich drehte mich nach hinten um. Im gedämpften Licht sah ich schemenhaft den Kopf seiner Freundin, die sich an seine Schulter lehnte. Sie schienen sich so wohl miteinander zu fühlen.

Wer hatte ihm gesagt, dass man sich an der Schulter des anderen geborgen fühlt?

Ich erinnerte mich nicht, wie es war, von Männern geliebt zu werden. Ich erinnerte mich daran, geliebt worden zu sein, aber nicht daran, wie es sich angefühlt hatte. Es war nicht so dramatisch wie ein Loch in meinem Herzen oder ein traumatisches Erlebnis, das meine Erinnerungen verdrängt hatte. Meine Vergangenheit musste existiert haben, denn es war etwas daraus entstanden.

Abends, wenn ich allein in der Küche saß, lauschte ich oft dem Summen des Kühlschranks, während ich auf eine seiner Ecken starrte, und reiste in Gedanken siebzehn Jahre zurück zu Levi. Das Diner, in dem die großen Blaubeerpfannkuchen serviert wurden, das hitzige Gespräch über unsere Vorstellung von einer idealen Gesellschaft (damals war ich Verfechterin einer Tauschwirtschaft), der Wunsch, für jemanden offen zu sein, der Wunsch, einen Seelenverwandten zu finden. Unser Kaffee war kalt geworden – Zeichen einer lebhaften Diskussion. Wir hatten Zeit und Raum vergessen. Ich erinnerte mich an das Gefühl, aber es war nicht mein Gefühl, denn ich konnte es nicht schmecken. Was ist überhaupt so edel daran, jemanden zu lieben?

»Was ist an Sex so verkehrt?«, fragte meine Ex-Mitbewohnerin Nummer 3. Mi Cha und ich saßen in einer Sake-Bar, die ein paar Straßen von mir entfernt lag und einem älteren japanischen Ehepaar gehörte. Mi Cha hatte kürzlich eine wunderbare amerikanische Fernsehserie namens *Cheers* entdeckt und schlug vor, ich solle mir eine ähnliche Bar suchen, um dem Empty-Nest-Syndrom vorzubeugen.

»Mit fünfzehn schwanger werden«, antwortete ich. »Wer so jung Kinder bekommt, endet in Armut. Das ist eine Garantie für ein unglückliches Leben. Warum sollte man sich in eine offensichtliche Tragödie stürzen? Stell dir vor, dein Kind muss all seine Träume aufgeben, um sein Kind großzuziehen. Ich will nicht, dass er sein Leben bereut und dem Kind die Schuld gibt. Leidenschaft zieht keine Kinder groß. Planung schon.«

Ich hätte weiterreden können, aber ich hörte auf.

»Wenn sie also nicht schwanger werden, ist es für dich in Ordnung, dass sie so viel Sex haben, wie sie wollen?«

»Oh ja, den ganzen Tag, jeden Tag! Sollen sie rausfinden, was ihnen Spaß macht, solange sie jung sind. Beide sind gleich unerfahren. Jede Berührung, jedes Flüstern ist eine neue Entdeckung. Diese Art Lust geht verloren, wenn man unter dem Druck steht, ein Dach über dem Kopf zu brauchen. Sex wird zur Körperhygiene, wie Ballaststoffe essen und auf die Toilette gehen.«

»Oder ein Handel.«

»Ich liebe es, wenn Sex ein Handel ist, Mi Cha! Nur wenn wir weniger Sex fordern, dann suchen sich die Männer eine andere junge, naive Frau, die davon träumt, in Amerika zu leben. Oder sie verschwinden plötzlich, und wir finden sie in Japan mit einer anderen Frau wieder. Das ist meinen Freundinnen Kotomi, Maki und Yoshi passiert. Yoshi sagte ihrem Mann, sie wolle sich lieber auf die Erziehung der Kinder konzentrieren, anstatt Zeit mit ihm im Bett zu verbringen. Er sagte, sie liebe ihn nicht mehr, und am nächsten Tag war er weg. Puff! Einfach so. Ein paar Monate später schickte er ihr aus Japan die Scheidungspapiere. Der Ehemann reiste nach Japan und kam mit einer Frau zurück, die zehn Jahre jünger war als Yoshi. Kannst du dir vorstellen, dass er das Meer überquert hat, um sich in ihrem Heimatland eine andere Frau auszusuchen?«

»Meine Freundin schläft mit ihrem Mann, wenn sie eine neue Handtasche will.«

»Warum können Ehemänner nicht Affären haben, uns in Ruhe lassen und uns einfach Geld geben, damit wir für die Kinder sorgen können? Für asiatische Ehefrauen steht die Familie an erster Stelle und Sex … nicht einmal auf der Liste! Aber wenn wir das hier einem Therapeuten erzählen, sagt er, wir sind selbst schuld, weil wir die Paarbeziehung vernachlässigen. Die *Paarbeziehung*? Die Leute in diesem Land sind geradezu besessen davon!«

»Asiatische Einwanderinnen. Denn wir können nicht für Amerikanerinnen asiatischer Herkunft sprechen. Asiatische Einwanderinnen. Oder heißt es eingewanderte Asiatinnen?«

»Frag mich nicht. Ich bin Japanerin. Mein Englisch ist genauso schlecht wie deins. Hey, Mr. Sasaki, wie heißt es richtig?«, fragte ich das Ehepaar, dem die Bar gehörte, auf Japanisch.

»Wir waren Tänzer, die sich in Amerika ein Leben aufgebaut haben, indem sie Sake und Pseudo-Sushi servierten. Wir brauchten nicht viel Englisch«, sagte der Ehemann auf Japanisch. »Aber neulich habe ich eine japanische Fernsehsendung gesehen. In dieser Sendung werden ganz normale Leute gebeten, ihr Zuhause zu zeigen. Sie besuchten das Haus eines jungen Paares und fanden heraus, dass das Paar fünf Kinder hatte. Mit fünfzehn sind sie ungewollt schwanger geworden, aber sie entschieden sich, das Kind zu behalten. Sie werden denken, das ist eine traurige Geschichte. Nein, im Gegenteil. Es ist eine glückliche. Sie hatten keine finanzielle Unterstützung, deshalb war es nicht leicht, aber ihre Eltern haben ihre Entscheidung von ganzem Herzen begrüßt. Ohne Fragen zu stellen. Sehen Sie, ein Problem wird zu einem Problem, wenn man es als Problem betrachtet. Und das schönste Glück kommt ungeplant. Es muss sich entfalten. Sie sollten sich die Sendung mal ansehen. Dieser alte Mann hier hat geweint.«

»Du weinst wegen jeder Kleinigkeit«, sagte die Frau. »Du hast bei einem Katzenvideo geweint, in dem sechs Kätzchen zur Welt kommen. Du hast geweint, als unsere Enkelin ganz schief Geige gespielt hat. Aber ja, die größten Freuden bringt der Zufall. Wir sind nach Amerika geflohen, weil mein Vater ihn mit einem japanischen Schwert bedroht hat, als wir ihn um seinen Segen gebeten haben. Mein Vater war ein berühmter Schwertmeister und wollte, dass ich seinen Lehrling heirate. Das Schlimmste, was mein Vater uns je angetan hatte, war am Ende das Beste für uns.«

Nach drei Sake gingen wir. Mi Cha bezahlte meine Getränke. Ich fragte die Barbesitzer, ob es ihnen recht wäre, wenn ich das nächste Mal mit meinem Sake an der Theke stehen und im Gegenzug abwaschen würde. Natürlich würde ich gehen, wenn die Bar voll wäre. Sie lachten und sagten Ja. Wenn alle Plätze besetzt wären, würden sie mich als Glücksbringer behalten, denn das war in den letzten fünfundzwanzig Jahren noch nie vorgekommen.

»Wie lange brauchst du noch, um Levi zu vergeben?«, fragte Mi Cha. Wir fuhren gerade am Precita Park vorbei. Der Sake hatte uns aufgewärmt, und wir beschlossen, einen Abstecher zu mir nach Hause zu machen. Wir waren beschwipst.

»Was meinst du?«

»Du sprichst nicht von ihm, es ist, als hätte es ihn nie gegeben. Du hast mir erzählt, wie er gestorben ist und wie er als Alex' Vater war, aber du sprichst nie von dem Mann, den du geliebt hast.«

Liebe? Wieder blieb ich an diesem Wort hängen. Ich untersuchte, analysierte und sezierte das Wort und kam zu einem Schluss: Es wäre präziser, das Wort durch »Zuneigung«, »Überlebensinstinkt«, »Einsamkeit«, »Vorwand« oder »Verliebtheit« zu ersetzen. »Liebe« ist ein billiges, vages, faules, überbewertetes Wort, mit dem wir uns aus jeder Situation herausreden können.

»Es gibt nichts, was ich ihm vergeben müsste, denn er hat nichts falsch gemacht. Außer, dass er keine Lebensversicherung hatte. Mir egal, ob Buddha mir sagt, dass die Quelle allen Leidens der Menschheit in der Anhaftung liegt, ich werde an der Lebensversicherung festhalten!«

»Hört, hört! Keine Lebensversicherung, undenkbar.«

»Ja, wenn Sex für ein Paar zum Handel wird, sollte die finanzielle Absicherung dazugehören.«

»Völlig richtig! Aber, Kyoko, du weißt schon, dass Tote nicht verletzt werden. Nur die Lebenden.«

In der japanischen Fernsehsendung, die Herr Sasaki vorgeschlagen hatte, ging es um ein Ehepaar, das etwa Mitte dreißig war. Sie lebten mit ihren fünf Kindern in einem Einfamilienhaus mit drei Schlafzimmern in der Nähe von Tokio. Die Mutter führte das Filmteam durchs Haus. *Die Waschmaschine läuft Tag und Nacht. Irgendjemand nimmt immer ein Bad. Es ist wie in einer Sauna hier.* Die Kamera filmte den Rand der Duschtür, der Schimmel hatte die Silikondichtung schwarz gefärbt. *Zeigt den Schimmel nicht im Fernsehen, das ist peinlich,* sagte die Tochter. Die Mutter lachte, die Tochter kicherte und versteckte sich hinter ihr. Trotz der vielen Menschen, die in diesem Haus lebten, war das Wohnzimmer aufgeräumt und sauber. In der Küche gab es zwei Kühlschränke, und ein Sohn und eine andere Tochter kochten Curryreis. Der Sohn schnitt Zwiebeln, die Tochter dünstete sie mit Karotten und Fleisch an. Sie kicherte schüchtern, weil ihre Kochkünste im Fernsehen gezeigt wurden. Der Reporter fragte die älteste Tochter, die zwanzig war: *Willst du keine eigene*

Wohnung? Als ich sechzehn war, hab ich mal darüber nachgedacht, aber nein, sagte sie, *sie sind wie Freunde, die mich nie verlassen, egal, was passiert, einschließlich meiner Eltern.* Der Reporter fragte den ältesten Sohn, der neunzehn war: *Wünschst du dir keine Privatsphäre? Tja, ich kenne es nicht anders,* sagte er schulterzuckend. Bei den Eltern wurde der Reporter aggressiver: *Hätten Sie Ihr Leben anders gelebt, wenn Sie nicht so früh Kinder bekommen hätten?* Der Vater kratzte sich am Kopf und sagte: *Wir konnten es kaum erwarten zu heiraten. Als wir mit achtzehn heiraten durften, hatten wir schon drei Kinder. Meine Frau und ich tänzelten regelrecht zum Standesamt. Es war schwierig, mit einem Highschool-Abschluss fünf Kinder großzuziehen. Meine Frau hat die Schule abgebrochen, und wir mussten uns Geld von Kredithaien borgen. Aber ich kann mir kein anderes Leben vorstellen.* Am Ende der Sendung wurde gezeigt, wie die Mutter und der jüngste Sohn zur Musik aus dem Smartphone tanzten, dann Schnitt zum Abendessen. Einige Kinder aßen im Stehen, andere auf dem Sofa, während die Mutter auf einem Hocker saß. Alle fanden in einem Zimmer ihren Platz. »Imagine« von John Lennon begann zu spielen, Bild und Musik wurden langsam ausgeblendet, und die Sendung war zu Ende.

Freunde, die dich nie verlassen, egal, was passiert. Ich wünschte, ich könnte Alex Geschwister schenken, dachte ich. Der Barbesitzer hatte recht, alles hat zwei Seiten.

Selbst wenn Alex und seine Freundin schwanger würden und sich entschieden, das Kind zu behalten, könnte es sich als das Beste für sie herausstellen. Auch für mich wäre es eine Chance. Sie würden Hilfe brauchen, solange sie noch zur Schule gingen. Ich könnte helfen! Ich könnte mich mit ihren Eltern anfreunden, und wir könnten eine sechsköpfige Familie sein. Ich bin noch jung. Wenn alles gut geht, kann ich meine Urenkel noch erleben.

Ich begann, mir unsere glänzende Zukunft vorzustellen. Wenn jemand, der nicht wusste, ob es »asiatische Einwanderinnen« oder »eingewanderte Asiatinnen« hieß, in diesem Land ein Kind großziehen konnte, sollten unsere Kindern es auch hinbekommen. Außerdem war er nicht allein. Er hätte seine Freundin, mich und ihre Eltern. Das Kind würde von so vielen Menschen geliebt werden. Und genau wie Alex würde das Kind den Eltern immense Freude bereiten.

Als ich mich von meinen eigenen Vorurteilen befreite, erreichte ich die höchste spirituelle Ebene. Ja, geistige Freiheit war viel wichtiger als körperliche. Der Kloß in meiner Brust, mit dem ich mich lange gequält hatte, schmolz endlich dahin. Ich musste anfangen, Vitamine zu nehmen. Ich musste lange leben, für ihr Baby.

Am folgenden Samstag sagte mir mein Sohn, dass er abends zu seiner Freundin gehen würde.

»Ich habe über deine Zukunft nachgedacht und über euer Baby. Ich glaube, ich komme damit klar. Ich meine, wir kommen damit klar«, sagte ich und folgte ihm in sein Zimmer.

»Was?«

»Ich hatte Angst, ein Baby würde dich unglücklich machen. Aber das war nur meine Angst, und ich habe begriffen, dass dasselbe Ereignis andere Menschen glücklich machen kann. Also werde ich mir keine Sorgen mehr darüber machen, dass du mit deiner Freundin schläfst.«

»Ich habe dir doch gesagt, dass wir im Wohnzimmer Filme sehen und ihre Eltern da sind.«

»Natürlich ist es in Ordnung, wenn du ein Kondom benutzt.

Ich wollte dir nur sagen, dass es für mich eine Ehre wäre, Großmutter zu sein.«

»Ich werde keinen Sex haben.«

»Warum nicht? Ich habe doch gesagt, es ist okay.«

»Weil ich erst fünfzehn bin und aufs College gehen will. Ich wette, sie auch.«

»Aber du bist ein Teenager. Und die sind nun mal impulsiv, romantisch und unrealistisch. Du wirst Sex haben, und wenn du das tust, besteht die Möglichkeit …«

»STOPP!«, rief er auf Englisch. »Lass mich in Ruhe! Ich hab gesagt, ich will nicht, okay. Sie will auch nicht. Warum fängst du immer wieder damit an? Du denkst nur an Sex. Du bist widerlich. Ich will nur Zeit mit jemandem verbringen, den ich mag!«

Den ich mag. Vor den Kindern, vor dem Sex, vor der Liebe gibt es zwei Menschen, die es einfach genießen, zusammen zu sein.

»Bitte, bitte, Mama, lass mich in Ruhe«, sagte er. Er stand in der Ecke seines Zimmers, den Kopf gesenkt, die Arme vor sich, als wollte er sich schützen. Diese Haltung kannte ich, so verhielt er sich beim Karate, wenn er Angst hatte, geschlagen zu werden. Stand er meinetwegen so da?

»Es tut mir so leid, Alex.«

»Ich weiß nicht, warum du dir solche Sorgen machst. Ich meine, ich weiß, dass du dir Sorgen um mich machst, aber du weißt, ich bin nicht dumm. Ich kann denken.«

Sonst hatte ich es immer geschafft, die Wogen zu glätten, doch ich wusste, diesmal half nur Distanz. Ich verließ das Zimmer.

Das Traurige daran, fünfzehn zu sein, war, dass man zu seinem Ziel gefahren werden musste, wenn kein Bus fuhr, und man konnte seinem Unmut höchstens Ausdruck verleihen, indem man auf dem Rücksitz schmollte. Zwei Stunden später bat Alex mich, ihn bei seiner Freundin abzusetzen. Er saß auf dem Rücksitz, und wir sprachen kein Wort.

»Willst du Abigails Eltern kennenlernen? Sie sind sehr nett«, sagte er, kurz bevor er ausstieg.

»Ja, sehr gern.« *Deine zukünftigen Schwiegereltern!*, wollte ich scherzen, doch ich wusste, dass er sich wahrscheinlich noch nicht von unserem letzten Gespräch erholt hatte.

Ich folgte ihm zur Haustür. Kaum öffnete sich die Tür, verschwanden Alex und Abigail.

»Oh, wie schön, Sie wiederzusehen.« Die Mutter umarmte mich. »Wir lieben Alex! Abigail könnte nicht glücklicher sein, seit sie zusammen sind. Heute Abend kochen sie für uns. Ich habe alle Zutaten für eine Quiche gekauft. Er ist so ein guter Junge. Er ist in unserem Haus immer willkommen. Er ist wie ein Sohn für uns.«

Sie bestanden darauf, dass ich zum Abendessen wiederkomme. Ich lehnte die Einladung höflich ab und sagte, ich sei um elf zurück. Abigails Mutter zeigte Verständnis. »Keine Eile. Genießen Sie den freien Abend«, sagte sie.

Ich setzte mich ins Auto, fuhr aber nicht gleich los. Ich hatte nichts vor. Das große Wohnzimmerfenster lag zur Straße, in der ich geparkt hatte, und hinter dem durchsichtigen Vorhang sah ich Schatten hin und her huschen. Alex befand sich inmitten profanen Glücks, und ich sah von außen zu.

Ich kam fünf Minuten nach elf. Er kletterte auf den Beifahrersitz. »Hattest du Spaß?«, fragte ich.

»Ja«, antwortete er.

»Das freut mich«, sagte ich und fuhr los.

»Sag mal, was du vorhin übers Kinderkriegen gesagt hast. War das umgekehrte Psychologie?«, fragte er.

»Nein, das war ernst gemeint. Ich hatte in einer Sake-Bar eine Erleuchtung, die mich dazu gebracht hat, zu akzeptieren, dass ich Großmutter werde. Mein Geist war frei von Schmerz, und ich sah eine glänzende Zukunft vor uns.«

»Eine Sake-Bar. Die müssen dir irgendeinen Scheiß serviert haben, Mama.«

»Die servieren auch Pseudo-Sushi.«

»Was ist das?«

»California Rolls, Boston Rolls, Dragon Rolls, Rock-n-Rolls, du weißt schon.«

Er lachte und sagte: »Weißt du, ich erzähle Abigail die ganze Zeit von dir.«

»Was denn?«

»So was zum Beispiel. Die Dinge, die du tust und sagst, sind so seltsam, und meine Freunde finden es lustig, vor allem, wenn du es ernst meinst. Alle anderen Eltern sind, wie soll ich sagen, nett, normal, langweilig.«

Ich stimmte in sein Lachen ein. Ich war schon in seinen Erinnerungen und würde bald nur noch in seinen Erinnerungen sein. Er würde sein eigenes Glück finden. Von nun an würde ich mich eher in der Rolle der Beobachterin wiederfinden.

»Was wäre, wenn ich dir sagen würde, dass ich deinen Vater erst heiraten wollte, als ich erfuhr, dass ich schwanger bin?«

»Was? Was hat das mit mir zu tun?«

»Nun, alles, oder? Ich komm nur drauf, weil ich neulich eine japanische Reality-Show gesehen habe und –«

»Okay, Mama. Erstens siehst du zu viele japanische Reality-Shows. Du weißt, die sind nicht wirklich echt. Zweitens bin ich zu sehr mit Leben beschäftigt, um mich damit auseinanderzusetzen, wie ich entstanden bin. Mein Leben findet in diesem Augenblick statt. Im Hier und Jetzt. Und es gehört nur mir.«

»Bin ich zu narzisstisch?«

»Nein, eher egozentrisch. Die Leute interessieren sich einfach nicht so sehr für dich, wie du dich für dich selbst interessierst.«

»Das ist narzisstisch.«

Er lachte.

»Außerdem bin ich eins vierundsiebzig und spreche besser Englisch als du. Ich bin ein gesunder, normaler Mensch mit einem etwas zu großen Ego, und du fährst mich trotzdem zu meiner Freundin und holst mich um elf Uhr wieder ab. Verstehst du, was ich meine?«

»Mein Baby.« Ich streichelte ihm die Wange.

Er schmiegte sein Gesicht an meine Hand und seufzte.

Ich nahm mir vor, mich an diesen Moment zu erinnern, an seine Haut, an sein Profil vom Fahrersitz aus, an die Liebe, die mich in den Wahnsinn trieb.

創発 (souhatsu): Emergenz

Vertreibung

Als ich heute Morgen durch ein verschlafenes Viertel ging, nachdem ich meinen Sohn zur Grundschule gebracht hatte, dachte ich: *Warum bin ich noch hier?* Auf der Straße roch es nach Sieben-Dollar-Kaffee und nach Omeletts mit Brunnenkresse obendrauf für zwanzig Dollar, beides Dinge, die ich mir nicht leisten konnte oder wollte. San Francisco, die Stadt der Reichen und Genies. Ich war nicht wegen meines Talents oder meines Fleißes hier, sondern durch einen glücklichen Zufall. Morgens erwache ich aus einem Traum, in dem ich einen Räumungsbescheid bekam, abends danke ich Gott, dass ich ein Dach über dem Kopf habe. Abraham Maslow, Begründer der »Bedürfnispyramide«, sagte, erst müsse für Nahrung, Unterkunft, Kleidung und Sicherheit gesorgt sein, bevor man jemanden lieben könne. Wenn Abraham Maslow mich sähe, würde er sagen: »Schaut euch diese Frau an. Sie ist ein ausgezeichnetes Beispiel für einen Menschen, der niemals die Selbstverwirklichung erreichen wird.«

Was wäre, wenn ich nach dem Tod meines Mannes beschlossen hätte, nach Japan zurückzukehren? Was würde uns dort erwarten? Dieser Gedanke schießt mir durch den Kopf, als ich das nächste Viertel betrete. Der Geruch von Geld weicht dem Geruch von Urin und Verzweiflung. In staubige Decken gehüllte Menschen schlafen vor einer zerstörten Ladenfassade. Mein Sohn und ich könnten morgen zu ihnen gehören.

Würde ich in Japan leben, würde der Morgen genauso beginnen wie hier. In einem kleinen Topf würde ich gehackten Daikon-Rettich kochen. Daneben würde ich Wasser für grünen Tee erhitzen, und sobald der weiße Rettich transparent wird, den Herd ausschalten und Miso im Topf auflösen. Wenn ich meinen Sohn wecken würde, stände eine Schüssel mit Reis und Miso, eine Kanne grüner Tee und frisches Obst auf dem Tisch.

Mein Sohn würde sich die Zähne putzen, während ich ihm die Haare kämme. Sein lockiges Haar hasst es, gekämmt zu werden. Je mehr ich es versuche, desto voluminöser und buschiger wird es. Schließlich gebe ich auf und bringe ihn zur Schule.

Auf dem Rückweg würde ich statt des sieben Dollar teuren Kaffees und des Omeletts den Morgentau auf dem Gras riechen. Im Frühling würde mich träge, warme Luft empfangen. Im Sommer würde ich die Sonne ungeduldig auf meinem Rücken spüren. Im Herbst würde ich den köstlichen, fauligen Geruch der Nüsse unter den gelben Ginkgobäumen tief einatmen. Im Winter würde ich über die gefrorenen Pfützen springen. Vielleicht treffe ich ein paar Mütter, die nicht wissen, was sie zu einer alleinerziehenden Mutter sagen sollen, die aus Amerika zurückgekehrt ist. Sie sagen »Guten Morgen« und lächeln mich an, während sie ihren Müll an die Straße stellen. Ich lächle zurück, um zu zeigen, dass ich nicht ihr Feind bin.

Wahrscheinlich würden wir in einer Wohnung gegenüber von meinen Eltern leben. Das nagelneue Vier-Parteien-Haus sieht viktorianisch aus. Aber statt aus Redwood ist es aus Beton und die Farbe Grau oder Beige, trist wie eine Schuluniform, um mit der Umgebung zu harmonieren, keine grellen Farben, kein Rosa, Lila oder Gelb. Fünfhundert Dollar im Monat, derselbe Preis, den manche Leute in San Francisco für eine Besenkammer verlangen. Von meinem Zimmer aus sieht man die Wohnung meiner Eltern. Ich könnte meine Eltern heimlich beobachten, aber sie mich auch.

Ich könnte im Einkaufszentrum arbeiten, wahrscheinlich in einem Reisebüro. Weil ich in Amerika gelebt habe, heißt es, ich sei die Amerika-Spezialistin. All die Orte, an denen ich gelebt, die ich geliebt habe – ich würde mein aufgeschlagenes Fotoalbum zu den Kunden drehen und sagen: »Das Beste dort sind die Menschen und der Nachthimmel. Sie können sich nicht vorstellen, wie freundlich die Menschen sind.« Ich erzähle Geschichten über den Canyon in Casper, Wyoming, die Cowboy-Bar in Greeley, Colorado, und die Hippie-Trommelgruppe in Salt Lake City, Utah. »Wir möchten in einer großen Stadt Urlaub machen, in der wir wenig Englisch sprechen und keine Angst vor Waffengewalt haben müssen«, sagen sie mir. Meine Kunden sind Familien und ältere Paare, die in ein Amerika reisen wollen, wo sie Fotos fürs Urlaubsalbum machen und in einem Outlet-Center einkaufen können. Ich lege meine Fotos beiseite und zücke einen Prospekt für eine Pauschalreise nach Honolulu.

In der Mittagspause, meiner Lieblingstageszeit, kaufe ich in der Bäckerei des Einkaufszentrums ein muschelförmiges Brötchen mit Schokocremefüllung und einen frittierten Donut mit roter Bohnenpaste. Ich bezahle insgesamt drei Dollar und esse sie im hinteren Teil des Büros mit grünem Tee, der vom Frühstück in einer Thermoskanne übrig geblieben ist.

Ich arbeite von Dienstag bis Samstag (für Kundendienstmitarbeiter ist ein Tag am Wochenende Pflicht) von 9 bis 16 Uhr. Samstags geht mein Sohn zu meinen Eltern, damit ich bis 22 Uhr arbeiten kann. Ich bekomme sieben Dollar die Stunde. Ein Mindestlohnjob, den ich fast im Schlaf erledigen kann. Es spielt keine Rolle, ob ich ihn mag oder nicht, aber er bietet mir Sicherheit.

Ich komme um 16.20 Uhr nach Hause, und eine halbe Stunde später ist mein Sohn da. Im Frühling mit einer warmen Brise, im Sommer mit verschwitztem T-Shirt, im Herbst mit Eicheln in der Tasche und im Winter mit rosigen Wangen und kristallisiertem Rotz unter der Nase. Er platzt zur Tür herein und ruft: »Ich bin da-haa!« Er wäscht sich die Hände und findet ein gedämpftes Brötchen in Pokémon-Form auf dem Tisch. Er stopft sich alles in den Mund und spült es mit Milch runter. Keine fünf Minuten später ist er mit dem Fahrrad unterwegs in den Park, um seine Freunde zu treffen.

Wenn er weg ist, staubsauge ich und fahre mit dem Fahrrad einkaufen. Im Frühling koche ich Kohlrouladen mit zarten Frühkohlblättern; im Sommer mache ich kalte Nudeln, garniert mit Gurken, gedünstetem Hühnchen und Mandarinen aus der Dose; im Herbst backe ich fetten Makrelenhecht mit geriebenem Rettich als Beilage, und im Winter stelle ich einen Tontopf auf einen Gaskocher in die Tischmitte und bereite tonnenweise dünn geschnittenes Wagyu-Rindfleisch, Tofu, Frühlingszwiebeln und anderes Gemüse zu, das mein Sohn nur in diesem Gericht isst. Ich transportiere alles im Fahrradkorb nach Hause und spüre den Sonnenuntergang im Rücken.

Auf dem Heimweg treffe ich vielleicht ein oder zwei Mütter seiner Klassenkameraden. Sie fragen mich, ob ich Alex zur Nachhilfe schicke, wenn er auf die weiterführende Schule kommt. Ich sage: »Vielleicht.« Am Ende des Gesprächs sagen sie: »Bestimmt wirst du eines Tages nach Amerika zurückkehren. Du musst nicht durchmachen, was *wir* durchmachen.« Die Sechs-Uhr-Glocke, die die Kinder nach Hause ruft, rettet mich vor den Müttern. Ich verabschiede mich unter dem Vorwand, dass ich Abendessen kochen müsse.

Ich lasse heißes Wasser in die Badewanne ein, und als ich mit den Vorbereitungen für das Abendessen beginne, kommt mein Sohn nach Hause. Er sitzt am Esstisch und stöhnt unter einem Berg Hausaufgaben. Die Schulbücher und seine Notizen bilden eine Mauer um ihn herum, sodass ich sein Gesicht nicht sehen kann. Nach den Hausaufgaben und einem ausgiebigen Bad in der tiefen Wanne essen wir gemeinsam zu Abend. Während wir essen, frage ich ihn, was seine Freunde aus San Francisco wohl gerade machen. Er zuckt die Schultern, eine unter Japanern bekannte amerikanische Geste, und stopft sich Reis in den Mund. Er erzählt mir, dass seine Klasse am Freitag einen Ausflug zum Parlament macht. Sie dürfen fünf Dollar für Snacks ausgeben, genau fünf, wie er betont. »Ich war mit Ken schon bei Shimazaki Candy und habe genau fünf Dollar ausgegeben.«

Die einzigen Getränke, die sie mitbringen dürfen, sind Wasser und Tee. Wenn die Lehrerin herausfindet, dass man Saft mitgebracht hat, wird er vor der ganzen Klasse ausgeschüttet. *Miseshime* – Bestrafung durch Beschämung, um die anderen Mitglieder der Gemeinschaft einzuschüchtern. Es gibt keine Übersetzung für dieses Wort, am ehesten fällt mir dazu »öffentliche Hinrichtung« ein, wie es sie während Amerikas Kolonialzeit gab.

»Obst ist kein Snack«, fährt er fort, »also pack mir tonnenweise Erdbeeren ein.« Er isst das letzte Reiskorn, das am Schüsselrand klebt, und spült sich den Mund mit Tee aus. Mein Sohn kann sehr gut mit Stäbchen umgehen (anders als in der Realität).

Nach dem Abendessen schauen wir bis 21 Uhr gemeinsam eine Fernsehsendung. Sie heißt *Wunder der Erde*. Sie erzählt inspirierende Geschichten aus aller Welt. Mein Sohn ist begeistert von dem amerikanischen Vater, der einen ganzen Marathon gelaufen ist und dabei seinen Sohn im Rollstuhl geschoben hat, oder von der Katze, die mit einem Grizzlybären gekämpft hat, um die Tochter ihres Besitzers zu beschützen.

»Es gibt so viele unglaubliche Geschichten, Mama«, sagt mein Sohn, der eine viel hellere Haut hat als ich, Millionen von Sommersprossen und haselnussbraune Augen.

Während ich in sein Gesicht schaue, das so fasziniert ist von den Menschen seines Geburtslandes, denke ich: *Was wäre, wenn ich versucht hätte, in San Francisco zu bleiben, als mein Mann starb? Was für ein Leben hätten wir dort?* Dieser Gedanke verfolgt mich. *Das Leben ist da, um zu leben, nicht um zu existieren*, und während mir dieses Zitat durch den Kopf spukt, werden meine Augen feucht.

Er putzt sich die Zähne und geht ins Bad. Er schlüpft in seinen Futon. Während ich von nebenan seinen ruhigen Atem höre, zähle ich das Geld auf meinem Sparkonto und rechne aus, wie viel ich in den nächsten Jahren sparen kann. Ich nehme mir vor, in die USA zurückzukehren, wenn er auf die Highschool geht, selbst wenn ich dort verarme – an den Ort, wo die Fernsehsendung spielt, in die Stadt, in der ich immer mit meinem Mann und meinem Sohn leben wollte.

Ein fehlender Zeh

Wir verarzteten die weichen Ballen der Katze und sahen ihr nach, als sie mit aufgebauschtem Schwanz unter dem Haus verschwand. Der Tag begann wie ein langweiliges Déjà-vu, vorhersehbar und träge, ein garantiert öder Nachmittag mit der Katze, unserem blinden Großvater und seiner Lieblingssendung im Radio, einem chinesischen Sprachkurs. So vertrieben wir uns als Kinder die Zeit, wenn wir im Sommer das Haus meiner Großeltern besuchten.

Jetzt ging die Katze von der Bühne, und mein Cousin, mein kleiner Bruder und ich saßen im Wintergarten, kicherten ab und zu und schnitten vor meinem Großvater Grimassen. Da mein Großvater schon lange nicht mehr sehen konnte, verließ er sich auf sein Gehör, war inzwischen jedoch auch fast taub.

»Frag ihn nach seinem Zeh«, flüsterte mein Cousin, der bei meinen Großeltern wohnte.

»Was ist mit deinem Zeh passiert?«, fragte ich meinen Großvater.

»Daichi?«, fragte mein Großvater.

»Nein, ich bin seine Schwester. WAS IST MIT DEINEM ZEH PASSIERT?« Ich sprach ganz langsam.

»Mein Zeh?« Er schaltete das Radio aus, hob den linken Fuß und wackelte mit den Zehen, nur dass der große Zeh fehlte.

»Iiih!«, riefen mein kleiner Bruder und ich mit dem gleichen Gesichtsausdruck wie damals, als mein Cousin ein totes Wiesel auf dem Dachboden gefunden hatte. Mein Cousin lachte.

»Siehst du das?« Mein Großvater zeigte auf den fehlenden Zeh und fuhr fort: »Das waren die Russen. Sie haben mich in China gefangen genommen, wo ich als Übersetzer gearbeitet habe, und nachdem wir den Krieg verloren hatten, schickten sie mich in einen Wald in Sibirien, um im Schnee Holz zu hacken. Wir bekamen kaum etwas zu essen.«

»Also aß er seinen Zeh.« Mein Cousin stupste mich an und streckte mir die Zunge raus.

Ich hielt mir die Hände vor den Mund, weil mir das Mittagessen hochkam.

»Ich hatte Erfrierungen und musste ihn abschneiden.« Mein Opa rieb sich den Fuß. »Wir saßen auf einem Baumstumpf und aßen Rinde, Yoshino und ich. Hielten uns aneinander fest, um uns warm zu halten. Ich hasse die Russen.« Als er »hassen« sagte, erschien der Anflug eines Lächelns auf seinem Gesicht, und er blickte an die Decke. Sein Gesichtsausdruck erinnerte mich an das Bild eines blinden Soulmusikers, das ich in einem Englischbuch gesehen hatte.

Der Schweiß, der sich in meinen Kniekehlen gebildet hatte, kullerte bis zu den Knöcheln hinunter, während der Chor der Zikaden begann, meine Ohren zu beleidigen, aber ich bewegte weiter die Zehen, weil ich den rauen sibirischen Winter spürte. Ich sah zu meinem Cousin und meinem kleinen Bruder. Sie hatten das Froschlied angestimmt und sangen es in verschiedenen Tonarten vor dem Ventilator. Ihre zittrigen Stimmen klangen wie Roboter.

»Was hast du nach Russland gemacht?«, fragte ich meinen Großvater.

»Ich bin nach Japan zurückgekehrt und habe deine Großmutter geheiratet. Wir haben uns im Tempel kennengelernt.« Er deutete mit dem Daumen über seine Schulter in Richtung des

Tempels, wo wir auf dem Friedhof immer Verstecken spielten. »Der Mönch hat unsere Begegnung arrangiert, und das war's.«

»Das ist alles?«, fragte ich.

»Der Eiswagen!«, rief meine Großmutter von der Haustür. Mein Cousin und mein Bruder, die inzwischen um den besten Platz vor dem Ventilator rangelten, sprangen auf und liefen zur Tür.

»Ja, warum?«, antwortete mein Großvater mit einer kleinen Verzögerung.

»Hättest du geheiratet, wenn der Mönch dir einen Zombie vorgestellt hätte?«

Er lachte, und seine Brille rutschte ihm halb die Nase runter.

»Haben die Russen dir auch das Augenlicht genommen?«, fragte ich.

»Nein, das ist erblich, aber keine Sorge, du hast es nicht. Ich habe eine Fremde geheiratet. Deine Mutter hat auch einen Fremden geheiratet«, sagte er.

»Was siehst du jetzt?«, fragte ich.

»Stell dir vor, du schaust durch einen Strohhalm auf Milchglas. Das ist, was ich sehe«, sagte er.

Ich formte mit Daumen und Zeigefingern einen kleinen Kreis und schaute hindurch. Der Strohhalmblick hob den fehlenden Zeh meines Großvaters noch deutlicher hervor.

»Setz dich.« Er rutschte zur Seite und klopfte auf den Platz neben sich, sodass wir zusammen in seinem runden Rattanstuhl saßen. Das Kissen war flach und roch feucht nach vergorenen Bohnen, weil mein Großvater den ganzen Tag darauf gesessen hatte. Im Ankleidespiegel auf der anderen Seite des Zimmers sahen wir aus wie Frischvermählte, den Rücken gerade für das erste Selbstporträt, er in seinem rot karierten Hemd und ich in meinem rosa Hibiskuskleid.

Ich rutschte auf die Stuhlkante, um aus dem Spiegel zu verschwinden, doch mein Großvater legte seinen Arm um mich und zog mich sanft zu sich heran. Ich legte den Kopf an seine Brust. Mit der anderen Hand strich er mir über die Augenbraue. Dann begannen seine Finger, meine Augenlider, mein rechtes Ohr und meine rechte Wange zu ertasten, wanderten hinauf zu meiner Stirn und hinunter zu meiner Nase. Schließlich erreichten seine Finger meine Lippen.

»Du bist so groß geworden, seit ich dich das letzte Mal gesehen habe«, sagte er mit demselben Lächeln, mit dem er sagte, dass er die Russen hasse.

Klick, das Radio ging an, und die vertraute langsame Erhu-Melodie erklang, ein Hauch von süßer Melancholie, gefolgt vom Fünf-Uhr-Chinesischkurs. Seine Hände wanderten zum Radio auf dem Boden.

»Dein Eis schmilzt! Kommst du oder nicht?«, rief meine Großmutter von der Haustür.

»Ich muss los.« Ich sprang vom Stuhl und rannte zu ihr.

»Er kennt mich, mein Großvater«, sagte ich zu meiner Großmutter. »Er kennt mich von früher.«

»Ja, ich weiß. Wusstest du das nicht? Du bist das erste und einzige Enkelkind, das er gesehen hat.«

»Ich? Nur ich?«

»Ja, ja. Komm, bevor dein Cousin dein Eis isst«, sagte sie. An der Haustür drehte ich mich um. Mein Großvater sprach Chinesisch mit dem Radio, und ich hielt mir die Hände an die Ohren und bedeckte von der Seite langsam meine Augen, bis ich ihn mit Strohhalmblick sah.

Elegie für Herrn Aoki

»Natürlich wird sie ohnmächtig, bevor sie sich selbst erwürgen kann, aber wenn Oma anfängt, sich zu beklagen, dass sie noch lebt, dann frag sie nach Herrn Aoki. Vielleicht findest du die Geschichte von Herrn Aoki ganz unterhaltsam«, sagte meine Mutter.

Meine Mutter wollte mit Alex zu einem Buffet in einem Hotel mit heißen Quellen gehen. Sie erzählte mir, das Restaurant, in dem ihre Freundin vor einem halben Jahr reserviert hatte, sei in den Sechs-Uhr-Nachrichten als eines der exklusivsten Restaurants vorgestellt worden, und mit einem Kind unter fünf Jahren musste man nur die Hälfte zahlen.

Vorher ging meine Mutter mit Alex in ein Kaufhaus, um ihm einen Anzug und sich selbst ein neues Sommerkleid zu kaufen. Offenbar war dieses Lokal in ihrer Oma-Runde eine große Sache und wurde genutzt, um der Öffentlichkeit das Enkelkind zu präsentieren.

»Kann man ein Essen genießen, wenn ein Haufen kleiner Kinder unter dem Tisch rumkrabbelt?«, fragte ich.

»Der Laden ist unglaublich. Es gibt eine Kinderbetreuung, die an das Buffet angeschlossen ist. Zum halben Preis und mit Kinderbetreuung. Wie könnte ich mir so eine Gelegenheit entgehen lassen?«

»Klingt für mich wie eine schicke Version von IKEA«, sagte ich.

Also verbrachte ich den Tag mit meiner Oma. Allerdings

wachte meine Großmutter nicht mal auf, um eine Tasse Tee mit mir zu trinken. Sie rührte sich nicht in ihrem Bett. Ich war beeindruckt, wie lange sie schlafen konnte, nachdem sie die ganze Nacht durchgeschlafen hatte. Umgekehrter Schlaf-Wach-Rhythmus nannte man es, wenn man tagsüber schlief und die ganze Nacht wach war, aber meine Großmutter machte keinen Unterschied zwischen Tag und Nacht, Heute und Morgen, sodass von Rhythmus keine Rede sein konnte. Wenn du die meiste Zeit in deinen Träumen verbringst, werden sie deine Realität. *Es ist nur ein Traum, gut, dass es nur ein Traum war.* Wir blickten immer auf unsere Träume herab. Warum taten wir das, wo sie doch zu unseren wertvollsten Erfahrungen gehörten?

Als es Abend wurde, drang der Geruch von feuchtem Asphalt durchs Fenster. Der japanische Sommersturm – obwohl ich dieses Land schon vor vielen Jahren verlassen hatte, konnte ich ihn immer noch riechen. Ich holte die Wäsche rein, und als ich den letzten Futon ins Haus trug, verdunkelte sich der Himmel, und die ersten Tropfen prasselten auf die Veranda. Gerade noch rechtzeitig.

Ich war eine Tochter, die ihr Elternhaus verlassen hatte, aber noch nicht richtig unabhängig war. Die einzige Gegenleistung, die ich für meine Mutter erbringen konnte, war das Aufhängen und Zusammenlegen der Wäsche. Meine Mutter versorgte mich und Alex acht Wochen lang, während wir in Japan waren, und machte an den Wochenenden Ausflüge mit uns. Natürlich verdiente mein Vater das Geld, aber seit ich klein war, habe ich immer mit meiner Mutter über Geld gesprochen und mich nur bei ihr bedankt. Ich verstand es so, dass meine Mutter die Eingangstür und mein Vater die Stütze unseres Hauses war. Sobald ich durch die Haustür kam, war der Rest leicht. Er würde meiner Mutter nichts abschlagen.

Ich betrachtete das Gesicht meiner Großmutter, während ich die Handtücher zusammenlegte. Meine Oma hatte kein Kinn. Ihr Kiefer ging sanft, fast nahtlos in den Hals über. Vielleicht schnarchte sie deshalb im Schlaf. Wir deuteten ihr Schnarchen als Lebenszeichen.

»Alex. Achtung! Achtung! Sieh nach Oma und erstatte Bericht. Roger?«, rief meine Mutter gelegentlich aus der Küche, woraufhin Alex zu meiner Oma rannte, sich auf die Zehenspitzen neben ihr Bett stellte und sein Ohr an ihren Mund hielt.

Dann rief er zurück.

»Oma lebt, roger!«

»Roger!«, sagte meine Mutter.

Dann kam Alex mit leichten, elfenhaften Schritten zurück und kuschelte sich neben mich aufs Sofa.

Ich liebte das Zusammenspiel der beiden, nein, der drei. Ich hatte Alex einen kleinen Einblick in das Leben einer Großfamilie gegeben. Der Duft von leckerem Essen, das nicht von seiner Mutter zubereitet wurde, die fröhlichen Anime-Songs, die im Fernsehen liefen, und die leicht depressive Großmutter im Nebenzimmer – wenn ich an dieses ganz normale Bild einer japanischen Familie dachte, hatte ich das Gefühl, als Mutter vielleicht etwas Gutes, etwas Anständiges getan zu haben.

Gerade als ich alle Handtücher zusammengelegt hatte, hörte Oma auf zu schnarchen und streckte ruckartig die Arme zur Decke. *HUCH!* Ich erschrak.

»Oma, bist du wach?«

»Ich bin immer wach.«

»Seit heute Morgen?«

»Von morgens bis abends bin ich wach und warte darauf zu sterben. Ich wünschte, ich könnte im Schlaf warten, aber das geht nicht. Ich kann nicht mal aufs Klo gehen.«

Ihre ausgestreckten Hände öffneten und schlossen sich wiederholt, als wollte sie nach etwas greifen.

»Brauchst du etwas?«

»Eine Krawatte.«

»Eine Krawatte?«

»Ja, um mich zu erwürgen.«

Du liebe Güte! Mein Herz setzte einen Schlag aus, dann kam ich zur Besinnung: Ich hatte nicht vor, ihr eine Krawatte zu geben, und wenn sie eine wollte, würde sie sie im Schrank meines Vaters finden, genau dort, drei Schritte von ihrem Bett entfernt. Meine Großmutter konnte laufen. Aber laut meiner Mutter ist sie in den letzten sechs Monaten nur freiwillig aufgestanden, um zur Toilette zu gehen, und an dem einen Abend, als es gegrillten Aal gab, zum Esstisch. Also alles halb so wild. Trotzdem konnte ich nicht in Ruhe nebenan ein Buch lesen, solange ich ihre Hand oben aus dem Bett ragen sah. Vor allem seit ich wusste, was sie sich so sehnlich wünschte.

Dann erinnerte ich mich an die magischen Worte meiner Mutter.

»Oma, erzähl mir von Herrn Aoki.«

Ihr Gesicht wurde glatt und pfirsichfarben. Und während ihr Gesicht Farbe bekam, ließ sie die Arme sinken.

»Herr Aoki war ein wunderbarer Mann«, sagte meine Großmutter mit einem breiten Lächeln.

»Wer ist Herr Aoki?«

»Ein hübscher Soldat aus Tokio. Er wurde während des Krieges in Kumamoto stationiert, und ich war dort Schreibkraft. Er hatte Grübchen, wenn er lächelte. Er hatte volles Haar und war ein guter Mensch.«

»Wart ihr zusammen?«

»Er gab mir und meiner Familie oft seine Rationen. Manchmal sind wir zusammen essen gegangen, und irgendwann ist er nach Tokio zurückgekehrt.«

»War er deine erste Liebe?«

»Er war der einzige Mensch, den ich je geliebt habe.«

»Und mein Großvater?«

»Er war eher jemand, mit dem mich ein gemeinsames Schicksal verband. Kyoko, ich muss dir was sagen: Ich kann meine Träume kontrollieren. In meinen Träumen bin ich unbesiegbar.«

»Schläfst du deshalb die ganze Zeit?«

»Ich habe dir doch gesagt, ich bin die ganze Zeit wach und warte auf den Tod. Das Schnarchen ist nur Show für meine Tochter. Die letzten Jahre habe ich nur gelebt, um zu träumen, aber jetzt bin ich müde. Der Wille ist unauslöschlich, und sosehr man auch versucht, ihn aufzugeben, er gewinnt über den Körper. Selbst wenn ich nichts tue, ist der Wille aktiv. In meinen Träumen sogar noch mehr. Das Einzige, was meinem Willen nicht gehorcht, ist meine Verdauung. Wir können uns nichts vormachen, nicht?«

Plötzlich, ja, wieder ganz plötzlich, begann Oma zu sprechen:

Das ist für dich und deine Familie
Du hast mir eine Dose rote Bohnen und ein Stück Seife gegeben,
Dinge, die nur ein Soldat bekommen konnte.
Du hast sie mir heimlich in den Ärmel gesteckt.
Du hast gesagt, du magst keine Süßigkeiten.
Herr Aoki, ein Stück Seife ist keine Süßigkeit.
Das war das einzige Mal, dass ich für den Krieg dankbar war.

Schmeckt es nicht?
Im einzigen Café, das geöffnet hatte,
ich gebratene Nudeln und du dünner Tee.
Durch den Fensterspalt trug der Wind den Geruch
des Meeres.
Innen beschlug unser Atem das Fenster, außen war es
rußgeschwärzt.
Obwohl wir nie wussten, wann die nächsten Bomben
fallen, hatten wir Frieden.

Komm mit mir nach Tokio
Du hast meine kalte Hand in deine großen,
warmen Hände genommen.
Es hieß, der Krieg sei vorbei.
Herr Aoki, ich war glücklich, als ich das hörte,
aber wie du war ich adoptiert, ein Einzelkind.
Als ich deinen Herzschlag an meiner Hand spürte,
schaute ich zu Boden und schüttelte den Kopf.

Ich werde dir schreiben …
Die Hälfte von dem, was du sagtest, ging im Lärm
des Zuges unter.
Dennoch, mit meinem gezwungenen Lächeln
nickte ich zu allem.
Du hast salutiert, und ich verbeugte mich tief,
ohne das Gesicht zu heben.
Als ich sah, wie meine Tränen zu Boden fielen,
wusste ich, dass der Krieg vorbei war.

»Oma! Hast du gerade ein Liebesgedicht aufgesagt?«

»Das ist unsere kleine Geschichte.«

»Du rappst, Oma. Sag es noch einmal auf.«

Das ist für dich und deine Familie …

Meine Oma fing an.

»Noch mal.«

Das ist für dich und deine Familie …

Diesmal trug sie es mit etwas mehr Betonung vor, als würde sie ein traditionelles japanisches Lied singen.

Das muss ich aufnehmen! Ich lief los, um eine Kamera zu holen.

»Oma, warte kurz. Lass dich nicht von deinen Träumen forttragen.«

Als ich zurückkam, schnarchte Großmutter.

»Schnarchen ist nur Show für deine Tochter. Oma, komm schon, sing das Lied von Herrn Aoki.«

Ich drückte auf Aufnahme.

Oma öffnete ein Auge und sah mich an. Ihr Mund verzog sich zu einem Lächeln.

»Der Wille ist eine Plage. Der Wille gibt nie Ruhe«, sagte sie seufzend. Großmutters knochige Hände begannen, auf ihrer Brust den Takt zu schlagen.

Das ist für dich und deine Familie …

Ich behielt das Display im Blick und stellte das Gesicht meiner singenden Oma scharf, während ich tonlos den Text mitsprach.

Die Knochensammler

An dem Tag, an dem sich der Todestag meiner Großmutter zum ersten Mal jährte, kehrten mein Sohn und ich nach Japan zurück. Im Zug zum Friedhof starrte mein Vater düster in seinen Krimi. Normalerweise verschlang er die Taschenbücher und zupfte sich dabei an den Nasenhaaren oder stocherte sich im Ohr. Heute hatte er, seit wir in den Zug eingestiegen waren, auf dieselbe Seite gestarrt, während die Landschaft hinter dem Fenster wie im Zeitraffer vorbeizog.

Ich saß meinem Vater gegenüber, zusammen mit meiner Mutter und meinem Bruder. Mein Sohn saß auf dem Schoß meines Bruders und spielte Schere, Stein, Papier. Der Gewinner durfte den anderen in die Wange kneifen, und die Wange meines Bruders war schon ganz rot. Obwohl es bei diesem Spiel nur um Glück ging, wusste mein Bruder, wie man verliert. Seit sie mit dem Spiel begonnen hatten, war mindestens eine Stunde vergangen. Mein Bruder konnte gut mit Kindern umgehen. Er hatte nie geheiratet, hatte auch keine Freundin, würde vielleicht nie eine haben.

»Dein Vater hat immer noch nicht mit Tetsuo gesprochen«, flüsterte mir meine Mutter ins Ohr.

Tetsuo war einmal der Bruder meines Vaters. Ich sage »war einmal«, weil mein Vater meiner Mutter vor einigen Jahren erklärt hatte, dass er den Kontakt zu Tetsuo abgebrochen habe. Aus einem einfachen Grund: Mein Vater war dagegen, dass meine Großmutter lebenserhaltende Maßnahmen erhielt, und

Tetsuo, mein Onkel, Bevollmächtigter meiner Großmutter und einziger Bruder meines Vaters, hatte den Arzt gegen seinen Widerstand gebeten, meine Großmutter durch ein Loch im Bauch künstlich zu ernähren.

»Die Mumie im Ueno-Museum sah gesünder aus als deine Großmutter«, sagte meine Mutter damals am Telefon. Meine Großmutter überlebte noch zwei Jahre, bis Tetsuo beschloss, den Schlauch aus ihrem Magen zu entfernen. Sie würde immer noch leben, wenn mein Onkel sie nicht hätte gehen lassen – ihr vertrockneter Sojasprossenkörper still in der Ecke des Krankenhauszimmers.

»Dein Onkel war schon immer zu weich, er kann nicht loslassen. So war er auch, als sein Vater starb«, sagte meine Mutter, als der Zug sich unserem Ziel näherte.

Wenn wir in meiner Kindheit die Eltern meines Vaters besuchten, war mein Onkel immer zu Hause. Mein kleiner Bruder und ich krabbelten auf Händen und Knien die schmale Treppe hoch und versuchten, uns die Arme nicht an der schmirgelpapierartigen Wand aufzuscheuern. Tetsuo saß wie ein deprimierter Bär in der Mitte seines unbeleuchteten Zimmers und las eine Zeitschrift. Sein dichtes schwarzes Haar war geschnitten wie frisch gemähtes Gras. Er war gebräunt, immer gebräunt. Er muss weiße Augen gehabt haben, aber die Augäpfel verschwanden unter den dicken Lidern, die nur die schwarzen Pupillen erahnen ließen. Wir krabbelten langsam auf ihn zu, immer noch auf allen vieren, und dann: »Wa!«, sprangen wir ihm an den Hals. »Ihr schon wieder?«, murmelte Tetsuo mit schwüler Sommerluftstimme. Er umarmte uns weder, noch schubste er uns weg, zog sich nur in seine Zeitschrift zurück. Er schenkte uns nie Spielzeug in dünnen, knisternden Papiertüten. Stattdessen gab er uns Hershey-Riegel und Wunderkerzen. »Die habe ich am Spielautomaten gewonnen«, sagte er mit derselben befeuchteten Stimme. »Esst nicht alle auf einmal. Die sind aus Amerika und doppelt so süß wie unsere.«

In der Ecke seines Zimmers stapelten sich die Zeitschriften. Auf einer posierte ein Mann mit Waschbrettbauch und lächelte mit so weißen Zähnen, dass sie im Dunkeln zu leuchten schienen. Neben den Zeitschriften lagen auf dem Tatami-Boden mehrere Hanteln, so schwer, dass sie tiefe Abdrücke in den grünen Tatami-Matten hinterließen, als wir versuchten, sie anzuheben, um die Models in den Zeitschriften nachzuahmen. Wenn wir es leid waren, wie diese Männer zu posieren, versuchten wir, Tetsuo umzuschubsen. Tetsuo rührte sich nicht, bis er sich dann irgendwann absichtlich nach vorne fallen ließ. Wir wiederholten die Prozedur, bis er schließlich knurrte: »Also gut, gehen wir spazieren.« Er zog die übliche Arbeitsuniform über sein weißes T-Shirt, schlüpfte in seine Holzsandalen und ging mit uns nach draußen. Auf die meisten unserer Fragen antwortete er mit »Hmmm« oder »Hah«. Das Klick-Klack seiner Holzschuhe im Ohr, versuchten wir, mit ihm Schritt zu halten. Seine Arbeitskleidung veränderte die Farbe im Sonnenlicht. Sie sah blassgrün aus und manchmal auch grau. Es war eine zarte Farbe, aber nichts hätte besser zu seinem massigen Körper gepasst.

Ich erinnere mich noch an den einzigen Tag, an dem er seine Arbeitsuniform nicht trug. Es war der Tag, an dem mein Großvater beerdigt wurde. Ich war neun Jahre alt.

Ich erinnere mich an die weißen Knochen meines Großvaters im Bestattungsinstitut, die sich vom schwarzen Anzug meines Onkels abhoben. Die Knochen waren gerade aus dem Krematorium gekommen, und als ich einatmete, stieg mir die Hitze in die Augen. Die Tischplatte war kurz über meinem Kinn. Ich war den verbrannten Überresten meines Großvaters am nächsten. Ich atmete noch mal langsam ein, um zu sehen, ob ich den Tod riechen konnte, doch da war nur der Geruch nach Mottenkugeln, der von meiner Großtante ausging, die neben mir stand.

Auf dem Tisch lagen die einzelnen Knochen meines Großvaters, die mich an das Fossilienpuzzle vom Sommerfest erinnerten. Ich war enttäuscht, dass ich nicht sein vollständiges Skelett sehen konnte. »Nur ein Stück«, sagte meine Mutter und reichte mir ein langes Paar Stäbchen. Meine Mutter und ich wählten ein Stück von meinem Großvater, das aussah wie eine tote Koralle, die an Land gespült worden war. Wir legten es in ein kleines Tongefäß und reichten die Stäbchen meiner Tante. Dann sah ich zu, wie jedes Familienmitglied ein Stück meines Großvaters auswählte und in das Gefäß legte, und als mein Vater den letzten Knochen ausgewählt hatte, kam der Leichenbestatter und rollte den Tisch mit allem, was von meinem Großvater übrig war, in ein anderes Zimmer.

Ich fragte meine Mutter, ob ein toter Körper wirklich kalt sei.

»Du hättest ihn anfassen können«, sagte meine Mutter im Taxi, als wir das Krematorium verließen. Am meisten freute ich mich an diesem Tag darauf, meinen nagelneuen schwarzen Faltenrock zu tragen, die Schule zu schwänzen und bei meinen Großeltern zu übernachten. Ich bereute nur, dass ich mich von meinem Großvater verabschiedet hatte, ohne seinen Körper zu berühren, sonst hätte ich meinen Freundinnen erzählen können, dass ein toter Körper wirklich kalt war.

Mein Großvater hatte immer distanziert gewirkt – mit seiner Krawatte und seinem Filzhut, selbst am Wochenende, der aufrechten Haltung, als hätte man ihm ein Lineal in den Rücken gepflanzt, und dem zornigen Noh-Masken-Gesicht. Sein Tod fühlte sich für mich nicht schmerzhafter an als ein ausgerissenes Haar.

Nach der Zeremonie wurde die Urne mit den Knochen meines Großvaters auf den buddhistischen Altar im Wohnzimmer meiner Großeltern gestellt. Mein Vater und die anderen männlichen Verwandten hatten Sake getrunken und legten sich wie schlafende Seelöwen vor meinen Großvater. Außer meiner Großmutter, die gleich nach der Zeremonie ins Bett gegangen war, räumten alle Frauen die Küche auf und unterhielten sich aufgeregt über Tante Sachikos zweiten Mann, der zehn Jahre jünger war als sie und aussah wie ein Schauspieler aus einer Zahnpastawerbung. Als ich an ihnen vorbei nach oben ging, sah ich noch einmal ins Wohnzimmer. Das Beerdigungsfoto meines Großvaters starrte mich an, und er sah darauf noch furchterregender aus, als ich ihn in Erinnerung hatte. Vorsichtig stieg ich über meinen Vater und die anderen Verwandten hinweg, doch es gelang mir nicht, dem Blick meines Großvaters auszuweichen. Plötzlich wurde mir klar, dass er uns nun als Geist erscheinen konnte, um uns zu verfluchen, die Männer, die besinnungslos unter ihm lagen, die Frauen, die sich nur für Klatsch und Tratsch interessierten, und mich, die seinen Körper anfassen wollte, um ihren Freundinnen berichten zu können, ob ein toter Körper wirklich kalt war. Ich legte meine Handflächen aneinander, betete und entschuldigte mich bei meinem Großvater für unsere Respektlosigkeit.

»Kannst du auch nicht schlafen?« Tetsuo, der immer noch seinen schwarzen Anzug trug, stand hinter mir.

Mein Onkel trank nicht, also hatte er sich in seinem Zimmer versteckt, während sich alle im Wohnzimmer betranken. Seine Augenlider waren geschwollener denn je, aber ich konnte die roten Äderchen im Weiß seiner Augen sehen.

Vielleicht weil er Schwarz trug oder weil ich ihn noch nie in einem Anzug gesehen hatte, wirkten seine Schultern schmaler als sonst. Er sah nicht aus wie ein Bär, sondern wie eine Stinkwanze, die man mit dem Finger wegschnipsen kann.

Ich deutete auf das Bild meines Großvaters, das Gesicht immer noch gesenkt.

»Ah, den hat er bekommen, als er aus dem Krieg zurückgekehrt ist«, sagte mein Onkel.

Ich verstand nicht, wovon er sprach, aber als ich den Kopf hob, bemerkte ich eine gerahmte Urkunde, die neben seinem Bild hing.

»Warum?«, fragte ich.

»Weil er sich hinter einem großen Felsen versteckt und niemanden getötet hat.«

Ich schüttelte den Kopf, sah meinen Onkel an und lachte, ohne einen Ton von mir zu geben.

»Das stimmt«, sagte mein Onkel, »er hat niemanden umgebracht.«

Mein Onkel strich mir durchs Haar und nahm mich in den Arm.

Vom Bahnhof aus fuhren wir mit einem Taxi zum Friedhof meiner Großeltern. Mein Vater saß auf dem Beifahrersitz, immer noch schweigend. Meine Mutter, mein Bruder und ich zwängten uns auf den Rücksitz, und mein Sohn saß bei meinem Bruder auf dem Schoß. Als wir uns dem Friedhof näherten, sah ich aus dem Fenster und hoffte, meinen Onkel vor den anderen zu entdecken.

Als wir am Grab meiner Großeltern ankamen, war Tetsuo immer noch nirgends zu sehen. Ich fragte meine Mutter, wo er sei, und sie flüsterte: »Er steht dort drüben, neben Onkel Toru.«

Tetsuo war abgemagert, sein dichtes schwarzes Haar inzwischen weiß.

»Er ist jetzt Vegetarier«, fügte meine Mutter hinzu.

Das Gebet dauerte zwanzig Minuten, dann tauschte mein Vater Höflichkeiten mit seinen Verwandten aus. Mein Sohn und mein Bruder hielten sich an den Händen und gingen zum Eisautomaten beim Friedhofsbüro. Ich blieb mit meiner Mutter hinter meinem Vater zurück und verbeugte mich vor meinen entfremdeten Verwandten. Jedes Mal, wenn ich nach einer Verbeugung den Kopf hob, stand Tetsuo wie in einer Diashow in einer anderen Position vor dem Grab meiner Großeltern, arrangierte die Blumen in der Vase neu, zupfte Unkraut, wässerte den Grabstein und wischte das Wasser mit seinem Ärmel weg. Sein Rücken erinnerte mich jetzt weder an einen Bären noch an eine Stinkwanze. Er war nur noch ein Mann in einem übergroßen schwarzen Anzug. Mein Vater und meine Mutter machten sich auf den Weg zum Friedhofsbüro, wo mein Bruder und mein Sohn auf uns warteten. Ich folgte meinen Eltern ein Stück, dann sagte ich, ich hätte meinen Sonnenschirm auf der Bank vergessen. Ich kehrte zum Grab meiner Großeltern zurück, umgeben vom Chor der Zikaden. Mein Onkel hatte mir den Rücken zugewandt: »Onkel Tetsuo?«, fragte ich.

Als ich Tetsuo das letzte Mal gesehen hatte, war ich zwölf. Ich war hochgeschossen und schlaksig. Obwohl meine Brüste noch nicht entwickelt waren, trug ich statt des geblümten Unterhemds jetzt einen Sport-BH und durfte allein mit dem Zug zu meiner Großmutter fahren.

Nach dem Abendessen machten wir einen Spaziergang, mein Onkel wie immer mit seinen klackernden Holzsandalen, seine Hand in meinem Nacken, als wäre ich sein Kätzchen. Ich war groß genug, um mühelos mit ihm Schritt zu halten. Ich weiß nicht mehr, worüber ich gesprochen habe, wahrscheinlich über nichts. Tetsuo antwortete wie immer mit »Hmmm« oder »Hah«.

Währenddessen wurde mir zum ersten Mal bewusst, wie wenig ich über ihn wusste. Warum lebte er noch bei meiner Großmutter? Warum war er nicht verheiratet? Was machte er an den Wochenenden, wenn ich nicht da war? Ging er mit einer Freundin, mit Freunden oder irgendjemandem aus? Ich sah zu ihm auf, betrachtete die Bartstoppeln am Kinn und den großen Adamsapfel darunter. An der Ampel hielten wir an. Er bemerkte meinen Blick und wandte sich ab. Ich spürte seine Hand im Nacken, seine große, warme Hand – die Hand eines Mannes, die Wärme eines Mannes. Ich wand mich unter seiner Hand, aber subtil, so subtil, dass nur mein Herz es bemerken würde. Doch er spürte es. Ich wusste, dass er es spürte, denn seine Augen sahen so traurig aus, wie in der Nacht, als er mich vor der Kriegsauszeichnung meines Großvaters im Arm gehalten hatte. Und ich glaube, ich sah auch traurig aus, oder vielleicht ängstlich, nicht seinetwegen, sondern wegen der Veränderung, die mir bevorstand. Er nahm seine Hand aus meinem Nacken und deutete auf das Gebäude vor uns: »Siehst du das hohe Gebäude? Das war früher die Gerberei, in der dein Großvater gearbeitet hat. Dort wurden die besten Aktentaschen hergestellt. Deine Schultasche – die hat dein Großvater auch gemacht, das Leder zugeschnitten, zusammengenäht, alles selbst.«

Die Geschichte enthielt keine Überraschungen. Ich hatte sie schon von meinem Vater gehört, aber ich nickte übertrieben. Es war egal, was er sagte. Ich wollte nur, dass grün wird, damit wir weitergehen oder in die Zeit zurückkehren konnten, bevor ich mir unserer Existenz bewusst war, seiner Präsenz und meiner.

»Alles verändert sich in dieser Gegend«, sagte Tetsuo.

Es wurde grün. Wir ließen ein wenig Abstand zwischen uns, als wir weitergingen.

JII »Fluss«

Alex kommt zu mir ins Bett. Er kommt, wie es ihm gefällt. Manchmal wochenlang hintereinander, manchmal wochenlang nicht. Ich liege neben ihm, sein Rücken eng an meinem Körper. Ich schiebe meine Füße zwischen seine und reibe seine Fußrücken, um die Kälte zu vertreiben. Seine Schienbeine sind behaart, aber seine Füße sind noch glatt, und ich erinnere mich, dass er einmal ein Teil von mir war.

»Kraul mir den Rücken«, sagt er, und ich schiebe meine Hand unter sein Hemd. Er seufzt wohlig.

Meine Schenkel an seinen Schenkeln, meine Kniescheiben an seinen Kniekehlen, wir sind ungefähr gleich groß.

»Weiter links, unter dem Schulterblatt«, sagt er und streckt mir seinen Rücken entgegen.

»Ich bin so weit links, wie ich kann. Auf deiner Seite ist so viel Platz. Kannst du nicht ein Stück rücken, und warum müssen wir uns ein Kissen teilen?«

Er lacht, macht aber keine Anstalten, sich nach rechts zu bewegen. Ich schiebe ihn weg. »Hör auf.« Er wird sauer und nimmt widerwillig das zweite Kissen.

»Fühl meine Liebe. Laut Bubbe ist es das beste Kissen auf dem Markt«, sage ich, und er antwortet, dass er meins lieber mag. »Du bist sechzehn und kommst immer noch in mein Bett«, sage ich, während ich ihn weiter kraule.

»Gern geschehen«, sagt er. »In zwei Jahren gehe ich nach Belgien. Also genieß es, solange du kannst.«

Wir machen es uns bequem.

Ich schlafe immer auf einer Seite des Bettes. Das habe ich mir angewöhnt, als er noch ein Baby war. Ich schlief auf der linken Seite, Levi auf der rechten und Alex warm eingemummelt in der Mitte. Wir schliefen wie das Kanji für »Fluss«. Drei Linien, die kürzeste in der Mitte, die längste rechts und die linke nicht ganz so lang. Wir bezeichneten es als Glückssymbol.

Jetzt kann ich in der Mitte schlafen, ausgebreitet wie das Kanji für »groß«. Ich kann den ganzen Platz einnehmen, ohne mich dafür entschuldigen zu müssen. Aber wenn ich mit dem Rand meines Bettes zufrieden bin, warum mehr wollen? Mehr Land, mehr Geld, mehr Besitz, mehr Energie, mehr Status, mehr, mehr, mehr, mehr. Das wird nicht Teil meines amerikanischen Traums sein, egal, wie amerikanisch ich werde, ich werde dagegen kämpfen.

Zwei fast gleich lange Linien, deren Spitzen ineinander verschlungen sind. Unsere Welt hat noch niemand entdeckt. Ich kenne kein Kanji, das uns ähnelt. Was bin ich, wenn mein Sohn in meinem Bett liegt? In dreitausend Jahren Geschichte gibt es keine Beschreibung für uns, also gebt Ruhe und lasst mich seine Füße genießen.

Es ist sehr schwer, aus einem warmen Bett aufzustehen, aber mein Tag hat gerade begonnen. Eins, zwei, drei und vier … vielleicht fünf und sechs, dann springe ich auf. Alex schnarcht.

Ich erhitze die gusseiserne Pfanne auf dem Herd, schlage drei Eier in eine Schüssel, gebe etwas Milch dazu, verquirle sie und gieße die Mischung in die Pfanne. Ich schiebe zwei Waffeln von Charlie's Café in den Toaster. Fertigwaffeln für fünf Dollar, ein Luxus, den wir uns nur ab und zu am Wochenende gönnen. Ich schalte den Wasserkocher an, nehme zwei Tassen und stelle einen Kaffeefilter auf meine. Für Alex mache ich grünen Tee in einer japanischen Teekanne. Ich schneide eine Kiwi in zwei Hälften, *Superfood mit mehr Vitamin C als Erdbeeren*, sagt Alex. Langsam gieße ich heißes Wasser in den Filter und beobachte, wie der Kaffeesatz aufsteigt und langsam wieder sinkt. Als sich der Kaffeeduft in der Küche ausbreitet, wünsche ich mir, dass jeder Tag so wäre.

Hat sich irgendetwas in meinem Leben verändert, seit er drei war? Wir wohnten im selben Haus, hatten dieselben Freunde. Ich arbeite immer noch im Kindergarten, und Alex ist immer größer geworden.

»Josh beneidet mich«, sagt Alex, als er in seine Waffel beißt.

»Josh? Der Junge, der, ohne zu lernen, nur Einsen schreibt, dessen Eltern beide in Stanford oder Harvard oder an einer anderen Eliteuniversität waren? Warum?«

»Weil er nicht weiß, was er mit seinem Leben anfangen will. Ich weiß genau, wo ich hinwill und was ich werden will. Es ist, als würde man in einen dunklen, mystischen Fluss waten, wenn man nicht weiß, was vor einem liegt. Du verstehst das nicht, oder? Es ist nicht leicht zu wissen, was man mit seinem Leben anfangen will. Ich schätze, ich bin allen voraus.«

Ich lächle und sage: »Gut. Amerika ist nicht das einzige Land auf der Erde. Jeder sollte einmal im Leben eine Minderheit sein. Nur so versteht man, wie es ist, sich nicht verständlich machen zu können, mit einer fremden Kultur konfrontiert zu sein, sich verkrüppelt und minderwertig zu fühlen. Man konzentriert sich darauf, zuzuhören, anstatt zu reden, um sich selbst und andere zu verstehen. Zuhören ist der Schlüssel, doch die Mehrheit begreift das nicht. Auf diese Weise entwickeln wir Mitgefühl und ein Gefühl für unsere Identität und …«

»Okay, okay, Mama«, sagt er und hebt lachend die Hand. »Das erzählst du *mir*?«

Ich lache mit.

»Ich werde nie eine Mehrheit sein, weder hier noch in Japan noch sonst wo«, sagt er.

Und versuche nie, es zu sein, möchte ich sagen, doch ich halte die Worte zurück. Das muss er selbst herausfinden.

»Mmm, der Tee ist gut. Das nennt man Luxus«, sagt er.

»Aus dir ist ein guter Junge geworden.«

»Was soll das denn heißen?«

»Nichts. Ich habe nur darüber nachgedacht.«

Er zuckt die Schultern und fängt dann an, über den Anime-Film zu reden, den wir gestern Abend gesehen haben. Der Film dauerte eineinhalb Stunden, aber die Leute posten zweistündige Analysen, und jeder hat eine andere Meinung. Die Geschichte besitzt eine Tiefe, die niemand kapiert, sagt er.

»Was wirst du tun, wenn ich weg bin?«, fragt er.

»Am Leben bleiben.«

»Wie langweilig kann man sein?«

»Ha, langweilig. Das Aufregendste und Egoistischste, was ein Mensch tun kann, hab ich schon getan.«

»Und das wäre?«

»Ein Kind bekommen.«

Die Liebe, die nicht zurückgewiesen werden kann; je mehr man gibt, desto mehr nimmt es auf, das Leben, in dem ich einen Menschen so sehr lieben kann, wie ich will.

»Was ist mit dem Schreiben? Lüg mich nicht an. Das war nicht nur ein Hobby oder um einen guten Job zu bekommen, wie du behauptet hast. Ich kenne dich. Du hasst es, Geld für dich selbst auszugeben. Aber du hast es getan, um an diese Uni zu gehen. Bald musst du mich nicht mehr unterstützen. Du weißt, dass ich ohne dich zurechtkomme. Du kannst pleite sein, soviel du willst.«

Was für ein wundervolles Leben ich habe, denke ich und halte den Atem an. Diese alberne Angewohnheit habe ich schon, seit ich ein Kind war: Ich halte den Atem an, wenn ich die Zeit anhalten will.

Solange er hier bei mir ist … und wenn er geht, will ich hier sein. Ich will leben.

Die Wellen, die ich begehre

Eine schwarze Katze blieb mitten auf der Straße stehen und starrte sie an. Ihre Augen leuchteten grün. Es war fast Mitternacht, sie wartete auf den Bus. Ihr Mann in Amerika war nicht ans Telefon gegangen. Eine Vorahnung, dass etwas Schlimmes passieren würde, beunruhigte sie – ihr war speiübel. Als sie die schwarze Katze sah, wurde aus der Vorahnung Gewissheit. Trotzdem stieg sie in den Bus. Verdrängte sie das Gefühl, weil sie ihre beste Freundin besuchen wollte, oder verdrängte sie es, weil sie Angst hatte, an der Bushaltestelle zusammenzubrechen? Sie wusste es nicht mehr. Vielleicht war die schwarze Katze nur eine Geschichte, die sie erfunden hatte. Zumindest dachte sie das immer.

Weißt du, warum ich dich mag?

Weil ich dir meine Geschichte vorlese?

Nein, weil es zwei Uhr nachts ist und du immer noch mit mir telefonierst, ohne mich zu verurteilen.

Weißt du, warum ich dich mag?

Weil ich mir deine Geschichte anhöre?

Nein, weil du deine Frau liebst. Ich erfahre, wie es ist, neben einem geliebten Menschen unglücklich zu sein, ohne das Mitleid der Familie ertragen zu müssen.

Ich wette, du hast deinen Mann geliebt.

Nein, ich habe ihm vertraut und war von ihm abhängig.

Doch, du hast ihn geliebt. Deshalb hasst du mich.

Wenn ich dich hassen würde, würde ich mich nicht von dir berühren lassen. Sag mir, was du mit mir tun wirst.

Zuerst küsse ich deine Stirn, dann deine Wangen, dein Ohr, jetzt beide Ohren …, hauchte Masaoka durchs Telefon. Er knöpfte meine Bluse auf, langsam und vorsichtig, als wäre jeder Knopf kostbar. Als er mir die Bluse von den Schultern streifte, seufzte er und umarmte mich kurz, bevor er meinen BH aufhakte. Er ließ seine Finger über meinen Rücken gleiten, die Lippen an meinem Schlüsselbein. Sanft drückte er mich aufs Bett. Immer weiter nach unten ging es. Bei jedem Kuss kitzelten mich sein warmer Atem und seine Zunge, bis ich ihn anflehte. *Bitte, bring es zu Ende.*

Selbst zu solch billigen Beschreibungen konnte ich mich befriedigen, wenn ich die Augen schloss. Meine Vorstellungskraft reichte aus, um Masaokas unbeholfenes Szenario zu überwinden. Ich seufzte tief, laut genug, dass er es durchs Telefon hören konnte. Ich vergewisserte mich, dass er meinen Seufzer erwiderte, bevor ich unter mein T-Shirt griff. Mit noch kalten Fingern liebkoste ich meine Brustwarzen, dann massierte ich meine Brüste. Immer weiter nach unten ging es. Während sich Gänsehaut auf meinem Körper ausbreitete, saugten meine Finger unaufhörlich Wärme auf. Als sie zwischen meinen Beinen ankamen, wurden die Temperatur meines Körpers und die meiner Finger eins. Mein Körper, meine Finger; seine Finger, seine Zunge – alle Grenzen verschwammen. Seine Fantasie, meine Realität; sein Drehbuch, meine Vorstellungskraft – alles verlor an Bedeutung.

Masaokas Stimme klang immer gedämpft durchs Telefon. Seine Frau schlief im Zimmer nebenan. Er sprach unter der Bettdecke mit mir, fast flüsternd.

Aber ich achtete darauf, Realität und Fantasie nicht zu vermischen. Ich ging nur ans Telefon, wenn mein Sohn nicht zu Hause war.

Warum hast du mit dem Surfen angefangen?

Das war seine erste Frage an mich. Wir trafen uns zum ersten Mal am Straßenrand, als ich gerade meinen Neoprenanzug anzog.

Guten Morgen, sagte er auf Englisch.

Er war groß und hatte schönes, gewelltes Haar, untypisch für einen Japaner, doch sein Zungenschlag klang vertraut, also fragte ich, ob er Japaner sei, und er bejahte.

Ich surfe seit Jahrzehnten in der Bay Area. Aber ich habe noch nie ein japanisches Mädchen getroffen.

Ich bin wohl kaum ein Mädchen. Ich bin über dreißig. Ich habe schon ein Kind.

Tja, für mich siehst du aus wie ein Mädchen.

Durch die Vertrautheit der Sprache kamen wir uns schnell näher. Nachdem wir die Neoprenanzüge angezogen hatten, gingen wir zusammen an den Strand.

Ich habe vor drei Monaten mit dem Surfen angefangen. Aber ich habe noch nie eine Welle erwischt. Im Grunde komme ich her, um mich vom Meer waschen zu lassen. Ich schaffe es nicht hinter die Brandung, sagte ich.

Du hast im Winter angefangen zu surfen, in der Bay Area, ganz allein? Du hast wirklich Mut. Er lächelte. Heute sind die Wellen klein. Ich bin nur zum Chillen hier. Komm mit. Ich bringe dich zum Line-up.

Er starrte ein paar Minuten aufs Meer, dann ging er hinein, bis ihm das Wasser bis zur Brust reichte. Plötzlich beruhigte sich das Meer. *Die Wellen gehen zurück, rauf aufs Brett und los!* Ich sprang auf mein Brett und folgte ihm. Die Wellen brachen zu beiden Seiten, aber nie vor uns. *Sie weichen vor Masaoka zurück. Der japanische Moses, er weiß, wie man den Ozean beherrscht.* Als ich ihm später von diesem Gedanken erzählte, lachte er und sagte, er habe einfach auf das ablaufende Wasser gewartet. Die Strömung bringe uns ohne viel Paddeln in Position. So verschwende man keine Energie und könne sie fürs Surfen aufsparen. Alle Wellen müssen irgendwann wieder raus, erklärte er mir. Erste Lektion: Man muss lernen, den Ozean zu lesen.

Innerhalb von fünf Minuten war ich am Line-up, wo schon andere Surfer auf die nächste Welle warteten. Ein paar Surfer winkten Masaoka, er nickte ihnen zu. Während ich paddelte, um Masaoka nicht zu verlieren, kam mir das Meer gemein und böse vor. Aber hier draußen verwandelte es sich in eine friedliche Göttin. Das sanfte Plätschern war Balsam für meine Ohren. *Ich lebe,* dachte ich.

Zweite Lektion: Überlass den anderen die erste Welle. Das sei der Schlüssel für Neulinge wie mich und alte Männer wie ihn, um eine Welle zu erwischen. *Also los,* sagte er, und ich paddelte los. Trotzdem erwischte ich im Gegensatz zu Masaoka keine einzige Welle. Jedes Mal, wenn er zum Line-up zurückpaddelte, winkte er mir zu und strich sich grinsend die langen, zerzausten Haare aus dem Gesicht. Ich sah, wie seine nasse Haut in der Frühlingssonne glänzte. Wie die anderen Surfer war er gleichmäßig gebräunt, aber im Gegensatz zu den anderen hatte er nur Lachfalten. *Ich frage mich, wie es wohl wäre, sie nachzuzeichnen.* Ich weiß noch, wie ich das dachte.

Warum hast du mit dem Surfen angefangen?, fragte er mich.

Ich wollte mich frei fühlen.

Ah, das sagen alle.

Wenn ich es ertragen könnte, dem Tod nahe zu sein, müsste ich vor nichts mehr Angst haben. Dann wäre ich frei.

Du bist interessant. Die Menschen fühlen sich frei, weil sie Kontrolle über die Welle haben, wenn auch nur für drei Minuten. Als hätten sie Mutter Natur besiegt. Außerdem hat das Surfen diese Kraft, alles Schlechte im Leben auszublenden. Eine Welle und puff, du fühlst dich den ganzen Tag, als wäre alles gut.

Ich bin nicht daran interessiert, mich gut zu fühlen. Ich brauche nur Bestätigung, sagte ich.

Wir begannen, morgens zu telefonieren, um zu besprechen, an welchem Strand es Wellen gab, und trafen uns mindestens einmal pro Woche zum Surfen. Er war Akupunkteur mit eigener Praxis. Ich war Mutter eines kleinen Jungen und stand kurz davor, ein Masterstudium zu beginnen. Eine Woche lang, als die Wellen perfekt waren, nahm Masaoka tagsüber keine Patienten an, nur abends.

Ich lebe hier wegen der Wellen. Bis vor ein paar Jahren bin ich im Winter in Mavericks gesurft. Man muss sich nicht mit anderen messen. Jeder kann dort surfen. Das Meer gehört allen, sagte Masaoka.

Geht deine Frau nicht mit dir surfen?, fragte ich.

Es interessiert sie nicht, was ich mache. *Ich* interessiere sie nicht mehr.

Eines Morgens rief er mich an, um mir zu sagen, dass es Wellen an einem Strand gab, von dem ich noch nie gehört hatte. Er läge versteckt, und wir müssten ein Stück zu Fuß gehen, aber es sei der perfekte Ort, um meine Fähigkeiten zu verbessern.

Mach dir keine Sorgen, Kyoko. Bei mir bist du sicher. Außerdem gibt es dort eine öffentliche Dusche mit heißem Wasser.

Er hatte recht. Im menschenleeren Ozean musste ich nicht warten, bis ich an der Reihe war. Ich konnte üben, ohne mich um die anderen Surfer zu kümmern, und wenn ich eine Welle verpasste, nahm ich eben die nächste. In der Ferne tauchte ein kleiner Wasserhügel auf, blauer als der Himmel. *Noch nicht. Warte, bis die Angst, von der Welle verschluckt zu werden, in dir aufsteigt.* Das war der richtige Moment, um loszupaddeln. Die kleine, freundliche Welle, die ich in der Ferne gesehen hatte, wurde zu einer großen, brutalen Kraft, die mich zerstören wollte. Fünf Sekunden nach Einsetzen des Fluchtgedankens war der Moment, in dem ich anfangen musste zu paddeln.

Wenn ich den Moment verpasste, zog die Welle entweder vorbei oder erwischte mich. Wenn die Welle mich herumwirbelte, ließ ich es geschehen, bis mein Kopf von allein wieder aus dem Wasser auftauchte. Solange ich nicht in Panik geriet, würde ich immer wieder hochkommen. Das war Masaokas dritte Lektion. *Schütze deinen Kopf unter Wasser und nimm dich vor deinem Surfbrett in Acht. Solange du keine Gehirnerschütterung hast, wirst du überleben und irgendwann wieder auftauchen.*

Am Ende der zweistündigen Session brauchte ich ihn nicht mehr, um die Wellen abzupassen.

Als wir fertig waren, umhüllte mich eine angenehme Schwäche. Mit Salzwasser auf der Haut fühlte ich mich immer sexy.

Er führte mich zur öffentlichen Dusche, eine Handvoll Münzen in der Hand.

Siehst du, hier kommt niemand her, sagte Masaoka.

Wir standen vor der Dusche und warteten darauf, dass einer von uns etwas sagte.

Er wollte mit reinkommen. Ich konnte die männliche Energie spüren, die von ihm ausging, also sagte ich: Willst du mitkommen?

Er sah mich an und nickte. Für einen kurzen Moment verwandelte er sich in einen Schuljungen beim ersten Date. Er nahm meine Hand und führte mich in den dunklen Raum.

Unter dem warmen Wasser zogen wir uns gegenseitig die Neoprenanzüge aus und küssten uns.

Komm näher. Sonst frierst du, sagte er.

Immer wieder warf er Münzen in den Schlitz, damit das Wasser nicht ausging. Er fasste mich an den Schultern, drehte mich um und stellte mich direkt unter den Duschkopf. Obwohl ich wusste, dass er mehr wollte und dass dies vielleicht der Grund für seine Freundlichkeit war, konnte ich nicht anders, als mich von seiner Geste verführen zu lassen. Wann war ich das letzte Mal von einem Mann so zärtlich behandelt worden? Wir küssten uns und wuschen unsere Küsse mit Wasser ab.

Als wir beide völlig nackt waren, sah ich, wie sein Körper auf meinen reagierte. Ich hörte auf, ihn zu küssen, und stand da, die Hände auf seinen Schultern, die Arme ausgestreckt, den Blick nach unten gerichtet. Die Dusche war versiegt, und man hörte das ablaufende Wasser.

Sieh nur, was du mit mir machst. Jetzt musst du dich um mich kümmern, sagte er mit einem schwachen Lächeln.

Ich legte meine Hand auf seinen Oberschenkel. Er beugte sich vor und legte seinen Kopf auf meine Schulter. Ich ließ meine Hand zu seinem Bauch gleiten. Von hier aus konnte es nur eine Richtung geben. Er wartete.

Ich schob ihn sanft weg.

Nein, tut mir leid. Ich kann nicht, sagte ich. Ich will dich unterhalb der Taille nicht nackt sehen oder berühren.

Er wandte mir den Rücken zu, und ich legte meine Arme von hinten um ihn, während er sich befriedigte. Ich schmiegte mich an ihn und küsste seinen Rücken, bis er kam.

Später, auf dem Parkplatz, machte ich ihm klar, dass er mich berühren durfte, soviel er wollte, ich aber sein Verlangen niemals erwidern würde.

Ich habe es mir geschworen, sagte ich. Nie wieder werde ich für einen Mann etwas tun, was ich nicht will. *Nie wieder.*

Ich verstehe. Es tut mir leid wegen vorhin. Es tut mir wirklich leid, und ich entschuldige mich für das, was ich zu dir gesagt habe. Ich muss dir auch etwas beichten. Die einzige Frau, die ich liebe, ist meine Frau. Ich werde mich nie scheiden lassen. Ich werde dich immer begehren, aber nur, weil du meine Einsamkeit linderst.

In diesem Moment wusste ich, dass ich ihm vertrauen konnte.

Einige Wochen vor der Reise zu ihren Eltern nach Japan wusch ihr Mann in der Einfahrt seinen Oldtimer. Sie wollte gerade mit ihrem Sohn im Kinderwagen spazieren gehen.

»Schluss mit den Schuldgefühlen«, sagte er.

Seine Mutter in Boston hatte ihn gebeten, zum jüdischen Neujahrsfest nach Hause zu kommen.

Es war das letzte Jahr, in dem er noch lebte.

»Sie meint, ich soll meinen Bruder besuchen. Er geht bald in den Irak. Sie sagen, wenn du nach Japan fährst, bin ich sowieso allein und hab nichts zu tun. Sie glauben, ich hätte hier kein Leben.«

Sie hörte ihm zu, wie er sich beklagte, während sie den Kinderwagen hin und her schob, um ihren Sohn zum Schlafen zu bringen. Die Geschichten, die er über seine Familie erzählte, faszinierten sie immer. Je tiefer er eintauchte, desto lebhafter wurde er, und die Geschichten nahmen unerwartete Wendungen. Sie vergaß ihren ursprünglichen Plan, in den Park zu gehen, und verlor sich in seinem Gerede.

»Du solltest Nein sagen. Es ist ja nicht so, dass jemand stirbt, wenn du Nein sagst«, sagte sie.

»Ich danke dir! Du verstehst mich. Das mache ich!« Sein Gesicht hellte sich auf.

Seine Schlichtheit war so niedlich, dachte sie. Wie sollte sie ihm erklären, dass dies das schönste Kompliment war, das sie ihm machen konnte? Er strebte danach, eine starke, verlässliche Vaterfigur zu sein. Also behielt sie ihr Kompliment für sich. Unzählige Geschichten mussten in ihm schlummern, genug, um sie für den Rest ihres Lebens zu unterhalten. Und sie hatte sich das Privileg verdient, sie ihm zu entlocken. Der Ehemann plapperte weiter, sprang von einem Thema zum anderen – der Impala, der überholt werden musste, die fünftausend Dollar, die er einem Punk von gegenüber geliehen hatte, der nicht aus dem Gefängnis zurückgekehrt war, die Heirat eines ehemaligen Bandmitglieds und die Geburt von dessen Kind.

»Ich frage mich schon lange, warum du keine Songs mehr schreibst. Früher hast du dich sogar auf Partys im Schlafzimmer eingeschlossen, um zu schreiben. Wir haben uns über die Musik kennengelernt. Ich erinnere mich noch an den Tag, an dem ich dich an der Haltestelle sah. Du hattest ein schlichtes weißes T-Shirt und Jeans an, die Gitarre über der Schulter. Du warst so schön.«

Sie überlegte, was sie auf seine Frage antworten sollte. Sie hatte alles vergessen, die Gitarre, die Texte in gebrochenem Englisch und seine Band. Sich an die Leidenschaft zu erinnern, die sie dazu gebracht hatte, kreativ zu sein, überstieg ihre Vorstellungskraft, denn all das war für ihr jetziges Leben irrelevant … Was hatte sie früher zum Schreiben getrieben?

»Ich glaube, es gab etwas Unbefriedigendes in meinem Leben. Ich wollte gehört werden. Aber alles verlor an Bedeutung, als ich dich und unseren Sohn traf. Ihr kennt mich, und das scheint zu genügen. Ich bin zu zufrieden, um zu schreiben.«

Ihr Mann lächelte breit.

Das war das letzte ernsthafte Gespräch mit ihm, an das sie sich erinnern konnte.

Als ich fertig gelesen hatte, hob ich den Kopf.

Mittelmäßig. Sentimental. Prätentiös. Ich könnte kotzen, sagte ich.

Das Meer war ruhig an diesem Morgen. Nach dreißig Minuten gaben wir auf und gingen in ein Café gegenüber vom Parkplatz. Ich hatte ein Notizbuch dabei, das immer im Handschuhfach lag, und las Masaoka eine Passage daraus vor.

Aber es war real. Levis Kleidung an jenem Tag, das Lied im Autoradio, die warme Luft des Spätsommers – ich erinnerte mich ganz deutlich. Es war real. Es war mir passiert.

Aber bald würde all das als Fiktion getarnt und in eine größere Geschichte eingewoben werden. Freude, Kummer, Lachen, Tränen würden in Fragmenten weiterleben und meine Geschichte schmücken.

Habe ich dir schon erzählt, dass ich vor meiner Frau bereits verheiratet war? Ich habe sogar ein Kind, sagte Masaoka.

Nein. Wo ist das Kind?

In Japan bei ihrer Mutter. Meine Tochter war zwei, als ich sie das letzte Mal am Flughafen sah. Dieses Jahr wird sie zwanzig. Meine Ex-Frau stammte aus einer wohlhabenden Familie, ich war nur der Sohn eines Bäckers. Magst du Maronen? Der Laden meiner Eltern war in Kyoto sehr bekannt für sein Mont Blanc. Ich mach es dir im Herbst, mit den Maronen aus meinem Garten. Jedenfalls sind wir nach Amerika durchgebrannt, nachdem meine Frau ihr Studium abgeschlossen hatte.

Eine typische Geschichte. Ich kenne solche Geschichten von vielen Japanern, sagte ich.

Wir hatten kein Geld, aber wir waren glücklich. Wir aßen Nudeln mit Butter und Sojasoße. Wir gingen Händchen haltend zur Essensausgabe in der Kirche. Ein Jahr später wurde sie schwanger. Ich konnte meinen Traum, in San Francisco Konditor zu werden, nicht aufgeben. Aber sie konnte nicht warten. Wir fragten ihre Eltern, ob sie und unsere Tochter bei ihnen wohnen könnten. Ihre Eltern waren begeistert. Sobald sie erfuhren, dass sie ein Enkelkind bekamen, waren sie nicht mehr böse. Ich versprach, sie zurückzuholen, sobald ich finanziell abgesichert wäre. Ich machte eine Ausbildung und arbeitete in einer italienischen Bäckerei in North Beach, stellte aber fest, dass ich als Konditor kein Visum bekam. Also schwenkte ich um und ließ mich zum Akupunkteur ausbilden, arbeitete Tag und Nacht und sparte. Dann flog ich mit einem Koffer voll Ghirardelli-Schokolade nach Kyoto. Als ich vor der Tür stand, öffneten mir ihre Eltern. Sie sagten, ich hätte ein egoistisches Leben geführt und es sei grausam, mein Kind und ihre Tochter nach fünf Jahren einfach abzuholen. Meine Tochter liebte ihre Schule und hatte sich endlich mit einem Leben ohne Vater abgefunden. Jetzt kam ich, um sie aus ihrem Leben zu entführen und die Wunde wieder aufzureißen. Wenn ich meine Familie wirklich liebte, sagten sie, sollte ich wieder gehen, ohne sie noch einmal zu sehen. Ich musste ihnen zustimmen. Ich entschied mich für Amerika und den Ozean. Wer würde so einen Vater wollen?

Du hast deine Tochter also nicht mehr gesehen, seit sie Amerika verlassen hat?

Es war nicht so einfach wie heute. Die einzige Möglichkeit, Kontakt zu halten, waren teure Telefongespräche. Aber die Aufmerksamkeitsspanne eines kleinen Kindes ist kurz. Höchstens zwei Minuten. Und bald hörte meine Ex-Frau auch auf, meine Anrufe entgegenzunehmen.

Das ist eine traurige Geschichte. Aber ein Vater ist nicht so wichtig, wie man denkt. Kinder können auch ohne Vater aufwachsen, solange Mutter und Kind Geld haben. Deine Geschichte ist nicht so schlimm, wie du denkst. Keine Sorge. Du bist nicht ungewöhnlicher als der alte Mann, der vor uns die

Hinterlassenschaften seines Hundes aufsammelt, oder der Mann mittleren Alters, der sich am Nebentisch sein Schinken-Käse-Croissant in den Mund schiebt. Ein total langweiliger, normaler Mensch, der ein total langweiliges Leben führt, mit total langweiliger Vergangenheit.

Du hast deinen Mann geliebt.

Fängst du schon wieder von meinem Mann an?

Du bist wie ein Pendel, das mit voller Wucht geschleudert wurde. Und aus Angst, zurückzuschwingen, klammerst du dich irgendwo fest.

Ich lachte und sagte: Du wärst ein besserer Liebesromanautor als ich. Die Realität war nicht so glamourös. Es war keine leidenschaftliche Liebe. Er war eher ein Freund. Nachdem wir ein Kind bekamen, wurde es noch schlimmer. *Ich wollte nicht einmal mehr mit ihm schlafen,* dachte ich, aber das sagte ich Masaoka nicht.

Dann ging es sogar über Liebe hinaus. Bei potenziellen Beziehungskandidaten zeigst du die Zähne. Du nimmst nur die, die dich nicht brechen. Also ist »Freund« das größte Kompliment, das du Männern machen kannst, weil es bedeutet, dass du mit ihnen ohne Zeitlimit zusammen sein willst.

Das stimmte nicht ganz. Ich war mir nur selbst die Nächste. Selbst nachdem man sich den Männern vollkommen hingegeben hatte, alle Energiereserven aufbrauchte, um ihre Lust zu befriedigen, war ihr letztes und einziges Ziel der Schlaf. Ihre Trägheit und Gleichgültigkeit nach dem Orgasmus widerten mich an. Sobald sie schliefen, begleitete mich die Einsamkeit, als wäre ich die Einzige, die noch auf der Erde übrig war.

Orgasmus und Tod waren irgendwie dasselbe. Egal, wie lange man gemeinsam etwas aufgebaut hatte, das letzte Ziel musste man allein erreichen.

Als ich dich das erste Mal berührte, sagte Masaoka, wusste ich, dass du noch von niemandem berührt worden warst. Ich wette, du hattest schon lange niemanden mehr, der dir die Einkäufe getragen hat. Im Meer siehst du immer so fröhlich aus, selbst wenn du von einer großen Welle geschluckt wirst. Wenn du dir den Rotz aus der Nase pustest und mir wie ein streunendes Hündchen folgst, kann ich nicht sagen, dass du hübsch bist, nicht mal als Schmeichelei. Aber sobald ich in der Dusche deine nackten Schultern berührte, versteiften sich deine Muskeln. *Wie kann ich sie allein lassen*, dachte ich. Um ehrlich zu sein, wollte ich diese Seite von dir gar nicht kennenlernen, denn … das wäre zu viel für mich und für dich. Ich könnte dich nicht länger als irgendein Surfermädchen sehen. Aber meine Finger spüren es, auch wenn ich es gar nicht wissen will. Es ist ein trauriges Schicksal, ein *genialer* Akupunkteur zu sein.

Er strich sich affektiert das wellige Haar zurück und lächelte. Ein Versuch, die Stimmung aufzulockern.

Ich hörte auf zu blinzeln, damit die Tränen nicht aus meinen Augen schwappten. Ich richtete meinen Blick auf den Mann, der das Schinken-Käse-Croissant aß. Es tat mir leid, dass ich ihn vorhin herabgesetzt hatte, um Masaoka herabzusetzen. Dieser Mann hatte seine eigenen Dramen, seine eigenen Tragödien zu bewältigen. Ich war nicht die Einzige, die versuchte, zu überleben.

Jetzt bist du dran. Erzähl mir von deiner Frau. Was ist sie von Beruf?

Eine Seelensucherin.

Was? Was soll das sein?

Sie fährt zu einem Retreat in Santa Fe, hockt für eine Woche von allem abgeschnitten irgendwo auf einem Berg in Peru und verbringt ein Viertel des Jahres mit ihren Freundinnen in unserem Haus auf Kauai, um ihrem Guru zu folgen. Sie und ihre

Freundinnen kochen für ihn und seine Schüler oder seine Geliebten, wer weiß! Mich ignoriert sie völlig. Sie ist eine typische Japanerin mittleren Alters.

Japanerinnen mittleren Alters sind meine Idole! Menschen, die die Geschlechterordnung überwunden haben! Wusstest du, dass sie in Südkorea *ajumma* heißen? Hätte ich deine Frau vor dir kennengelernt, hätte ich dich sicher ignoriert und mich mit ihr angefreundet. Schade, dass es nicht so gekommen ist.

Ach, hör doch auf.

Wir lachten zusammen. Es war später Vormittag. Eine friedliche und ambivalente Zeit, in der nur Menschen unterwegs waren, die nichts zu tun hatten und nichts taten.

Willst du wieder mit einem Amerikaner zusammen sein?

Keine Amerikaner, keine Japaner, keine Männer, basta.

Schade. Du verschwendest deine Jugend. Wirklich schade. Wenn ich du wäre, würde ich mich jede Woche mit einem anderen Mann treffen. Warte, das ist für dich unmöglich, denn kein Mann erfüllt die Anforderungen, die du an ihn stellst, außer mir. Ich weiß *genau*, was du willst und wie du es willst.

Idiot. Darin waren alle Männer gleich, egal, woher sie kamen. Sie glaubten, sie könnten die gesamte weibliche Weltbevölkerung dazu bringen, sich in sie zu verlieben, wenn sie sich nur genug anstrengten.

Aber woran ich immer wieder denken musste, war ein bestimmtes Dessert, das ich noch nie in einer amerikanischen Bäckerei gesehen hatte: *Mont Blanc*. Wann hatte ich es das letzte Mal gegessen? Maronen im Herbst. Er hatte mir etwas Süßes versprochen, auf das ich noch ein paar Monate warten musste. Ich spürte ein Kribbeln in der Brust.

Masaoka in Alltagskleidung zu sehen machte mich ein wenig nervös. Es erinnerte mich daran, dass er auch außerhalb des Ozeans existierte. In Polohemd und Chino sah er etwas älter aus als im Neoprenanzug oder Sweatshirt. Hier und da ein paar graue Haare und die Falten um seine Augen tief eingegraben. Diese Zeichen des Alterns trösteten mich. Er war wie alle anderen. Unter dem weiten Himmel und im Meer war er ein zuverlässiger Lehrer, der mich aus Gefahren retten konnte. Im geschlossenen Raum war er noch ein wenig fremd, was unsere Begegnungen umso spannender machte.

Ich besuchte ihn immer in weißer Bluse und Jeans, minimal, aber makellos geschminkt. Ich überprüfte meine Frisur im Rückspiegel und trug einen nach Minze duftenden Lippenbalsam auf. Eher würde ich sterben, als Masaoka zu gestehen, dass ich mir so viel Mühe gab.

Ich benutzte nicht die Garage, die zu seinem Bürogebäude gehörte, sondern parkte immer ein paar Straßen weiter, wo es keine Parkuhren gab.

Ja, ich kann die meisten Symptome heilen, um es vorsichtig auszudrücken. Ehrlich gesagt kann ich alles heilen, wenn ich nur genug Zeit habe, sagte er.

Wir saßen zusammen auf der Kante der Akupunkturliege und schlürften eine Tasse des ungewöhnlich bitteren Tees, den Masaoka zubereitet hatte.

Du hast so viel Selbstvertrauen, sagte ich.

Das hat nichts mit Selbstvertrauen zu tun. Ich sage die Wahrheit. Im Angesicht der Wahrheit nützt Selbstvertrauen nichts. Natürlich will niemand zu einem Akupunkteur, der unsicher ist, wegen der Nadeln und so. Aber der einzige Beweis für mein Können ist letztlich, ob es dir besser geht oder nicht.

Kannst du auch Kindern helfen?

Natürlich.

Und Menschen, die nicht an Akupunktur glauben?

Von denen scheint es immer weniger in der Stadt zu geben, aber ja, ich kann. Wenn man darüber nachdenkt, kommen sie her, weil sie irgendwie doch an mich glauben wollen. Aber eigentlich spielt es keine Rolle, was sie denken.

Was ist mit Haustieren?

Die reichen Leute aus Silicon Valley bringen mir jede Woche ihre Hunde. Das ist ganz normal.

Katzen?

Auch.

Kaninchen?

Klar.

Und Hamster?

Ich habe noch nie einen behandelt, aber ich wette, ich könnte es.

Fische?

Was? Machst du Witze, oder meinst du das ernst?

Wie ist es mit seelischen Schmerzen?

Natürlich.

Wie lange dauert das?

Kommt drauf an. Warte, wir reden hier von Menschen, oder?

Kannst du toten Menschen helfen?

Ich glaube, du verwechselst mich mit einem Voodoo-Zauberer.

Er lachte, und ich lachte mit. Ich schlürfte noch mehr bitteren Tee und ließ die Beine baumeln.

Um die Wahrheit zu sagen, ich bin erleichtert, dass er weg ist. Ich verachte ihn. Er hat mich mit einem kleinen Kind und Schulden allein gelassen. Ich wünschte, ich könnte ihn ausgraben und noch mal umbringen, sagte ich.

Ich weiß.

Ich bin froh, dass er weg ist, aber ich hasse ihn dafür.

Okay.

Ich bin erbärmlich und hässlich und …

Schön.

Nein, schwach.

Ist schwach schlecht?

Ja, was sonst?

Das ist eine Vorstellung aus der Steinzeit, als die Mammuts noch hinter uns her waren. Lass dein Steinzeithirn los. Das Mammut existiert nicht mehr. Wir dürfen schwach sein, Kyoko. Wir brauchen Schwäche.

Als Mammuts unsere Beute waren, muss die Welt so einfach gewesen sein. Jetzt weiß ich nicht, was mein Mammut ist.

Vielleicht dein Mann?

Nein.

Vielleicht du selbst.

Ich legte mich auf die Liege, breitete die Arme aus und sagte: Nein, es ist diese Welt!

Wow, so weit würdest du gehen? Das habe ich nicht kommen sehen.

Ein Sonnenstrahl, der durch die Lücke zwischen den Vorhängen schien, durchbohrte meine Brust. Mir blieben noch ein paar Stunden mit Masaoka, bevor ich Alex abholen musste. Ich wollte nur ein bisschen länger in einer Welt ohne Zusammenhänge, ohne Verantwortung leben, in der ich schwach sein durfte.

Kann man emotionalen Schmerz heilen, von dem man nicht einmal weiß, dass man ihn hat?

Kyoko, das betrifft die meisten Menschen. Sie kommen zu mir, wenn sich der innere Schmerz in ihrem Körper manifestiert. Bis dahin wissen die Menschen nicht, dass sie seelisch verletzt sind. Ich behandle nicht den Schmerz in ihnen. Das ist Aufgabe des Therapeuten. Aber ich spüre ihren Schmerz.

Durch Berührung?

Ohne sie zu berühren.

Indem du sie ansiehst?

Indem ich ihre Aura spüre.

Kann es sein, dass die Nadeln für dich nur Requisiten sind?

Was, nein! Hast du Akupunktur wirklich noch nie ausprobiert? Wenn du Lust hast, kann ich dich behandeln.

Ich richtete mich auf und sah in Masaokas Gesicht. Ich neigte den Kopf ein wenig, um dem Sonnenstrahl auszuweichen. Mein Haar fiel mir auf die Wange, und ich war fasziniert von dem Gedanken, dass ich vielleicht so schön sein könnte, wie Masaoka sagte. Und obwohl ich wusste, dass Schönheit eine nutzlose Eigenschaft in meinem Leben war, wollte ich sie, solange ich mit ihm zusammen war. War das zu egoistisch?

Warte, ich weiß eine Behandlung, die besser ist als Akupunktur, sagte Masaoka. Eine Behandlung, die nur *ich* dir geben kann. Hey, willst du noch Tee?

Er sprang von der Liege, nahm meine Tasse und ging zum Wasserkocher. Während er eine unkenntliche Melodie summte, goss er eine weitere Tasse des bitteren Tees ein.

Seine anmaßende Selbstgefälligkeit ärgerte mich, aber mein Herz war erfüllt von der Freude darüber, gesehen zu werden.

Der Tee, sind das chinesische Kräuter?, fragte ich.

Ja.

Welche Wirkung hat er?

Er öffnet das Herz.

Hm?

Nur ein Scherz. Das ist *Houttuynia cordata*. Du bist so naiv, Kyoko.

Als wir lange genug geredet hatten, um zwei Tassen Tee zu trinken, strich mir Masaoka das Haar hinters Ohr, und ich verstummte. Genau wie während des Telefonats öffnete er Knopf für Knopf meiner Bluse, als wollte er sich vergewissern, dass keiner locker war. Die Bluse fiel zu Boden, und unsere Blicke trafen sich. Masaoka drückte seine Lippen auf meine Stirn, ein langer und sanfter Kuss. Ich schlang meine Beine um seine Taille und zog ihn zu mir. Ich griff hinter mich und stützte mich auf die Hände, die Brust weit geöffnet. Er legte seine kalten Hände auf meinen nackten Rücken. Mir entwich ein Stöhnen, irgendwo zwischen Schaudern und Himmel. *Wie konnte er seine Hände auch nach zwei Tassen warmen Tees noch so kalt für mich halten?* Aus purer Nettigkeit. Er atmete tief durch und vergrub sein Gesicht in meiner Brust, ein viel tieferer Seufzer als am Telefon. Sein Atem befeuchtete die Haut zwischen meinen Brüsten. Ich streichelte sein Haar. Seine Hand begann mit meiner Körperwärme zu verschmelzen. Die Finger von Akupunkteuren waren sehr zart. Allein seine Berührung heilte mich.

Komm, leg dich hin.

Ich hüpfte von der Liege. Er nahm meine Hand und führte mich zum Sofa.

Er legte sich auf mich, stützte sein Gewicht jedoch auf Arme und Beine. *Bitte hinterlasse deine Existenz nicht auf meinem Körper.* Das war eine weitere Regel, die ich von ihm verlangt hatte. Ich verabscheute das Gewicht von Männern, den Duft von Rasierwasser und vor allem den Geruch von getrocknetem Speichel.

Masaoka begann, langsam jeden Zentimeter meiner Haut mit Lippen und Fingern zu liebkosen. Mit Ober- und Unterlippe strich er an meinen Brustwarzen auf und ab, saugte nicht daran, berührte sie kaum. Ich spürte, dass seine Lippen leicht zitterten.

Bitte hinterlass deine Existenz nicht auf meinem Körper. Wie befohlen, achtete er darauf, keine Spuren an mir zu hinterlassen.

Habe ich dir schon erzählt, dass ich die Farbe der Brustwarzen einer Frau an ihren Lippen ablesen kann? Deine waren nach meinem Geschmack. Ich hatte sie mir die ganze Zeit vorgestellt, bis du mich mit in die Dusche genommen hast, die kleinen Knubbel unter deinem engen Neoprenanzug.

Ich würde nie zu einem Akupunkteur gehen, der den Leuten so auf die Lippen schaut, sagte ich lächelnd.

Danke, dass du keinen Lippenstift trägst. Aber du musst ihn vor den anderen Männern tragen, okay? Du musst deine schönen Lippen vor ihnen verstecken.

Er lächelte auch und neigte den Kopf.

Ich bog den Rücken durch und streckte die Arme über den Kopf. Ich atmete tief ein. Während ich ausatmete, schob er einen Arm unter meinen Rücken. Sein Oberkörper war vom täglichen Surfen durchtrainiert. Er konnte mich zerstören oder retten – mein Körper war seinen Armen ausgeliefert. Seine Lippen fanden meine Achselhöhle, eine Stelle, die er noch nie berührt hatte. Ein süßer Schrei entfuhr unerwartet meinem Mund.

Braves Mädchen, dein Körper reagiert immer so ehrlich auf mich, im Gegensatz zu deinem Herzen.

Weil ich dich so gut erzogen habe, sagte ich.

Auf deine Anerkennung kann ich lange warten, oder?

Ich hatte Mitleid mit seinem Körper, also steckte ich meine Hand in seine Hose. Er wollte, dass meine Hand ihn an einen besseren Ort führte, das spürte ich. Masaoka starrte mich an. Sein jungenhafter Blick verzerrte sich. *Heute war der Tag gekommen.* Ich las seine Gedanken. Ich erinnerte mich an mein altes Ich, das sich nach diesem Blick sehnte, diesem Moment, in dem die Männer die Kontrolle verloren.

Ich zog meine Hand zurück. *Nein, jetzt bin ich dran.* Er stieß ein zartes Stöhnen aus und legte sich neben mich. Seine Finger wanderten an mir hinab, öffneten den Reißverschluss, zogen meine Jeans runter und glitten in meinen glitschigen Wald. *Ich muss mich wie das Fruchtfleisch einer Litschi anfühlen.* Er hielt meine Handgelenke über meinem Kopf zusammen, damit ich mich nicht selbst berühren, mich nicht selbst zum Orgasmus bringen konnte. *Wenn ich mich doch nur von ihm lecken lassen könnte …* Ich schloss die Augen und stellte es mir vor. Er streichelte mich, meine Nässe, langsam, dann schnell, neckte mich, indem er gelegentlich innehielt, um dann wieder in Zeitlupe weiterzumachen, während er meinen Gesichtsausdruck las. Ich atmete im Rhythmus seiner Finger. Er ließ meine Hände los, und ich klammerte mich an seinen Hals, konzentrierte mich auf diesen einen Schmelzpunkt meines Körpers, der nur dazu da war, mir Lust zu bereiten. Masaoka, das Surfen, mein Sohn, meine Geschichte und sogar ich selbst waren in diesem Augenblick unwichtig. Es gab nur die empfindliche Stelle zwischen meinen Beinen. *Befreie mich von meinem Leben.* Ich klammerte mich an die Sofakante, an seinen Bizeps, an seinen Hinterkopf, an alles, um mich zusammenzuhalten. Versteift von den Oberschenkeln bis zu den Zehen. Meine Kehle zugeschnürt. Wenn ich noch länger warten müsste, würde mein Herz aufhören zu schlagen, meine Aorta platzen und ich in tausend Stücke zerspringen. Ich biss mir auf die Lippen, um die Lust zu ertragen. Ja, Orgasmus und Tod waren dasselbe.

Gerade als ich dachte, ich könnte nicht länger an mich halten, durchlief mich ein Gefühl, als würde mein Geist meinem Körper entweichen, und ich sank kraftlos auf das Sofa zurück. Meine Lippen an seinem Ohrläppchen, widmete ich ihm mein letztes Stöhnen – die beste Abbitte, die ich leisten konnte.

Selbst nachdem ich den Orgasmus erreicht hatte, hörte Masaoka nicht auf. Multiple Lust. Das war der Unterschied zwischen Mann und Frau. Wir wären nie so grausam, einen Mann allein auf der Erde zurückzulassen. Wir konnten Leben und Tod immer wiederholen, solange wir lebten.

Ich spürte seinen Herzschlag an meiner Vagina, während Masaoka meinen Oberschenkel massierte und meine Klitoris mit der Nasenspitze liebkoste. Er streckte seine Zunge heraus und tat so, als würde er mich lecken, und ich starrte ihn an und schüttelte den Kopf. *Nein.* Dann kämmte er meine Schamhaare innig mit seinen Lippen und legte den Kopf auf meinen Bauch, um meine Brüste zu streicheln, bis ich bettelte, *tu es noch einmal.*

Obwohl Masaoka meinen Körper so fleißig und geduldig liebte, hatten mich seine Berührungen nie so befriedigt wie am Telefon. So war es immer. Der Orgasmus, der in meiner Fantasie reifte, war viel besser als jeder von Männern herangezüchtete. *Ich kenne meinen Körper besser als alle anderen. Ich bin die Einzige, die mich befriedigen kann.*

Aber es muss Wichtigeres geben als körperliche Befriedigung. Das wollte ich glauben, als ich neben ihm lag. Vielleicht würde ich es heute nicht verstehen, aber vielleicht beim nächsten Mal. Und so kam ich immer wieder, um mich den Berührungen des Akupunkteurs hinzugeben.

Masaoka sagte es eines Morgens nach dem Surfen auf dem Parkplatz.

Ich will eine echte Beziehung mit jemandem, der meine Gefühle erwidert.

Was redete er da? Er ist verheiratet und hat gesagt, dass er sich nicht scheiden lassen wird. Beziehung? Wozu soll das gut sein?

Bevor ich gehe, möchte ich dir noch etwas sagen, Kyoko. Ich

glaube, dein Mann wollte leben. Er dachte, die Zeit mit dir würde ewig dauern, deshalb hat er nicht rechtzeitig gehandelt. Die Hypothek, die Lebensversicherung, die Kreditkartenschulden, natürlich war das verantwortungslos. Aber du ziehst immer noch seinen, nein, *euren* Sohn groß. Dinge, die meine Ex-Frau nicht einmal mit mir zusammen machen konnte, machst du alleine. Du beginnst ein Studium für ein Hobby, das nur in deinem Kopf beginnt und endet, damit dein Sohn keinen Nachteil davon hat. Wenn ich du wäre, würde ich vor allen Leuten damit angeben: *Hey, bin ich nicht toll?*

Warum konstatiert er immer das Offensichtlichste, als wäre es das Tiefsinnigste?

Also hör auf, dir selbst wehzutun, Kyoko. Wenn du aufhörst, dir selbst wehzutun, kannst du mich lieben und deinen Mann wieder lieben. Es ist keine Sünde zu lieben, weißt du. Es ist nichts, wofür man sich schämen müsste.

Was würde es bringen, einen Toten wieder zu lieben? Egal, was er sagte, die einzige Wahrheit war, dass er mich nicht wiedersehen wollte. Männer waren gerissen. Sie fanden immer ein vernünftiges Argument, um wegzulaufen.

Vergiss mich, vergiss das Surfen, aber vergiss nicht, was ich gesagt habe: Er wollte mit dir und deinem Sohn leben. Er wollte nicht, dass es endet. Es war ein Unfall.

Aber war nur ich es, die dachte, er würde etwas Tiefgründiges sagen? Vielleicht sagte Masaoka mir eigentlich das Offensichtliche.

Juni, der Monat vor dem Sommernebel und nach der Regenzeit, in dem der Himmel meist blau war und die Kirschblüten grün wurden, war auch der Monat, in dem das Meer am kältesten war und die Menschen sich vom Wetter täuschen ließen. Snowboarder kamen aus den Bergen, und die Surfanfänger sprangen ins Meer. *Von jetzt bis zum Herbst werden viele Surfer hier sein. Du musst lernen, deine eigenen Wellen zu finden.*

Die Worte, die Masaoka gesagt hatte, als wir auf die nächsten Wellen warteten, kamen mir in den Sinn. Er hatte bereits gewusst, dass es unser letztes Mal sein würde.

Wie immer war er anmaßend. Es hörte sich selbst gern reden.

Ich lehnte mich an mein Lenkrad und beobachtete, wie Masaokas Truck nach rechts abbog. Ich merkte nicht, dass ich weinte.

War Masaoka echt? Jedes Mal, wenn er mich anrief, löschte ich die Nummer. Er war nicht in meinen Kontakten. Selbst wenn Masaoka echt war, war seitdem zu viel Zeit vergangen. Es gab keine Möglichkeit, seine Existenz zu bestätigen.

Eine schwarze Katze blieb mitten auf der leeren Straße stehen und sah sie an. Es war kurz vor Mitternacht, sie wartete auf einen Bus.

Bald kamen die Scheinwerfer des Busses um die Ecke. Die Katze rannte auf den verwilderten Parkplatz. Die Frau stieg in den Bus. Aus dem Fenster starrte sie auf den dunklen Parkplatz und suchte nach der Katze, aber es war zu dunkel, um etwas Schwarzes zu erkennen. Irgendwo hatte sie einmal gehört, der Trick beim Zurückverfolgen von Erinnerungen sei, die Gefühle wachzurufen, die man damals hatte. Aber wie soll das gehen, wenn man keinen Zugang zu seinen Gefühlen hat?

Vielleicht war die schwarze Katze eine Geschichte, die ich erfunden hatte. Jedes Mal, wenn ich das dachte, schlug ich mein Tagebuch auf. Auf der Seite, die ich immer wieder aufschlug, klebte ein Post-it. Ja, da war eine schwarze Katze. Im Zug auf dem Weg zu meiner Freundin schrieb ich in mein Tagebuch: *Die schwarze Katze blieb stehen und sah mich an. Er ist fort.* Ich meinte Levi, nicht die Katze. In dem Moment, in dem ich von seinem

Tod überzeugt war, schrieb ich bereits darüber. Meine Verwirrung und meine Angst waren unvermeidlich, aber es lag auch Vorfreude darin, ein erhebendes Gefühl, dass etwas Neues begann. Es war der Geburtsschrei, mit dem ich mich von den Fesseln des Glücks befreite und meine Freiheit wiedererlangte.

Die bange Handschrift hinterließ Einkerbungen auf dem Papier. Als ich es berührte, fühlte ich Dellen auf der Oberfläche. Ich verspürte das Bedürfnis, mich ganz auf die Person einzulassen, die ich beim Schreiben gewesen war, und so folgte ich den Kerben bis zur vorherigen Seite.

Was hatte ich am Tag vor diesem Sturm gedacht?

Der Tagebucheintrag stammte von einem Tag gut zwei Jahre vor der Sache mit der schwarzen Katze. Ich erzählte mir selbst von der Schwangerschaft. Das war, bevor ich entschieden hatte, Alex zu behalten. Die Größe der Buchstaben war uneinheitlich, und die Zeilen verliefen schräg nach oben. In meinem Tagebuch wirkte ich verloren. Ich grübelte, rang mit mir, litt und war gespannt, nicht darauf, ein Kind zu bekommen, sondern etwas Neues zu wagen.

Irgendetwas stimmte nicht. Ich nahm das Post-it zwischen Daumen und Zeigefinger und blätterte die Seite vor und zurück.

Es gab keinen Eintrag aus der Zeit, in der ich Alex zusammen mit Levi großgezogen hatte. Die Jahre zwischen meiner Schwangerschaft und Levis Verschwinden fehlten.

Wenn ich zu zufrieden bin …

Ich sank auf den Boden und stemmte die Hände in die Hüften, um nicht zusammenzubrechen. Mein Herz zog sich zusammen und weitete sich.

Euphorie und Freiheit, ich hatte noch nicht gelernt, damit zu leben.

ひがんばな

»Rosarote Spinnenlilie«

Ohne Titel, schrieb mein Vater zu den drei Fotoserien, die er mir schickte. Mittlerweile entfallen mir immer mehr japanische Wörter, also fragte ich ihn: *Wie heißt die Blume auf den Fotos?* Er antwortete ひがんばな und schrieb dazu, *Narzisse im Frühling, Iris im Sommer, Spinnenlilie im Herbst, dieses kleine Trio hat mir immer den Weg zur Arbeit versüßt.*

Seit mein Vater letztes Jahr in Rente gegangen war, hatte er ein neues Hobby: Er machte Fotos mit seinem Handy und schickte sie mir. Fünfzig Jahre lang war er jeden Tag mit demselben Bus zur Arbeit gefahren. Ich stellte mir vor, wie er aus dem Busfenster blickte und sich an den wechselnden Farben der Natur erfreute, wie ihm das Herz beim Anblick der Blumen aufging – kleine Schönheiten, von allen außer ihm vernachlässigt. Er war ein Mann, der ein Auge für die wahren Freuden des Lebens hatte. Plötzlich kam mir das Foto eines kleinen Kindes in den Sinn, das am Busfenster klebte, und ich dachte, wie liebenswert mein Vater war.

Der Name der Blume machte mich traurig. Der Laut ひ (hē) kann im Japanischen »Tragödie« bedeuten, und がん (gun) klingt genauso wie das Wort für »Krebs«. Aber wenn man die beiden Laute zusammensetzt, ひがん (hēgun), ändert sich die Bedeutung in »der größte Wunsch«.

Wie ich es auch betrachtete, das Wort betrübte mich.

———

Die letzte Fotoserie zeigte meine Mutter vor den rosaroten Spinnenlilien. Ich war mir sicher, dass er sie zum Lächeln gezwungen hatte. In einer Woche sollte sie operiert werden.

»Ich kann nicht glauben, dass ich vor ihm krank geworden bin!«, sagte sie.

Ich glaube, er hat es auch nicht kommen sehen.

———

Ich hatte meine Mutter monatelang gemieden, seit sie mir ein Foto von einem bärtigen JFK Jr. geschickt hatte, mit der Bildunterschrift JFK JR. LEBT! UND HILFT DEM PRÄSIDENTEN BEIM GEWINNEN! Die zwei Ausrufezeichen und die leicht verdaulichen Sätze. Eine Frau, die früher so eloquent schrieb, dass sie berühmte Sänger dazu brachte, auf ihre Fanbriefe zu antworten, hatte den Schreibstil ihrer neuen Leidenschaft übernommen. Einmal fuchtelte sie sogar während eines Videotelefonats mit einem fünfzigseitigen Pamphlet vor dem Bildschirm herum und behauptete, dass böse Politiker überall auf der Welt Kinder entführten, um sie zu missbrauchen. Ich habe hier die Beweise, sagte sie. Sie warnte mich, ein Auge auf Alex zu haben, der inzwischen wahrscheinlich stärker und schlauer war als die meisten Politiker.

Meine Mutter ist nicht mehr die Frau, die ich mal kannte. Wir müssen sie aufhalten, sagte ich zu meinem Vater am Telefon.

Er lachte und sagte: »Das kommt, weil ihre Boyband das diesjährige Konzert abgesagt hat. Sie muss ihre Leidenschaft woanders ausleben. Du weißt ja, wenn sie von etwas besessen ist, geht sie vollkommen darin auf. Das geht vorbei.«

Genau genommen war es keine Boyband. Das Durchschnittsalter der Männer war fünfundvierzig, älter als ich. Ich überlegte, ob ich meinen Vater korrigieren sollte, aber angesichts der Gehirnwäsche meiner Mutter schien es zweitrangig. Stattdessen sagte ich: »Du hast keine Ahnung, wie beängstigend das ist! In Amerika lassen sich die Leute scheiden, und Familien zerbrechen daran. Das wird uns zerstören. Wenn diese Wahl vorbei ist, haben wir keine Mutter mehr. Wir werden eine Frau haben, die *die* rote Baseballkappe trägt, bis ihr die Haare ausfallen. Kann sie sich keine andere Obsession suchen?«

»Keine Sorge. Sie wird sich keiner Sekte anschließen oder auf die Straße gehen. Ich bin ja bei ihr«, sagte er und lachte wieder. Hoffnungslos! Jetzt hatte ich eine Mutter, die Verschwörungstheorien anhing, und einen Vater, der glaubte, durch seine Hingabe den »mächtigsten« Mann der Welt ausstechen zu können.

Ich änderte meine Taktik im Kampf gegen meine MAGA-Mutter, indem ich ihr Sachen schrieb, die ihr früher wichtig gewesen wären. Ich schrieb ihr über Alex' Collegefächer, Bubbes Operation und einen fantastischen Augenbrauenstift, den ich online gefunden hatte. Ihre Antworten waren Variationen von *ja, schön, gut, okay*. Meine Mutter, ich und Augenbrauen, und keine Begeisterung! Im Laufe der Monate wurde unser Austausch immer sporadischer. Hatte sie ihre Tochter für jemanden aufgegeben, von dem sie bis vor wenigen Monaten nicht einmal wusste, dass er existierte?

Schließlich antwortete sie gar nicht mehr auf meine Nachrichten. Die Präsidentenwahl hatte ihr die Seele ausgesaugt. Ich begann, mich mental darauf vorzubereiten, die alte Vorstellung von meiner wunderbaren Mutter aufzugeben und zu akzeptieren, wer sie geworden war. Gerade als ich dachte, ich hätte die Kunst des Loslassens gemeistert, schrieb sie mir eine E-Mail. In der Betreffzeile stand: *Ich habe Magenkrebs.* In der E-Mail erklärte sie, wie der Arzt es herausgefunden hatte und dass es ihr gut ging. *Der Arzt hat es früh genug entdeckt. Ich habe großes Glück*, schrieb sie. Die letzte Zeile ihrer Nachricht lautete: *Bitte achte auf deine Gesundheit.*

Wer macht sich schon Sorgen um die Gesundheit anderer, wenn die eigene in Gefahr ist? Meine Mutter.

Welcher Mensch schweigt, bis er alle Informationen hat, damit man sich nicht jede Minute fragt, *was wenn, was wenn*? Meine Mutter.

Ich meldete mich sofort per Videoanruf bei ihr.

Sie sagte: »Keine Sorge. Ich esse immer noch genug. Das Krankenhaus ist zehn Minuten mit dem Fahrrad entfernt, es ist sauber, und ich habe dort einen tollen Arzt. Sie lassen mich sogar ein paar Tage vor der Operation kommen, sodass es wie ein Hotelaufenthalt sein wird. Ich habe mir Konzertvideos von Netsu-Netsu runtergeladen. So kann ich den ganzen Tag mit ihnen verbringen, ohne dass mich dein Vater stört. Ich bin bereit.«

Wir sprachen über Mr. J, den Leadsänger, in den sie verliebt war. Sie erzählte mir, dass sie vor ein paar Tagen bei dem nachgeholten Konzert für ein Fotoshooting mit Mr. J bezahlt hatte. Durch die Acrylwand gelang es ihr, ihm zu sagen, dass dies vielleicht ihr letztes Konzert war, da sie an Krebs erkrankt sei.

»Weißt du, was er gesagt hat? Er sagte: *Bitte schreib mir einen Brief und schick ihn an meinen Agenten. Ich verspreche dir, ich schreibe zurück.* Ist er nicht der Beste?«

Ich antwortete: »Er scheint nett zu sein.«

Hinter ihr sah ich meinen Vater in die Küche kommen. Der Videoanruf endete, als mein Vater sie zum Mittagessen rief.

Kurz darauf schrieb ich meinem Vater: *Bitte kümmere dich um meine Mutter.*

Er antwortete mir: *Sie ist die liebste und wichtigste Frau in meinem Leben. Natürlich kümmere ich mich.*

Im selben Moment schickte mir meine Mutter Fotos von Mr. J.

Sie schrieb: *Ist er nicht der Beste?*

Ich schrieb zurück: *Ja, das ist er.*

Das Krankenhaus erlaubte meinem Vater nicht, meine Mutter zu besuchen, und sie nahm meine Anrufe nicht an, weil sie das Zimmer mit einer anderen Frau teilte und sie nicht stören wollte.

»Aber mach dir keine Sorgen. Ich sehe sie jeden Tag, und sie sieht gut aus«, sagte mein Vater.

»Wie das?«, fragte ich.

»Ich fahre mit dem Fahrrad zum Krankenhaus und rufe sie an. Dann schaut sie aus dem Fenster und winkt, und ich winke zurück.«

»Machst du das jeden Tag?«

»Zweimal am Tag.«

»Zweimal!«

»Ich bin in Rente. Ich habe sonst nichts zu tun.«

Ohne sich dessen bewusst zu sein, hatten sie einen Romeo-und-Julia-Moment – ihr Hindernis war die Pandemie.

ひがんばな steht in der japanischen Floriografie für »Leidenschaft« und »die Einzige«. Ich glaube nicht, dass mein Vater das weiß.

»Ohne Titel« ist treffender. Wie sonst soll man beschreiben, was er für meine Mutter empfindet? »Leidenschaft« oder »die Einzige« reicht nicht. Erneut betrachte ich das letzte Foto, das mein Vater mir geschickt hat, und weil ich im Bann meines Vaters stehe, sehe ich meine Mutter als süßes, niedliches Mädchen, und ich frage mich, ob mein Vater sie so gesehen hat, als er sie zum ersten Mal traf, und jetzt, vor den blühenden rosaroten Spinnenlilien.

Dann atme ich zum ersten Mal seit Langem das Wort »Liebe« ein und halte es in meinen Lungen. Das Wort kratzt in meiner Brust und will raus. Ich möchte mein Herz herausreißen und es an die Wand werfen. *Atme.* Wenn ich dieses Gefühl nur ertragen könnte, könnte ich es wieder haben. *Bleib, lauf nicht weg.*

Es gab einen Moment

Sie warteten im Food Court des Flughafens von San Francisco auf ihren Abflug. Die Mutter saß im Café, ihr Sohn lief ziellos umher, ihr Mann folgte ihm. Es war ein ruhiger Morgen. Niemand schien um diese Tageszeit vom internationalen Terminal abzufliegen.

Der Sohn blieb stehen und griff nach dem Zeigefinger seines Vaters. Er zog mit seinem ganzen Gewicht daran und deutete mit der anderen Hand auf die Rolltreppe. Er hatte krumme Beinchen und lernte gerade laufen. Der Sohn war achtzehn Monate alt. Der Sohn und sein Vater gingen auf die Rolltreppe zu. Zweimal wäre der Sohn fast hingefallen, und beide Male fing sein Vater ihn auf. »Ich hab dich«, sagte der Vater. Er war stolz. Wie leicht es ist, der Held meines Sohnes zu sein!, dachte er.

Vor der Rolltreppe nahm der Vater seinen Sohn auf den Arm und betrat sie. Die Mutter sah das Gesicht ihres Sohnes hinter der Schulter des Vaters auftauchen. Die Mutter winkte ihm zu. Der Sohn winkte nicht, sondern hielt sich an der Schulter des Vaters fest.

Der Kopf des Vaters verschwand hinter der Decke, dann die Stirn des Sohnes, seine Nase und sein Kinn, und schließlich wurden die Schuhe des Vaters in die Decke gesogen.

Ohne sie wäre das Haus zu groß für ihn und seinen Hund, dachte der Vater. Es war das erste Mal, dass er von seinem Kind und seiner Frau getrennt sein würde. Sobald er zu Hause war, würde er sich umziehen, um an seinem Auto zu schrauben. Der

1964er Chevy Impala brauchte etwas Pflege, bevor er ihn wieder verkaufen konnte. Er, sein Hund und der alte Impala, vielleicht war es gar nicht so schlimm ohne seine Familie. Er würde essen, wenn er Hunger hatte, und schlafen, wenn er müde war. Er würde die Pizzakartons erst einen Tag vor der Müllabfuhr einsammeln, so wie damals als Junggeselle. Kein Abendessen am Tisch und kein Baby, das ins Bett gebracht werden musste, klang doch gar nicht so schlecht. Doch sobald er den Bärenpyjama seines Sohnes im Wäschekorb fand, würde er alles stehen und liegen lassen, um sich den Strampler an die Nase zu halten. Der Duft seines Sohnes war unbeschreiblich süß. Er würde den Strampler jede Nacht mit ins Bett nehmen. Gäbe es Gummibärchen mit Babyaroma, würde er sie jeden Tag essen. Das könnte eine neue Geschäftsidee sein. Kerzen mit Babyduft, Lotion mit Babyduft, verkauft von BabyScent.com. Die Leute würden es bestimmt kaufen, dachte er. Aber vielleicht roch nur sein Sohn so gut. Dem Vater war dieser Babyduft vorher nie aufgefallen. Vielleicht war sein Sohn der Einzige mit diesem besonderen Geruch.

Von ihrem Platz im Café aus konnte sie die Rolltreppe sehen. Die Schuhe des Vaters tauchten wieder auf, seine Knie, der Rücken des Sohnes, dann das Gesicht des Vaters und der Hinterkopf des Sohnes. Als sie unten ankamen, zeigte der Vater auf die Mutter. Der Sohn winkte. Sie winkte zurück, die Hand an der Brust. Dann, zurück auf der Rolltreppe, fuhren Vater und Sohn wieder nach oben. Als die Mutter ihre Köpfe verschwinden sah, hielt sie den Atem an. Vor dem Hintergrundgeräusch der Rolltreppe und der Flughafendurchsage fragte sich die Mutter, ob es eine gute Idee war, ihren Mann allein zu Hause zu lassen. Ihr Herz und die Rolltreppe pochten im selben Rhythmus, aber alles andere schien stillzustehen. Ein unangenehmes Gefühl in der Magengegend beschwor das Bild von Würmern herauf.

Sie wollte gerade in ihre Gedanken abtauchen, als Vater und Sohn zurückkehrten.

»Ist es Zeit?«, fragte er.

Sie nickte.

Der Vater umarmte seinen Sohn fest. Der Sohn wand sich in seinen Armen, als der Vater seine Nase dicht an das Ohr seines Sohnes drückte.

Sie machte ein Foto von ihnen.

»Wie soll ich ohne euch überleben?«, fragte der Vater.

»Es sind doch nur sechs Wochen«, antwortete die Mutter.

»Bitte ruf mich an, wenn du da bist. Versprochen?«, sagte der Vater. Die Mutter nickte und legte ihre Hand an das klägliche Gesicht des Vaters.

Er schmiegte das Gesicht in ihre Hand. Die Mutter nahm sich vor, sich an diesen Moment zu erinnern, an seine Haut, an seine Körpertemperatur und an die Liebe, die ihr dieses Abenteuer ermöglicht hatte.

Der Vater trug den Sohn zur Sicherheitskontrolle. Mutter und Vater umarmten sich, der Sohn zwischen ihnen.

Die Mutter zeigte ihre Pässe und ging durch die Sicherheitskontrolle. Sie legte ihr Handgepäck auf das Band und ihre Schuhe in den Kasten, dann drehte sie sich um. Der Vater winkte ihnen. Die Mutter forderte ihren Sohn auf, dem Vater zurückzuwinken.

Mutter und Sohn gingen gemeinsam durch den Metalldetektor. Während sie auf ihr Handgepäck wartete, drehte sich die Mutter wieder um. Der Vater bewegte sich im Krebsgang hin und her und winkte mit beiden Händen. Die Mutter winkte zurück. Sie nahm ihre Tasche, zog die Schuhe an und drehte sich wieder um. Der Vater war verschwunden. Die Mutter stellte sich auf die Zehenspitzen, um über die Menge hinwegzuspähen, aber er war nicht da, also wandte sie sich zur Rolltreppe. Sie sah die Schuhe des Vaters nach oben fahren. *Er ist weg.* Sie wollte ihm nachlaufen. Aber die Mutter konnte die teuren Flugtickets nicht verfallen lassen, die ihr Mann ihnen gekauft hatte. *Wie dumm von mir, es sind doch nur sechs Wochen*, sagte sich die Mutter.

»Bouken, bouken.« Der Sohn sagte das japanische Wort, das er gerade gelernt hatte.

»Genau, wir gehen auf ein großes Abenteuer«, sagte sie. Kaum hatte sie ihn auf den Boden gesetzt, watschelte er los und rannte davon, sodass seine Mutter ihm eilig folgte.

Sie drehte sich nicht mehr um.

Dank

Ohne euch würde es mein Buch nicht geben:

Martha Wydysh, die mir zwei Jahre lang geholfen hat, an meinem Manuskript zu feilen. Keine Agentin ist so gelassen, so fleißig wie du. Alle drei Monate mein Manuskript mit dir auszutauschen war das reinste Vergnügen.

Sabrina Pyun, die meinem Buch ihre ganze Aufmerksamkeit geschenkt hat. Dass mein Manuskript unerwartet auf deinem Schreibtisch gelandet ist, war ein unfassbares Glück.

Peter Orner, mein Mentor, mein bester Freund, meine Familie. Wann immer ich beim Schreiben in einer Sackgasse steckte, bist du aufgetaucht. Irgendwann werde ich einen besseren Weg finden, dir zu danken.

Das Scribner-Team: Dan Cuddy, Susan M. S. Brown, Dana Li, Jaya Miceli, Kassandra Rhoads, Sophie Guimaraes, Brian Belfiglio, Kathy Belden, Nan Graham und Kate Kenney-Peterson. Es war eine Freude, mit euch allen zusammenzuarbeiten.

Ich danke der Abteilung für Kreatives Schreiben an der SF State für die Unterstützung. Maxine Chernoff, für dein Vertrauen: *Es ist kein Fehler, dass du hier bist, denn ich mache keine Fehler*, und dafür, dass du einen Englischlehrer für mich aufgetrieben hast.

Transfer, Kyoto Journal, Passages North, Oxford Magazine, North Dakota Quarterly, Chicago Quarterly Review und *Bellingham Review* für die Veröffentlichung meiner Erzählungen.

Jack Shoemaker, Jenny Alton, Megan Fishmann, Lena Moses-Schmitt, Alisha Gorder, Dan Smetanka und allen bei Catapult, die mich ermutigt und unterstützt haben. Jane Vandenburgh, die mich auf die Idee mit dem Titel gebracht hat.

Meiner jüdischen Familie, die mich gelehrt hat, dass Liebe sich nicht um kulturelle Unterschiede schert.

Meiner japanischen Familie für eine erlebnisreiche Kindheit. Meinen japanischen Freunden, Yoshiko Kotera, die mir in meinen verletzlichsten Momenten immer zur Seite steht; Megumi Kobayashi, Tante meines Kindes, für deine übersinnlichen Kräfte; Masako Saito, für deine künstlerische Inspiration.

Meinen Familien in San Francisco, die sich um mein Kind gekümmert haben, als wäre es ihr eigenes: Familie William, Familie Christy und Travis, Familie Inoue, Madoka Wallace, Yuko und Ian, Nadia Amer, Isa Hershoff-Looper, Susan Howard, Familie Katie und Peter, Familie Michael und Santi, Alejandro Maya, Margo Freistadt, Bill Ferguson. Krissy und Charlie Harb, die mir erlaubten, den ganzen Tag in ihrem Café zu sitzen und zu schreiben, ohne etwas zu verzehren.

Meiner Familie auf Maui, Sienna und Kealii, dafür, dass ich dazugehören darf.

Steve Vermillion, für die ersten zwei Jahre, in denen ich schrieb, weil du meine Texte lesen wolltest. Ira Garde, für unsere Freitagsgeschichten. Tim McCutchan, dafür, dass er dieselbe Geschichte zwanzig Mal oder öfter gelesen hat. Todd Harman, für deine künstlerische Unterstützung. Wah-Ming Chang und Nila Bhattacharjya, für die morgendlichen Schreibstunden. Der Lowkey Reading Party für die Ermutigung zu meinen Skizzen.

Abi, dafür, dass du mich all die Jahre ertragen hast. Ich war dein Sancho Panza, oder du warst meiner. Wir haben uns gegenseitig verrückt gemacht, aber ich bin so froh, dass du immer an meiner Seite bist.

Steve, ohne dich hätte ich nie gefunden, was ich liebe.